平权的法理

——《残疾人权利公约》解读

〔奥〕玛丽安娜·舒尔泽 著

谷盛开 张 弦 译

人类命运共同体理念的"先验"诠释

（中文版代序）

谷盛开

中国提出的构建人类命运共同体的重大理念，在古今中外优秀思想文化的交流互鉴中孕育滋长，在全球日益拓展深化的利益互动中勃然萌发，是中国呈现给世界和平与发展的思想方略。这一理念相继被载入联合国人权理事会决议等国际议程①，成为引领国际人权话语体系的重要议题，在重大的历史契机下，为人权理论、人权观念的发展提供了新的视角和思路。

人类命运共同体的理念涵盖政治、经济、文化、生态建设、安全、气候变化等各个领域，为从各个具体领域全面推进全球治理奠定了重要理论基础。人类命运共同体理念在人权主体上强调人类整体。因此，促进和保护人权"一个都不能少"。从人权保护特别主体的角度说，特别主体不仅包括妇女、儿童、老年人，以及"民族、宗教和语言上的少数人群体及其成员"②，残疾人也是一个特别重要的组成部分③。对残疾人权利的特别保护，不仅是在国际法治层对残疾人经历的"长期的、历史性的"社会歧视的有效迎应，也是对人类命运共同体理念和人权伦理精神价值的强固。

---

① 2017年3月1日，中国代表140个国家在联合国人权理事会第34次会议上发表题为《促进和保护人权，共建人类命运共同体》的联合声明，阐述人类命运共同体重大理念及其对推动国际人权事业发展的重要意义，受到各方认同和支持。联合国人权理事会第34次会议通过的关于"经济、社会、文化权利"和"粮食权"两个决议，明确表示要"构建人类命运共同体"。

② 在国际法上，对"少数人"的定义讨论涉及客观、主观要素等多方面争议。参见周勇：《少数人权利的法理》第一章"定义少数人"，社会科学文献出版社2002年版，第3—16页。

③ 根据世界卫生组织的数据，世界上约有6.5亿人患有各种各样的残疾，约占世界总人口的百分之十。包括残疾人的直系亲属，受残疾影响的人数超过十亿。由于残疾导致贫困，造成教育和健康机会的丧失，使得残疾人及其家人受到排斥与歧视，问题愈加突出。

一、《残疾人权利公约》：人类命运共同体理念价值元素的自洽与"先验"

全球人权治理，构建人类命运共同体，需要人权价值共识、规则共识和行为共识，应该努力推动全球人权治理制度化、规范化、程序化。从国际人权事业的整个发展历程中看残疾人权利保护，联合国自建立伊始，就一直在努力寻求提高残疾人的地位。联合国对残疾福利和权利的关注，就基于其宗旨，即倡导"全人类"的人权、基本自由和平等。正如《联合国宪章》《世界人权宣言》及其他相关人权规范所确认，残疾人能够与非残疾人在平等的基础上行使他们的公民、政治与经济、社会、文化权利。

联合国专门机构对改善残疾人的状况做出了积极努力：联合国教科文组织倡导提供专门教育；世界卫生组织在健康和预防方面协调提供技术支持；联合国儿童基金会支持残疾儿童的项目，并在与非政府组织国际康复会的合作中提供技术援助；国际劳工组织推动残疾人进入劳动市场，并通过国际劳动标准和技术合作活动提高经济的融合，等等。

1983年11月22日，联合国大会宣布，通过多部门、多学科的方法实施《关于残疾人的世界行动纲领》。该纲领开创了一种新理念，寻求认同"残疾"只是残疾人与其环境的关系，致力于完全排除由社会造成的不能使残疾人充分参与社会的所有障碍。从广义上说，纲领的实施将使长期战略融入各个国家的社会经济发展政策，包括预防残疾的技术发展与使用，通过立法消除障碍设施、社会安全、教育、就业等差别待遇。随着国际人权合作的进步，残疾人权利保护采取一种全球"整体性战略"，不仅成为一种主观需要，也具备了客观可能，其本身即人类命运共同体理念"共建共赢"整体观的具体体现。

从法律层面对残疾人权利进行保护，区域机制先于全球性机制。值得一提的是，领先一步的不是欧洲，而是美洲。早在1988年，《〈美洲人权公约〉附加议定书》即在"残疾人保护"标题下宣布："基于身心缺陷而致能力受到影响的所有人都有权获得特别关注，以帮助其实现自身人格最大可能之发展。"该议定书第十八条列举了特别计划和培训，并要求在城市发展规划中将残疾人纳入考虑因素。1999年，美洲国家组织（OAS）通过了第一个专门针对残疾人权利保护的区域性人权公约《美洲消除对残疾人一切形式歧视公约》。此后，欧洲、非洲相继跟进，《欧洲联盟基本权利宪章》第二十六条，

《非洲人权和民族权宪章》第十八条，也分别专门规定残疾人有（获得）"特别措施的权利"。

构建人类命运共同体的美好追求，离不开国际法治建设。在国际人权法层面，应该进一步形成以联合国为主体的多种形式、多个平台的人权对话协商机制、人权经验共享机制和人权政策协调机制。关于起草一项专门性的"残疾人权利国际公约"，建立全球性机制的呼吁先已有之，但直接动议是由墨西哥提出的。2001年，在南非德班召开的主题为"反对种族主义、种族歧视、仇外心理和有关不容忍行为"的世界会议期间，墨西哥代表团提议订立一项保护残疾人权利的国际公约。时任墨西哥总统文森特·福克斯（Vincente Fox）在第56届联合国大会开幕式上重申这项建议。2001年12月19日，联合国大会根据通过的第56/168号决议，决定设立了一个"以便根据社会发展、人权和不歧视领域工作所采用的'整体办法'，并考虑到人权委员会和社会发展委员会的各项建议，审议关于保护和促进残疾人权利和尊严的全面和综合国际公约的建议"。自此，制定《残疾人权利公约》（下或简称"公约"）正式纳入联合国人权工作的议程。

在公约的起草过程中，提出了国际人权公约类型划分的概念：1）整体权利模式，采用这种类型，残疾人权利公约的范围可以更广，其整体性和全面性类似《儿童权利公约》；2）非歧视模式，这种模式基于《消除对妇女一切形式歧视公约》和《消除一切形式种族歧视国际公约》，此类公约不要求制定包含残疾人具体条件和需求的新权利，而是要保证残疾人能够行使其基本人权；3）混合模式，将非歧视和平等原则，与根据残疾人的具体情况对现有权利的单独保证结合起来。

通过对上述三种模式的实质性和程序性方面可选方案的讨论，各方均认同，在法理学和实践中，各种人权——公民、政治与经济、社会、文化权利之间的不可分割性、相互依赖性和相互关联性，都同等重要。已有人权公约和监督机制是拟制《残疾人权利公约》的必要借鉴。鉴于已有人权机制各有侧重，拟订有关残疾人权利的公约必须将重点放在残疾人问题上，处理特定人权问题——残疾人权利。同时强调，采取混合模式，有利于将残疾人问题纳入一般人权机制的主流，对处理残疾人特定需求方面具有必要性。需将所有利益相关者纳入公约拟订及监督进程，以使公约得到广泛支持和切实履行。

公约磋商谈判历时5年。2004年5月24日—6月4日，特设委员会在第三次会议上，依照联合国大会58/246号决议，开始就工作组提交的草案文本进行协商。经过各方积极努力，2006年12月13日，在第61届联大上，公约正式通过。2007年3月30日，公约开放签署仪式在纽约联合国总部举行，81个国家及区域一体化组织出席并签署了公约。根据公约规定，经签署国批准，公约将在第20份批准书或加入书交存联合国秘书长后第30天生效。2008年4月3日23点30分（美国纽约时间上午11点30分），作为批准该公约的第20个国家，厄瓜多尔派出的政府代表在联合国总部递交了该国批准加入该公约的正式法律文件。5月3日，公约正式生效。

人类命运共同体理念是适应国际发展形势，以丰富的历史、哲学、文化底蕴与东方政治智慧总结历史教训和实践经验，从国际事务全球治理视野所做的重要理论概括。《残疾人权利公约》的诞生虽然先于这一理念的提出，但在思想渊源上与此脉络连贯，一定意义上也是这一理念的"先验"实践，是其伦理和实践价值在国际人权法，特别是在残疾人群体权利保护这一特别层面的具体化，对国际人权体系的完善具有里程碑意义。

二、《残疾人权利公约》：人类命运共同体理念在国际人权法治领域的特别诠释

"在经济全球化时代，为满足国际社会的共同利益、共同价值和共同行动需要而形成的国际法律制度成为当代国际法体系的新生力量"，"促进人类迈向命运共同体的重要力量"①。构建人类命运共同体，需要在人权层面上将国际社会的共同追求和共享理念具体化、稳定化，为形成共同价值提供支持，构建各国赖以依存的制度体系。作为联合国通过的第一部旨在保障残疾人权益、促进残疾人事业发展的国际公约，《残疾人权利公约》总结了国际残疾人事务多年来的实践、理念和方法，对国际残疾人事业发展具有重要启示和引领作用，是人类命运共同体重大理念在国际人权"特别法"层面的实践诠释。

人类命运共同体理念强调共同利益与共同价值、共同安全与共同发展、共同义务与共建共赢。构建共同体，应对共同危机和问题的前提之一，就是

---

① 肖永平："促进人类迈向命运共同体的重要力量"，《人民日报》2017年6月9日07版。

承认差异的必然性，尊重不同文明和文化的多样性和珍贵性①。基于此，本公约以法律文件的形式特别提出"多样性"[序言第（九）款]、"多重性"等对人权具有特别意义的表述，倡导"关注因种族、肤色、性别、语言、宗教、政治或其他见解、民族本源、族裔、土著身份或社会出身、财产、出生、年龄或其他身份而受到多重或加重形式歧视的残疾人所面临的困难处境"[序言第（十六）款]，并指出，"尊重差异，接受残疾人是人的多样性的和人类的一部分"[第三条第（四）款]，这些在核心人权文书中均属首创。

公约订立之前，无论在国际层面，还是国家层面，残疾人在享有其民事、经济、政治、社会和文化权利时均面临障碍，未能得到足够重视。可以说，公约在一定意义上提高了人权"标准"。公约从国际人权事业发展的愿景出发，秉承人类命运共同体价值元素，为实现共同利益，应对共同危机，在残疾人权利保护层面提出了解决问题的新思路和新方案。以往的人权公约虽然也涉及残疾人的权利问题，但显然呈分散的状态，本公约专门针对残疾人权利的保护，在哲学基础理念和实践层面形成一种整体性战略，标志着残疾人权利保护新纪元的开始，填补了人权思想史上的重大空白。

从残疾问题的社会根源角度，公约将残疾视为社会自生的问题，而不是一个人所固有的：每个人都可能会经历健康受损的磨难，遭受某种残疾②。残疾只是对残障人士与他们存在接触障碍的外部环境之间的状态的一种描述。正如人类命运共同体理念在人权主体上强调人类整体，在人权内容上强调共同发展，公约认同，残疾是一种普遍性的人类体验，而不仅是少数人的问题，需要以"整体视野"对待，并在第一条开明宗义："促进、保护和确保所有残疾人都能充分和公平地享有一切人权，并促进对残疾人固有尊严的尊重。"

从法律权能角度，公约的制定和实施标志着对待残疾人的态度和方法的转变。一般性人权保护机制对残疾人权利的有效保障稍显欠缺。在公约的机制下，残疾人作为人权保护对象的主体，地位发生了质的变化，不再被作为

---

① 2005年10月3—21日在巴黎举行的联合国教科文组织大会通过了《保护和促进文化表现形式多样性公约》。

② 世界卫生组织有关数据表明，全球的残疾人数仍在不断增多。人口增长、医疗进步和世界人口老龄化都是造成残疾人人数增多的原因。在人口预期寿命超过70岁的国家/地区，个人生命期内与残疾相伴的时间平均约为8年（占生命期的11.5%）。

受害者或少数人看待，而是具有确定权利的法律主体和权利的持有人。普通健全人享有的权利，他们一样拥有。他们有权对自身的权利提出主张，决定自己的生活。

从权利实现角度，残疾人在行使自己作为公民的人权时"能力不足"归因于社会本身。机会平等对残疾人具有关键重要性。残疾人权利保护的实质在于如何在人权框架内，在非歧视和平等原则的基础上，将残疾人的权利从应然变为实然。反对歧视残疾、合理宽容，则需要通过具体指征和对应措施加以保证。基于这种理念，公约用社会与人权关系这样的模式取代了原来"医学模式"下的残疾概念，确认残疾人是积极的社会成员，而不是慈善的目标。公约超越残疾人融入周围物质环境的问题，把对残疾人权利保护的着重点转移到平等享有权利，消除残疾人在参与社会活动、社会机会、健康、教育、就业和个人发展等方面存在的法律与社会障碍上。

从国际条约法和人权法的综合视角看，公约还具有一些鲜明特点：

其一，公约为残疾人权利确定了人权原则和具体内容。人类命运共同体理念有助于扩大各国利益的"最大公约数"，落实国际行为主体的共同责任，推动面向未来的法律文化和法治理念的塑造①。公约是第一部系统性保护残疾人权利的国际法律文书，以国际法形式对残疾人权利加以界定，涵盖残疾人生命、家庭、教育、健康、就业、人身安全、获得司法保护、参与政治和公共生活等各方面权利，丰富和扩展了国际人权法律规范。无论是否实际加入公约，世界各国都需要这样一份"菜单"指引。在国内法律和政策上，公约为各国解决残疾人问题提供了权威的国际参照。

其二，公约既是权利保护法，又是事业促进法。这是中国基于发展残疾人事业的经验提出的观点。虽然公约确立了一种"标准"，但公约宗旨与目的

---

① 改变对残疾人的态度，是实现公约目标的必要条件。本公约与其他人权公约规定性的区别之处表明，要实现公约中规定的权利，需要从根本上转变态度，培养塑造残疾人平等赋权的社会理念。公约指出："残疾产生于有缺陷的人与社会中存在的态度上和环境上的障碍之间的关系，这些障碍妨碍了残疾人士全面有效地参与社会活动。"为此，从1982年起，联合国将每年12月3日确立为"国际残疾人日"，旨在促进人们对残疾问题的理解，鼓励人们维护残疾人的尊严，保障其权利和幸福，促进和增强残疾人融入政治生活、社会生活、经济生活和文化生活等。

的达成，一方面受到经济、社会等方面客观条件的制约，另一方面在主观上依赖于缔约国的善意履行。为了避免履约"折扣"，在不违背公约宗旨和目的的前提下，缔约国可以对公约明示保留，保障"说到做到"。无论如何，权利保障与事业发展相辅相成，只有通过残疾人事业的发展，才能促进和实现残疾人的权利，体现人权的真实性和普遍性。所以，中国强调生存权与发展权的观点在公约中得到了反映，这也是公约全面性和完整性的一个具体体现。

其三，公约建立了国际合作框架、监督机制和评估指南。公约通过残疾人权利保护这一特殊国际法域，体现了人类命运共同体理念引领下的全球人权治理与国际法治的价值。根据公约有关条款规定，各国政府应为残疾人事业互相合作，与联合国和非政府组织共同努力。对于批准公约任择议定书的国家，个人或团体就公约实施不充分提出的申诉，在用尽国内救济的情况下，专家机构可以发挥进一步的作用。尽管国际法不能像国内法那样依靠国家强制力来保障实施，但它与权力、利益、观念、伦理、道德、文化等因素一起，为国际行为主体提供遵循的规范和标准，引导国际行为规范化。

其四，对宗旨和目的的处理，强化了公约的普遍性基础。公约第一条，对"目的"做了非定义式的表述，并在第四十六条重申不能对条约的目的和宗旨加以排除，突出了公约的宗旨和目的，最大限度地约束了缔约国正式限制公约的适用，实现了公约的普遍性的造法意图。

其五，公约以特别的方式突出了一般性原则的基础作用，特别是"平等原则""非歧视原则"等①。通过列举性规定使这些原则延伸到公约所有条款，如同大树的根基将各个枝干茎蔓连接起来，对公约起到了统率作用，可以说是理解公约精神的"魂"。这种列举一般原则的处理方式，是本公约区别于其他核心人权条约的一个重要特色。

其六，公约制定吸收了民间社会的积极力量。从结果看，基于残疾人作为权利主体，公约倡导各国建立独立机构来负责公约的实施与监督，并吸纳残疾人和残疾人组织代表参加，让他们"当家做主"，推动残疾人事务发展。从过程看，许多残疾人组织实际全面参与了文本的起草和协商，并结合他们

---

① 关于"非歧视原则"，参见 A. F. Bayefsky, "The Principle of Equality or Non-discrimination in International Law", [1990] (11) HRLJ 1.

的社会经历提出了案文修正意见,对公约的达成起到了重要的作用。这也反映出,国际条约在制定过程中对非政府组织、民间团体的"软实力"和"赋能"作用某种程度的认可①。

总之,与之前的国际法律文件相比,公约在条约创制上,从残疾人的定义,到相关权利条款的解释,再到公约谈判过程中的参与主体,以及公约条文的具体化与可操作性等多个方面,体现了创新和进步。公约作为国际人权约法体系的重要组成部分,与其他文书一起在各个领域和层面构建具体规则,引导国际行为主体的行为规范化,促进不同人权文化顺畅交流,推动国际社会共建共享,迈向人类命运共同体,可谓异曲同工②。

三、中国残疾人事业发展与人类命运共同体理念价值元素正向互动

中国残疾人事业立足本国实际,以人为本,契合人类命运共同体理念的价值元素,成为展示我国改革开放、经济社会发展和人权保障成就的一道靓丽风景。中国是世界上最早倡议、积极推动并支持联合国制定有关残疾人权利保护国际公约的国家之一,在参与公约谈判过程中提出的一系列建议和主张,实际上也是人类命运共同体理念和思想丰富内涵的实际反映。儒家"仁爱"和多元主义的价值取向、伦理主义型的传统法律文化、"美轮美奂的终极境界"③、国家综合国力的增强和国际地位的提高、国家治理体系和治理能力现代化的进程等,都是这一理念的有机元素和理论与实践的支撑。加入公约以来,中国将有效履约作为共同目标,将经济社会发展作为根本途径,将国际合作作为重要手段,为国际残疾人事业提供"中国经验",推动国际残疾人事业健康发展。

一是,积极采取立法、行政等各种措施,认真履行公约各项义务。2008

---

① 有学者将这种"软实力"归纳为全球视野、专业能力、草根意识等几个方面。参见黄志雄主编:《国际法视角下的非政府组织:趋势、影响与回应》,中国政法大学出版社2012年版,第3页。

② 中国的"一带一路"倡议是用人类命运共同体理念促进发展权的极好例证。这个倡议将有力促进欧亚非经济一体化,推动中亚、西亚、南亚和东非地区的经济发展,提升发展权享有水平。

③ 参见高岚君:《国际法的价值论》,武汉大学出版社2006年版,第215—216页。

年4月24日，中国通过了新修订的《中华人民共和国残疾人保障法》①，第一次引入"禁止基于残疾的歧视"概念，突出"以残疾人权利为本"的理念，对原有法律规范进行了充实和完善。其中，很多条款都是公约内容的具体化，实现了与公约的进一步衔接。随着以《中华人民共和国残疾人保障法》为核心的残疾人法律法规不断完善，中国基本构建起比较完备的残疾人事业法律法规政策体系，形成了党委领导、政府负责、社会参与、残疾人组织充分发挥作用的残疾人事业领导体制和工作机制，初步建立了残疾人社会保障体系和服务体系，初步构建起保障残疾人生命健康权、生存权和发展权的制度框架，为残疾人事业长期持续健康发展奠定了坚实基础②。

二是，大力推进残疾人各项事业，残疾人权利保障水平显著提升。经过多年的努力，中国已经探索出一条中国特色残疾人事业发展道路。随着《残疾人教育条例》《残疾人就业条例》《残疾预防和残疾人康复条例》和《无障碍建设条例》等专项法规，以及《国家残疾预防行动计划》的先后颁布实施，8500万残疾人的生存发展状况显著改善，平等参与条件更加充分，社会地位不断提高。很多残疾人当选为各级人民代表大会的代表，担任政协委员，积极参政议政。政府帮助残疾人创造更多的就业机会，让残疾人真正融入社会，提升获得感。国务院出台《"十三五"加快残疾人小康进程规划纲要》③，许多残疾人及其家庭进一步摆脱贫困，幸福指数显著提高。

三是，大力推动公约传播，平等、融合、共享的价值观渐成社会共识。国家设立全国助残日，并围绕国际残疾人日、国际盲人节、国际聋人节等，通过大众媒体、专题研讨和座谈会等方式，宣传与倡导公约理念，提升残疾人权益保护意识④。各级政府残工委发挥牵头作用，广泛动员全社会力量，大力弘扬人道主义思想，倡导友爱、互助、融合、共享的理念。各级残联按照

---

① 据各国议会联盟调查，只有三分之一的国家/地区制定了反歧视和其他专门针对残疾人的法律。

② 张高丽：在实现中国梦的伟大实践中创造残疾人更加幸福美好的新生活——在中国残疾人联合会第六次全国代表大会上的祝词（2013年9月17日）。

③ 2015年，全国建立困难残疾人生活补贴和重度残疾人护理补贴制度，惠及2000多万残疾人。

④ 2008年北京残奥会期间，以政府名义在残奥村矗起了《残疾人权利公约》纪念墙。

平等、参与、共享的目标要求，全心全意为残疾人服务，促进残疾人全面发展。广大残疾人紧跟时代步伐，积极进取，奋力拼搏，不断超越自我，谱写人生华章，诠释生命的真谛和价值，成为民族精神和时代精神的生动写照，全社会扶残助残的氛围更加浓厚。

四是，积极参与国际人权事务，努力推动国际残疾人事业发展。中国积极支持和参与人权各个领域的国际交流与合作，参与制定《残疾人机会均等标准规则》，积极参与"联合国残疾人十年"（1983—1992年）行动，倡导并促成了两个"亚太残疾人十年"行动，认真执行联合国《关于残疾人的世界行动纲领》。从20世纪90年代起，中国曾在多个国际场合呼吁制定公约。2000年3月，世界盲人联盟、世界聋人联合会、融合国际、残疾人国际等五大残疾人组织，以及各大洲10多个国家的残疾人事务负责人应邀在北京召开"世界残疾人非政府组织领导人会议"，通过了《北京宣言》，积极推动了联合国启动公约制定的进程。随后，中国全程参与了公约的谈判，发挥了建设性作用。2007年3月，中国首批签署了公约①。2010年8月，按照公约有关条款规定，中国首次向联合国残疾人权利委员会递交履约报告。2016年，中国残联主席张海迪就任康复国际主席②。为促进世界各国残疾人获得平等、融合、幸福生活的机会，促进世界残疾人事务的均衡发展，帮助发展中国家的残疾人更好地生存与发展，中国提出成立世界残疾人组织（World Disability Organization）的倡议③。中国残联等先后获得"联合国和平使者奖""联合国残疾人十年特别奖""联合国—中国二十五年合作杰出贡献奖"等④，体现了国际社会对中国为保障残疾人人权做出的巨大努力和取得的成就，以及"深

---

① 中国常驻联合国代表、特命全权大使王光亚代表中国签字。中国残疾人联合会常务副理事长吕世明出席签字仪式，并在高级别对话中代表中国发言。2008年6月，全国人大常委会批准公约，同年9月公约对我国正式生效。

② 中国残联于1988年加入康复国际，成为其国家会员。张海迪是第一位担任国际非政府组织领导人的中国女性。

③ 2016年7月7日，张海迪在纪念联合国《残疾人权利公约》通过十周年大会上的致辞。

④ 2003年，中国残联主席邓朴方荣获"联合国人权奖"，成为历史上首个获得此奖的残疾人，也是第一个获此荣誉的中国人。该奖根据1966年联大通过的第2217号决议设立，1968年首次颁发。

入参与全球治理体系变革"的责任和担当的高度认可。

人权事业是中国特色社会主义事业的重要组成部分。充分保障残疾人权利、全面增进残疾人福祉、提高残疾人发展能力、促进残疾人平等参与，是社会主义制度的本质要求，是社会公平正义和文明进步的重要标志。为此，党的十八大提出了"健全残疾人社会保障和服务体系，切实保障残疾人权益"。推动全球人权治理是当代中国治国理政新理念、新思想、新战略世界意义的一个重要体现。我国已进入全面建成小康社会的决定性阶段，残疾人事业站上了新起点。随着国家治理体系和治理能力现代化进程的推进，国内立法与社会保障制度的进一步完善，中国残疾人事业必将取得更大进步，为国际人权事业发展做出更大贡献。

英文版序

联合国《残疾人权利公约》（CRPD）的起草与谈判工作进行于2002—2006年，其后，进入重要的批准、履约和监督阶段。截至2010年7月，共有145个国家签署，87个国家批准了该公约，并有54个国家批准了公约的任择议定书①。2008年11月、2009年9月和2010年9月，第一次、第二次和第三次缔约国大会（COSP）分别在纽约召开，该会议成为各个国家、民间团体、联合国机构，以及各种人权机构之间，就公约的执行情况进行对话和交流的中心场所。2009年2月，残疾人权利委员会组建并在日内瓦举行了首次会议。该委员会的职能是，通过受理和审查来自缔约国和民间团体的报告，在国际层面监督《残疾人权利公约》的执行情况。

本书提供了公约谈判和起草过程中的情况和详细资料，可作为理解《残疾人权利公约》内容的一个工具。书中对公约条款进行了概述，介绍了不同攸关方的立场和观点（包括政府代表、联合国机构、人权机构和其他民间团体的代表，其中最重要的是残疾人组织），有助于我们理解公约文本，并对公约在地方、国家、区域和国际各个层面的执行情况做出判断。

诚如所愿，残疾人议题在全球范围内，已经从旧的个体和慈善助残模式，逐渐转变为社会化模式。对残疾人议题的认知和行动，已经从将残疾人视为怜悯对象，转变为将他们看作享有人权的人。对公约文本进行分析，是促进和理解公约的一个重要步骤，也为人权和社会发展议题提供了一个清晰的框架，有助于推进残疾人议题范式转化的实现。

菲利普·谢尔文（Philippe Chervin）
朗达·纽豪斯（Rhonda Neuhaus）
凯瑟琳·迪克松（Catherine Dixon）

---

① 根据联合国人权高专办最新数据，公约缔约国目前已达到153个，签署国达到30个——其中包括美国，另有13个国家未对此采取行动。对于公约的任择议定书，91个国家已批准，28个国家已签署，未采取行动的国家有79个。分别参见增补附录及：http://www.ohchr.org/Documents/HRBodies/CRPD/StatRatCRPD.pdf、http://www.ohchr.org/Documents/HRBodies/CRPD/OHCHR_Map_CRPD-OP.pdf。——译者注

前 言

本书旨在将《残疾人权利公约》置于其他核心人权条约的语境中,对其进行解读,以加强它在主流人权话语中的地位。正如文中所反复重申的:公约没有产生任何新的权利。但是,它确实从获致性和涵盖性的角度突出了所有人权。

本书对公约进行了逐条解读。对起草过程进行的描述,有助于增进对公约条款的总体理解。当然,对协商和谈判的这种铺陈必须适当,而不宜赘述。公约的每一个条款都与《世界人权宣言》和人权核心条约的相近条款相联系,对各人权条约之间相互关系的阐述请参见导论部分。

此外,联合国系统的专家机构对大多数人权都有一般性解释。本书对此也适当加以引用,以助于加深对这些权利的正确理解。

重要的是,本书对民间团体,特别是残疾人组织(DPOs)和其他利益相关者在公约起草过程中所采取的立场进行了梳理——当然绝不是完整的描述。许多建议来自民间团体,主要是通过"国际残疾人组织核心成员组"(International Disability Caucus, IDC)提出的。这些建议都是吸收了公众意见形成的,以摘要或全文的形式在公约达成之前提交,并在谈判过程中成为最终条文的重要基础。

2007年9月,在塞尔维亚的贝尔格莱德举办了一个针对非政府组织和残疾人组织的培训项目,本书最初就是为此编写的。达米安·塔蒂奇博士(Damjan Tatic)以令人敬佩的勇气,将其翻译成塞尔维亚文,并就初稿提出了最有帮助的建议。在修订过程中,安曼的"国际助残组织"(Handicap International,"国际残疾人组织核心成员组"联合机构成员之一)的穆罕纳德·艾耶博士(Muhannad Alazzeh)对本书给予了有益的评论。这两位先生此前都参与了公约谈判,塔蒂奇博士是塞尔维亚的代表。在本书的写作过程中,基尔斯滕·扬格博士(Kirsten Young)作为专家,通过"地雷幸存者网络"(Landmine Survivors Network,现为"Survivor Corps","国际残疾人组织核心成员组"联合机构成员之一)提出了宝贵的见解和专业意见。最后,还要对

"国际残疾人组织核心成员组"的斯蒂芬·特洛梅勒（Stefan Tromel）表示感谢，他与我分享了其机构对公约的内部评论。尽管得到了上述专家的支持和帮助，本书的错谬仍由作者本人负责。

本书的修订版新增了"2006年以后《残疾人权利公约》的发展"一节，重点介绍了公约通过后联合国各机构通过的一些重要文件。此外，本书还增加了对公约第四条第（三）款所涉及的保证残疾人组织参与的重要性等问题的阐述。

我还要感谢时任"国际助残组织"东南欧项目主任的亚历山大·科特（Alexandre Cote），是他鞭策我开始了这个项目。另外，十分感谢菲利普·谢尔文（Philippe Chervin）、凯瑟琳·迪克松（Catherine Dixon）、索菲娅·博尼法斯（Sophie Bonifas）和斯蒂芬妮·戴伊加斯（Stéphanie Deygas），在本书出版前阅读了文稿。还有许多人对本书的写作给予了帮助，恕难逐一列举，谨向所有的人致以谢意！

本书初版于2007年9月，名为《理解联合国残疾人公约》，是"Share-SEE"框架下的一个项目①，首版面世得到英国国际开发署（DFID）、欧洲民主和人权倡议（EIDHR），以及"国际助残组织"（Handicap International）的资金支持。现为第三版，由玛丽安娜·舒尔泽修订，"国际助残组织"资助出版。内容由作者完全负责，不反映资助方的观点和立场。

玛丽安娜·舒尔泽（Marianne Schulze）

---

① "Share-SEE"项目是一个在巴尔干地区倡导残疾人权利和平等机会的地区计划。参见 http://www.share-see.org/hpage.htm.

参考资料

《残疾人权利公约》文本是本书内容的基础。书中引用的公约文本以仿宋体呈现，引用的其他人权文书文本以楷体字标出。有些资料有助于对公约相关规定历史经纬和内涵外延的理解，从而将公约条款纳入更广泛的人权问题讨论框架。这些资料将在后文列出，并注明其链接索引①。

公约文本的逐渐成形，可以见之于一些概要性的文件。其中，最重要的是特设委员会第三次会议完成的文本，被称为"工作组案文"。这一文本的重订版是特设委员会第六次会议主席唐·麦凯（Don MacKay）大使阁下起草的，被称为"工作案文"。此外，在公约起草过程中，各国政府提出了不少修正案和意见，其中许多都被录入联合国助残项目（UN Enable）的网站，联合国人权高专办（OHCHR）网站的"每日摘要"和"背景文件"版块也有登载。

民间团体，特别是残疾人组织（DPOs）——许多后来成为"国际残疾人组织核心成员组"的成员——十分强调在残障的语境中理解人权议题，贡献良多。由此，公约文本的起草得以从残障的视角聚焦残疾人权利。特别值得注意的是，"国际残疾人组织核心成员组"对工作案文的修改建议，对于理解有关公约条款的争议并达成折中极有价值。

人权国际服务（International Service for Human Rights）纽约分部的专家积极关注公约的起草。在密歇尔·伊文思（Michelle Evans）的领导下，玛丽安娜·舒尔泽（Marianne Schulze）、塞安·马莱尔（Sean Marlaire）、瓦莱利亚·扬尼提（Valeria Iannitti）、贝塔尼·索萨（Bethany Sousa）、艾理松·格拉姆（Alison Graham）对各次会议的情况进行了梳理分析，并对每一条款的讨论情况做了全面回顾。另外，"国际残疾人组织核心成员组"成员斯蒂芬·特洛梅勒（Stefan Tromel）在其未出版的文稿中，对公约每个条款的发展情况都做了概括。

联合国人权高专办（OHCHR）曾经出版过一本讨论残疾与人权的资料，

---

① 中文版没有完全按照英文版格式处理，所用"仿宋体""楷体"即为实际变通的做法。——译者注

是杰拉德·奎恩（Gerard Quinn）、特蕾西娅·戴格奈尔（Theresia Degener）和其他几位专家一起编写的。这本书在一般人权的语境中对残障问题进行了探讨，成为推动公约谈判开启的一个基础，确为一份很好的背景参考。

最后，需把《残疾人权利公约》置于更加广阔的人权语境之中。多年来，各人权条约机构通过的许多一般性意见和建议，为在总体人权话语中描述各个条款的不同面向提供了核心资料。相关信息和资料如下。

工作组案文（Working Group Text）：

http://www.un.org/esa/socdev/enable/rights/ahcwgreport.htm

工作案文（Working Text）：

http://www.un.org/esa/socdev/enable/rights/ahcchairletter7oct.htm

联合国网站残疾人专题：http://www.un.org/disabilities

每日摘要和背景文件（Daily Summaries and Background Papers）：

http://www.un.org/disabilities/default.asp?id=1423

人权国际服务（International Service for Human Rights）：

http://www.ishr.ch/content/view/401/572/

杰拉德·奎恩（Gerard Quinn）、特蕾西娅·戴格奈尔（Theresia Degener）等，联合国人权事务高级专员办公室（编），《人权和残疾》（Human Rights and Disability）：

http://www.ohchr.org/Documents/Publications/HRDisabilityen.pdf

http://www2.ohchr.org/english/issues/disability/docs/Studydisability_en.doc

人权条约机构通过的一般意见和一般性建议汇编，HRI/GEN/1/Rev.7：

http://www.unhchr.ch/tbs/doc.nsf/(Symbol)/ca12c3a4ea8d6c53c1256d500056e56f?Opendocument

在相关条约机构网站其他一般性意见和建议：

http://www.ohchr.org/english/bodies/

其他有关资源：

http://www.asksource.info/

http://www.asksource.info/res_library/disability.htm

http://asksource.ids.ac.uk/cf/keylists/keylist2.cfm?topic=dis&search=QL_CRPD08

缩略语对照表

AHC	Ad Hoc Committee	特设委员会
CAT	Convention Against Torture and other cruel, inhuman or degrading Treatment or Punishment, 1987	《禁止酷刑和其他残忍、不人道或有辱人格的待遇或处罚公约》
ICCPR	International Covenant on Civil and Political Rights, 1966	《公民及政治权利国际公约》
IDC	International Disability Caucus	国际残疾人组织核心成员组
CEDAW	Convention on the Elimination of all forms of Discrimination against Women, 1979	《消除对妇女一切形式歧视公约》
CERD	International Convention on the Elimination of All Forms of Racism, 1966	《消除一切形式种族歧视国际公约》
CESCR	International Covenant on Economic, Social & Cultural Rights, 1966	《经济、社会、文化权利国际公约》
CRC	United Nations Convention on the Rights of the Child, 1989	《儿童权利公约》
CRMW	International Convention on the Protection of the Rights of Migrant Workers and Members of Their Families, 1990	《保护所有移徙工人及其家庭成员权利国际公约》
CRPD	Convention on the Rights of Persons with Disabilities, 2006	《残疾人权利公约》（2006 年）
HRC	Human Rights Committee, expert body in charge of the ICCPR	人权事务委员会（负责 ICCPR 的专家机构）
ILO	International Labour Organization	国际劳工组织
NGO	Non-Governmental Organization	非政府组织
OHCHR	Office of the high Commissioner for Human Rights	人权事务高级专员办公室
PP	Preambular Paragraph	序言段落
STANDARD RULES	UN Standard rules on the Equalization of Opportunities for Persons with Disabilities	联合国《残疾人机会均等标准规则》
UDHR	Universal Declaration of Human Rights, 1948	《世界人权宣言》（1948 年）
VCT	Vienna Convention on the Law of Treaties, 1966	《维也纳条约法公约》（1966 年）
WORLD PROGRAM OF ACTION	World Program of Action Concerning Disabled Persons	《关于残疾人的世界行动纲领》

"SOURCE"数据库
有关《残疾人权利公约》的资料

聚焦残疾和发展的"SOURCE"数据库,是一个用以加强对涉残疾、发展和健康议题相关信息管理、使用和推广的国际信息资料中心,拥有超过25000份资料的独特收藏。

"SOURCE"主页:http://www.asksource.info/

"SOURCE"有关残疾、包容和发展关键议题的网址:

http://asksource.info/res_library/disability.htm

"SOURCE"有关残疾、人权和公约的网址:

http://asksource.ids.ac.uk/cf/keylists/keylis2.cfm?topic=dis&search=QL_CPRD08

目 录

人类命运共同体理念的"先验"诠释（中文版代序） ……… 谷盛开（1）
英文版序 ……………………………………………………………（12）
前　言 ………………………………………………………………（13）
参考资料 ……………………………………………………………（15）
缩略语对照表 ………………………………………………………（17）
"SOURCE"数据库有关《残疾人权利公约》的资料 …………（18）

第一部分　导　论

一、人权保护 …………………………………………………………（1）
二、对残疾人关注的缺失 ……………………………………………（4）
三、《残疾人权利公约》的来龙去脉 ………………………………（7）
四、2006年以后《残疾人权利公约》的发展 ……………………（10）

第二部分　《残疾人权利公约》条文导读

序　言 ………………………………………………………………（16）
Preamble ……………………………………………………………（16）
第一条　宗　旨 ……………………………………………………（24）
Article 1：Purpose …………………………………………………（24）
第二条　定　义 ……………………………………………………（30）
Article 2：Definitions ………………………………………………（30）
第三条　一般原则 …………………………………………………（34）
Article 3：General Principles ………………………………………（34）

第四条　一般义务 …………………………………………………（40）

Article 4：General Obligations …………………………………（40）

第五条　平等和不歧视 ……………………………………………（52）

Article 5：Equality and Non-discrimination ……………………（52）

第六条　残疾妇女 …………………………………………………（57）

Article 6：Women with Disabilities ……………………………（57）

第七条　残疾儿童 …………………………………………………（60）

Article 7：Children with Disabilities ……………………………（60）

第八条　提高认识 …………………………………………………（64）

Article 8：Awareness-raising ……………………………………（64）

第九条　无障碍 ……………………………………………………（66）

Article 9：Accessibility …………………………………………（66）

第十条　生命权 ……………………………………………………（73）

Article 10：Right to Life …………………………………………（73）

第十一条　危难情况和人道主义紧急情况 ………………………（75）

Article 11：Situations of Risk and Humanitarian Emergencies …（75）

第十二条　在法律面前获得平等承认 ……………………………（77）

Article 12：Equal Recognition Before the Law …………………（77）

第十三条　获得司法保护 …………………………………………（87）

Article 13：Access to Justice ……………………………………（87）

第十四条　自由和人身安全 ………………………………………（89）

Article 14：Liberty and Security of the Person …………………（89）

第十五条　免于酷刑或残忍、不人道或有辱人格的待遇或处罚 …（92）

Article 15：Freedom from Torture or Cruel,
　　　　　　Inhuman or Degrading Treatment or Punishment …（92）

第十六条　免于剥削、暴力和凌虐 ………………………………（95）

Article 16：Freedom from Exploitation, Violence and Abuse …（95）

第十七条　保护人身完整性 ………………………………………（101）

Article 17：Protecting the Integrity of the Person ………………（101）

第十八条　迁徙自由和国籍 …………………………………… (103)
Article 18: Liberty of Movement and Nationality …………… (103)

第十九条　独立生活和融入社区 ………………………………… (106)
Article 19: Living Independently and Being Included in the Community …… (106)

第二十条　个人行动能力 ………………………………………… (109)
Article 20: Personal Mobility …………………………………… (109)

第二十一条　表达意见的自由和获得信息的机会 ……………… (111)
Article 21: Freedom of Expression and Opinion,
　　　　　and Access to Information ………………………… (111)

第二十二条　尊重隐私 …………………………………………… (115)
Article 22: Respect for Privacy ………………………………… (115)

第二十三条　尊重家居和家庭 …………………………………… (117)
Article 23: Respect for Home and the Family ………………… (117)

第二十四条　教　育 ……………………………………………… (124)
Article 24: Education …………………………………………… (124)

第二十五条　健　康 ……………………………………………… (130)
Article 25: Health ………………………………………………… (130)

第二十六条　适应训练和康复 …………………………………… (137)
Article 26: Habilitation and Rehabilitation …………………… (137)

第二十七条　工作和就业 ………………………………………… (141)
Article 27: Work and Employment ……………………………… (141)

第二十八条　适足的生活水平和社会保护 ……………………… (147)
Article 28: Adequate Standard of Living and Social Protection …… (147)

第二十九条　参与政治和公共生活 ……………………………… (154)
Article 29: Participation in Political and Public Life ………… (154)

第三十条　参与文化生活、娱乐、休闲和体育活动 …………… (159)
Article 30: Participation in Cultural Life, Recreation, Leisure and Sport …… (159)

第三十一条　统计和数据收集 …………………………………… (164)
Article 31: Statistics and Data Collection ……………………… (164)

第三十二条 国际合作 …… (166)
Article 32: International Cooperation …… (166)

第三十三条 国家实施和监测 …… (168)
Article 33: National Implementation and Monitoring …… (168)

第三十四条 残疾人权利委员会 …… (172)
Article 34: Committee on the Rights of Persons with Disabilities …… (172)

第三十五条 缔约国提交的报告 …… (174)
Article 35: Reports by States Parties …… (174)

第三十六条 报告的审议 …… (176)
Article 36: Consideration of Reports …… (176)

第三十七条 缔约国与委员会的合作 …… (177)
Article 37: Cooperation Between States Parties and the Committee …… (177)

第三十八条 委员会与其他机构的关系 …… (178)
Article 38: Relationship of the Committee with Other Bodies …… (178)

第三十九条 委员会报告 …… (179)
Article 39: Report of the Committee …… (179)

第四十条 缔约国会议 …… (179)
Article 40: Conference of States Parties …… (179)

最终条款 …… (180)
Final Clauses …… (180)

第四十一条 保存人 …… (180)
Article 41: Depositary …… (180)

第四十二条 签署 …… (180)
Article 42: Signature …… (180)

第四十三条 同意接受约束 …… (180)
Article 43: Consent to be Bound …… (180)

第四十四条 区域一体化组织 …… (181)
Article 44: Regional Integration Organizations …… (181)

第四十五条 生效 …… (182)
Article 45: Entry into Force …… (182)

第十八条　迁徙自由和国籍 …………………………………… (103)
Article 18：Liberty of Movement and Nationality ……………… (103)

第十九条　独立生活和融入社区 ………………………………… (106)
Article 19：Living Independently and Being Included in the Community …… (106)

第二十条　个人行动能力 ………………………………………… (109)
Article 20：Personal Mobility …………………………………… (109)

第二十一条　表达意见的自由和获得信息的机会 ……………… (111)
Article 21：Freedom of Expression and Opinion,
　　　　　　and Access to Information ………………………… (111)

第二十二条　尊重隐私 …………………………………………… (115)
Article 22：Respect for Privacy ………………………………… (115)

第二十三条　尊重家居和家庭 …………………………………… (117)
Article 23：Respect for Home and the Family ………………… (117)

第二十四条　教　育 ……………………………………………… (124)
Article 24：Education …………………………………………… (124)

第二十五条　健　康 ……………………………………………… (130)
Article 25：Health ……………………………………………… (130)

第二十六条　适应训练和康复 …………………………………… (137)
Article 26：Habilitation and Rehabilitation …………………… (137)

第二十七条　工作和就业 ………………………………………… (141)
Article 27：Work and Employment ……………………………… (141)

第二十八条　适足的生活水平和社会保护 ……………………… (147)
Article 28：Adequate Standard of Living and Social Protection ………… (147)

第二十九条　参与政治和公共生活 ……………………………… (154)
Article 29：Participation in Political and Public Life …………… (154)

第三十条　参与文化生活、娱乐、休闲和体育活动 …………… (159)
Article 30：Participation in Cultural Life, Recreation, Leisure and Sport …… (159)

第三十一条　统计和数据收集 …………………………………… (164)
Article 31：Statistics and Data Collection ……………………… (164)

第三十二条 国际合作 …………………………………………… (166)

Article 32: International Cooperation ………………………… (166)

第三十三条 国家实施和监测 ………………………………… (168)

Article 33: National Implementation and Monitoring ………… (168)

第三十四条 残疾人权利委员会 ……………………………… (172)

Article 34: Committee on the Rights of Persons with Disabilities ………… (172)

第三十五条 缔约国提交的报告 ……………………………… (174)

Article 35: Reports by States Parties ………………………… (174)

第三十六条 报告的审议 ……………………………………… (176)

Article 36: Consideration of Reports ………………………… (176)

第三十七条 缔约国与委员会的合作 ………………………… (177)

Article 37: Cooperation Between States Parties and the Committee ……… (177)

第三十八条 委员会与其他机构的关系 ……………………… (178)

Article 38: Relationship of the Committee with Other Bodies ………… (178)

第三十九条 委员会报告 ……………………………………… (179)

Article 39: Report of the Committee ………………………… (179)

第四十条 缔约国会议 ………………………………………… (179)

Article 40: Conference of States Parties ……………………… (179)

最终条款 ……………………………………………………… (180)

Final Clauses ………………………………………………… (180)

第四十一条 保存人 …………………………………………… (180)

Article 41: Depositary ………………………………………… (180)

第四十二条 签 署 …………………………………………… (180)

Article 42: Signature ………………………………………… (180)

第四十三条 同意接受约束 …………………………………… (180)

Article 43: Consent to be Bound ……………………………… (180)

第四十四条 区域一体化组织 ………………………………… (181)

Article 44: Regional Integration Organizations ……………… (181)

第四十五条 生 效 …………………………………………… (182)

Article 45: Entry into Force …………………………………… (182)

第四十六条　保留 …………………………………………………… (182)
Article 46：Reservations ……………………………………………… (182)
第四十七条　修正 …………………………………………………… (183)
Article 47：Amendments ……………………………………………… (183)
第四十八条　退约 …………………………………………………… (184)
Article 48：Denunciation ……………………………………………… (184)
第四十九条　无障碍模式 …………………………………………… (184)
Article 49：Accessible Format ………………………………………… (184)
第五十条　作准文本 ………………………………………………… (184)
Article 50：Authentic Texts …………………………………………… (184)

第三部分　关于《残疾人权利公约》任择议定书

一、概　述 …………………………………………………………… (185)
二、《残疾人权利公约》任择议定书 ………………………………… (186)

第四部分　附　录

一、公约及议定书批准情况统计 …………………………………… (190)
二、核心人权条约 …………………………………………………… (191)
三、其他有关决议 …………………………………………………… (192)
四、《残疾人权利公约》相关大事记 ………………………………… (199)

后　记 ………………………………………………………………… (205)

第一部分

导 论

《残疾人权利公约》无条件地明确规定，残疾人享有平等获得并完全、有效享受所有人权的权利——消除有关障碍是获得并平等享有这些权利的前提条件。

在2006年12月13日联合国大会通过该公约之前，残疾人一直处于边缘状态，关于他们的内容仅被置于少数决议和宣言的未尽条款。这在相当程度上使得残疾人议题在人权话语中被淹没，联合国"千年发展目标"（Millennium Development Goals，MDGs）也未能明确提及残疾人权利保护问题。

一、人权保护

随着法西斯的失败和二战的结束，人权被视作国际社会共同致力于世界和平、稳定与繁荣的一个核心特征。《联合国宪章》（国家通过这个条约成为联合国的成员国）第一条规定，联合国的"宗旨"之一就是"促进和激励对所有人人权和基本自由的尊重"，并不得基于"种族、性别、语言或宗教"而有任何区别。这一基础性的简要列举成为后来制订具有拘束力的人权详尽条款的起点。由于制订强制性协议的谈判没有成功，《世界人权宣言》（Universal Declaration of Human Rights，1948，UDHR）取而代之，首先获得通过。宣言在世界范围内得到广泛承认并成为许多（国家）宪法和其他法律的基础。从本质上来说，《世界人权宣言》是一个在道德和政治上有影响力的决议，但在法律上缺乏拘

本文部分内容源于 Marianne Schulze: The UN Convention on the Rights of Persons with Disabilities and the Visibility of Persons with Disabilities in Human Rights, Journal for Disability and International Development, Issue 1/2007, p13, 参见 http://www.zbdw.de/projekt01/media/pdf/2007_1.pdf.

束力。在《世界人权宣言》诞生的同时，另一个共识随即达成，即继续谈判以制订具有拘束力的人权条约。不过，冷战的阴影旋即笼罩了这一努力。直到 1966 年，联合国才结束谈判（反映出这个阶段政治上的鸿沟），分别形成了两个机制，即《公民及政治权利国际公约》（International Covenant on Civil and Political Rights, 1966, ICCPR）和《经济、社会、文化权利国际公约》（International Covenant on Economic, Social & Cultural Rights, 1966, ICESCR）。它们与《世界人权宣言》一起构成了"国际人权宪章"：

世界人权宣言	
公民及政治权利国际公约	经济、社会、文化权利国际公约

政治权利，指言论、集会、结社和免受酷刑的自由，获得公正审判的权利，以及隐私权和婚姻权等。经济和社会权利包括食物权、教育权、工作权和健康权等。公民和政治权利与经济和社会权利在人权上留下了分裂印记。1966 年以来通过的一系列核心人权条约，如反对种族歧视——《消除一切形式种族歧视国际公约》（International Convention on the Elimination of All Forms of Racism, 1966, CERD）、保护妇女权利——《消除对妇女一切形式歧视公约》（Convention on the Elimination of all forms of Discrimination against Women, 1979, CEDAW）、反对酷刑——《禁止酷刑和其他残忍、不人道或有辱人格的待遇或处罚公约》（Convention Against Torture and other cruel, inhuman or degrading Treatment or Punishment, 1987, CAT）、保护儿童权利——《儿童权利公约》（United Nations Convention on the Rights of the Child, 1989, CRC）、保护移徙工人权利——《保护所有移徙工人及其家庭成员权利国际公约》（International Convention on the Protection of the Rights of Migrant Workers and Members of Their Families, 1990, CRMW）等，很大程度上就反映了这种分裂。在人权的实施过程中通常沿用此种划分，却对各项人权的普遍性、不可分割性、相互关联和相互依存性构成挑战。

这种认识的负面影响尤其体现在把"权利"与"发展"彼此割裂。这导致发展权未能得以充分认受的同时，又损害了将私有机构纳入人权轨道的努力，在公共机构私营化的情况下尤其如此。

社会发展的权利在许多宣言和类似的文件中都得到了确认,但由于缺乏实施条款,难以完全发挥法律效力。1986年的《发展权利宣言》[①]特别强调:

> 发展权利是一项不可剥夺的人权,由于这种权利,每个人和所有各国人民均有权参与、促进并享受经济、社会、文化和政治发展,在这种发展中,所有人权和基本自由都能获得充分实现。
>
> 人是发展的主体,因此,人应成为发展权利的积极参与者和受益者。
>
> 所有的人单独地和集体地都对发展负有责任,这种责任本身就可确保人的愿望得到自由和充分的实现,他们因而还应增进和保护一个适当的政治、社会和经济秩序以利发展。
>
> 国家有权利和义务制定适当的国家发展政策,其目的是在全体人民和所有个人积极、自由和有意义地参与发展及其带来的利益的公平分配的基础上,不断改善全体人民和所有个人的福利。
>
> 各国对创造有利于实现发展权利的国家和国际条件负有主要责任。
>
> 实现发展权利需要充分尊重有关各国依照《联合国宪章》建立友好关系与合作的国际法原则。
>
> 各国有义务在确保发展和消除发展的障碍方面相互合作。各国在实现其权利和履行其义务时应着眼于促进基于主权平等、相互依赖、各国互利与合作的新的国际经济秩序,并激励遵守和实现人权。

冷战结束后,国际社会携手迎应人权情势,维也纳世界人权大会达成了三项主要协议,通过了《维也纳宣言和行动纲领》(Vienna Declaration and Programme of Action,1993,VDPA)。该宣言有三个重要方面:

——强调一切人权均为"普遍、不可分割、相互依存、相互联系的",政治和社会权利的鸿沟因此得以弥合。

——重申发展权利是一项普遍的、不可剥夺的权利,也是基本人权的一个有机组成部分。

---

① 宣言全文见 http://www2.ohchr.org/english/law/vienna.htm.

——承认在国家层面实现国际人权准则存在不足，各国应采取更严肃的实施方式，并要加强国家监督。

《残疾人权利公约》（Convention on the Rights of Persons with Disabilities，2006，CRPD）是《维也纳宣言和行动纲领》之后通过的第一项国际人权条约，在很多方面实现了1993年提出的要求，但在另一些方面仍力有未逮。不过，公约适应对残疾人人权保障日益增长的需要，超出了《维也纳宣言和行动纲领》所做的承诺。

二、对残疾人关注的缺失

《公民及政治权利国际公约》和《经济、社会、文化权利国际公约》均对《世界人权宣言》第二条有关反歧视的内容予以确认，认为享有这些权利"没有诸如种族、肤色、性别、语言、宗教、政治或其他见解、国籍或社会出身、财产、出生或其他身份等任何区分"。

在"国际人权宪章"中，《世界人权宣言》《公民及政治权利国际公约》《经济、社会、文化权利国际公约》三项文书的第二条，均没有具体提及伤残和残疾问题。然而从严格的法律视角来看，这一延展性条款末尾"其他身份"的措辞，为保护残疾人免受歧视提供了必要保护。不过这种保护显然尚不够充分。

除了缺乏明显的法律条文保护，残疾人长期以来都被视为客体而不是主体，因而不是权利的享有者。将残疾客体化，使得关注被排斥与权利获得缺乏问题的重点仅限于伤残本身。在这种所谓"疗救模式"下，残疾人被看成需要慈善机构"帮助"的可怜对象。这种客体化的认知模式，是"基于福利的路径"对残疾人的保护。这种方式使得在大多数国家——绝大多数是工业化国家，社会福利项目中的很多"专门的"计划由此得以加强，但却进一步推动了诸如特殊学校、免税工场，以及其他隔离性机制、机构的建立和运转。

人人都有尊严，所以，享有权利成为我们的必需，同时，残疾人也无条件地是权利的拥有者。因此，我们关注的焦点不应仅限于伤残可能的损害，还应针对那些由社会结构导致的对权利享有的限制。除集中于明显的身体障碍外，这种路径同时关注各种社会、行为、陋见陈规造成的障碍。正是这些障碍导致对残疾人的排斥，并使之得以潜在延续①。

权利获致性的进路给人权主流化提供了一项工具，借以排除充分和有效享受各项人权的障碍。更重要的是，在更深的层次上，这是一把解开排斥残疾人并否定其权利的各种社会理念的钥匙。要消除持续性排斥的各种因素，关键要针对"区分"这一议题，暂且不称之为"隔离"。陈见、偏见和其他有关"残疾"的假定是这种"区分"的基础，其结果不仅仅是法律保障方面的潜在缺陷，还是对残疾人权利的否定。

1971年通过的《智力迟钝者权利宣言》（Declaration on the Rights of Mentally Retarded Persons，DRMRP）虽非首次，但确是最早努力提高对残疾人关注的联合国人权文书之一。继之在1975年，《残疾人权利宣言》通过。宣言特别声明，"'残疾人'一词指，任何由于先天性或非先天性的身心缺陷而不能保证自己可以取得正常的个人生活和（或）社会生活上所有或部分必需品的人"②。

尽管宣言不能直接执行，却进一步列举了残疾人应享有的权利，（所有残疾人）"都应享有这些权利，毫无例外，且不得基于种族、肤色、性别、语言、宗教、政治或其他见解、国籍或社会出身、财产、家世或任何其他情况，而对残废者本人或其家属有所区别或歧视"。与上文提到的政治和经济权利条约包含的条文分别比较，宣言中的反歧视条款更加广泛，它将保障的范围扩展到残疾人的家庭成员。此外，宣言还明确声明所有人都享有一切人权：

"残疾人享有其人格尊严受到尊重的固有权利。残疾人，不论其缺陷或残疾的起因、性质和严重性，应与其他同龄公民享有同样的基本权利，其中最主要的是享有适当的、尽可能正常而充实的生活。"该宣言的另一条款也对拥有"合理便利"这一首要指标做了阐释："残疾人有权获得种种旨在尽可能使他

---

① 参较 Quinn/Degener, Human Rights and Disability – Chapter 1: The Moral Authority for Change: Human Rights Value and the Worldwide Process of Disability Reform.

② 联合国大会2856号决议（XXVI），1971年12月20日；联合国大会3447号决议（XXX），1975年12月9日。

们自立的措施。"

与此相应，根据联合国人权条约［《公民及政治权利国际公约》《经济、社会、文化权利国际公约》《消除一切形式种族歧视国际公约》《消除对妇女一切形式歧视公约》《禁止酷刑和其他残忍、不人道或有辱人格的待遇或处罚公约》《儿童权利公约》《保护所有移徙工人及其家庭成员权利国际公约》］设立的专家小组在其所做的权威解释中，也首次对残疾人身份予以确认。

1982年，《公民及政治权利国际公约》所设条约监督机构人权事务委员会通过了一项一般性意见，其中含有关于精神残疾者的内容。在关于人身自由和安全的论述中，该委员会认为，该条（第1段）"适用于剥夺自由的一切情况，不论它涉及刑事案件或其他诸如精神疾病、流浪、吸毒成瘾或出于教育目的等情况"①。值得注意的是，本项一般性意见通过的时间恰巧是1981年的国际残疾人年。

1989年，联合国通过了一项专门的人权条约——《儿童权利公约》，其中第一次安排单独条款，规定有明显残疾者的权利。同样，"残疾"亦被视作一种导致歧视的潜在因素②。

1982年，联合国大会通过了《关于残疾人的世界行动纲领》，按照联合国的惯例，开始了残疾人十年主题行动计划（1983—1992）。之后又于1993年通过了《联合国残疾人机会均等标准规则》，二者均申明"各国做出了强烈的道德和政治承诺，采取行动以保障残疾人机会均等"。

1994年，经济、社会、文化权利委员会继之通过了有关"残疾人"的一般性意见③，并在开篇即指出：

> 残疾与经济和社会因素密切相关——世界多数地区的生活条件极差，因此，向所有人提供基本的需求——食物、水、住房、医疗保健和教育——应当成为国家方案的基础。即便在生活水平较高的国家，残疾人也往往没有机会享受公约确认的全部经济、社会、文化权利。

---

① 《公民权利及政治权利国际公约》第8号一般性意见：人身自由和安全。
② 《儿童权利公约》第二条。
③ 《经济、社会、文化权利国际公约》第5号一般性意见：残疾人。

在此之前，消除对妇女歧视委员会于 1991 年也简要提及残疾妇女权利，并重申在缔约国报告中需要特别介绍残疾妇女的情况①。

值得注意的是，区域性人权文书也多次提及残疾人权利。《美洲人权公约》（1969）附加议定书（1988）在"残疾人保护"项下宣布："基于身心缺陷而致能力受到影响的所有人都有权获得特别关注，以帮助其实现自身人格最大可能之发展。"该议定书第十八条列举了特别计划和培训，要求在城市发展规划中将残疾人纳入考虑因素。不过，非洲和欧洲的地区（人权）条约在当时没有立即跟上这个步伐。1999 年，美洲国家组织（OAS）更进一步，通过了《美洲消除对残疾人一切形式歧视公约》。随后，《欧洲联盟基本权利宪章》（2000）也将残疾人权利纳入专门条款，即第二十六条。非洲人权条约——《班珠尔人权和民族权利宪章》也在第十八条提及"获得特别措施的权利"。

三、《残疾人权利公约》的来龙去脉

很多国家，包括瑞典和意大利等，曾经倡议就达成一项事关残疾人权利和尊严的全面完整的国际协定进行谈判。最后一次动议是墨西哥提出的。2001 年，在南非德班召开主题为反对种族主义、种族歧视、仇外心理和其他不宽容行为的世界会议期间，墨西哥代表团提议订立一项保护残疾人权利的公约。时任墨西哥总统文森特·福克斯（Vincente Fox）在第 56 届联合国大会开幕式上重申这项建议。作为回应，联合国大会通过了第 56/162 号决议，决定成立一个特设委员会，以制订一项全面完整的关于残疾人权利和尊严的国际公约。其目标是："依据社会发展、人权和不歧视领域工作采用的整体性方法，同时考虑到人权委员会和社会发展委员会的各项建议，审议关于促进和保护残疾人权利和尊严的全面完整的国际公约的建议。"

特设委员会的任务是，拟订一份关于"全面有效保障现有各项人权"的条约案文，案文旨在确保现有人权的获致性，而非通过谈判创设新的权利。

---

① 《消除对妇女一切形式歧视公约》第 18 号一般性意见：残疾妇女。

因此，该案文的基础是"国际人权宪章"和如下一些其他专门人权条约：《消除一切形式种族歧视国际公约》《消除对妇女一切形式歧视公约》《禁止酷刑和其他残忍、不人道或有辱人格的待遇或处罚公约》《儿童权利公约》，以及《保护所有移徙工人及其家庭成员权利国际公约》。需要指出的是，《保护所有人不遭受强迫失踪公约》当时仍在谈判之中，尚未达成。

此外，根据有关决议要求，公约草案不仅要涵盖所有人权，还要包括"社会发展方面"。如前所述，1986年的《发展权利宣言》与1993年的《维也纳宣言和行动纲领》均将社会发展确立为一项人权。鉴于约80%的残疾人生活在发展中国家，从观念上确认发展是对最贫穷和最不利者的保护，这就与提高残疾人地位有了特别联系。正如《发展权利宣言》第一条申明："发展权是一项不可剥夺的人权，由此，每个人和所有人民均有权参与、促进并享受经济、社会、文化和政治发展，在这种发展中，所有人权和基本自由都得以充分实现。"

特设委员会在前两次会议中做了大量资料工作。在此基础上，一个由27国政府代表和12个非政府组织组成的工作组于2004年1月碰头准备公约草案，再由会员国在草案的基础上进一步谈判。此后，2004年春季举行了一次会议，同年夏天紧接着又举行了一次会议。在另两次会议后，特设委员会主席、新西兰的唐·麦凯（Don MacKay）大使阁下提出了一份修订案文作为谈判的基础。这份工作案文，有时也被称为"主席案文"。该案文公布不久，联合国大会就通过了第60/232号决议，呼吁会员国"积极、建设性地参与特设委员会的工作，以达成一项公约草案文本提交联合国大会，并最好能够在第六十一次联大会议上作为优先事项予以通过"。

2006年1月，特设委员会再次召开了为期三周的会议。同年8月，最后一次会议召开，会议结束时通过了待核准的公约草案文本。此次会议上，一项有待核准的任择议定书同时起草并通过①。根据该项议定书，个人申诉可以

---

① 任择议定书规定的内容很多，其中之一是允许个人向核心人权公约的专家机构提出申诉。需要注意的是，并非所有的核心人权条约都有同样规定。而且在大多数情况下，绝大多数任择议定书的谈判都是在公约缔结完成之后。例如，《经济、社会、文化权利国际公约》是在1966年通过的，其任择议定书于2008年12月才得以通过。

向根据公约成立的委员会进行申诉。随后，为使案文能够符合联合国人权条约的语言规范，专门的起草委员会成立了。

在整个谈判过程中，一些民间团体，特别是残疾人组织，非常积极地参与起草工作。例如，特设委员会最后一次会议有800人登记参加，2007年3月30日的公约签字仪式参加者也非常踊跃。来自国际、地区和国家各个层面的残疾人组织和支持它们的非政府组织组成了一个广泛的联盟，即"国际残疾人组织核心成员组"（Internatinal Disability Caucus, IDC），它们在谈判过程中努力反映民间团体的声音。

谈判过程中，时任联合国秘书长科菲·安南（Kofi Annan）强调，有必要通过缔结一项特殊的国际条约提高对残疾人问题的关注。他指出："残疾人是世界上最大的少数群体。他们过度穷困，更容易失业，死亡率比一般人群更高。大多时候，他们不能充分享有公民、政治、社会、文化和经济权利。残疾人权利长期被忽视。"①

时任联合国人权高专路易丝·阿博尔（Louise Arbour）强调了公约的必要性和潜在意义："这个新条约将发挥关键作用。它将明确残疾人的各项权利，说明实施权利的必要行动，并将提高大众对残疾人人权的认识……我们需要更好地了解残疾人在享有他们人权时面临的具体挑战。这项条约应确保义务得以履行，并起到教育作用。"②

保护所有移徙工人及其家庭成员权利国际公约	儿童权利公约	残疾人权利公约
消除一切形式种族歧视国际公约	消除对妇女一切形式歧视公约	禁止酷刑和其他残忍、不人道或有辱人格的待遇或处罚公约
公民及政治权利国际公约		经济、社会、文化权利国际公约
世界人权宣言		

显而易见，这项新通过的公约，置于与其他专门人权条约一样的高度，

---

① 联合国秘书长国际残疾人日的讲话，2005年12月3日。
② 联合国人权高专路易丝·阿博尔在联合国大会特设委员会第七次会议上的讲话，2006年1月27日，纽约。

将保障残疾人充分有效地享受人权。尽管公约没有创设任何新的权利,但它显然增添了许多新特色。不仅对残疾人,而且从人权的一般意义上看,都显得弥足珍贵。除了确保人权的包容性和获致性,也突出了公约的附加价值。发展到这一步可谓成就巨大,但这仅仅是个开始,未来还有许多工作要做。

将其置于上文提及的"国际人权宪章"的基础之上,联系其他专门的人权条约,可以发现,《残疾人权利公约》显然已经跻身于核心人权条约之列。

联合国人权高专办出版发行《监督〈残疾人权利公约〉——人权监督者指南》,并就《残疾人权利公约》的影响提供了有用信息①。

四、2006年以后《残疾人权利公约》的发展

2006年12月,联大通过了《残疾人权利公约》,开启了联合国会员国以及一些政治实体如欧盟等签署和批准的进程,随之在国家层面也开始了对公约的适用和实施。在联合国层面有哪些新情况呢?下文将就此予以简述。

联合国主要有两个机构讨论人权议题:一个是在日内瓦的联合国人权理事会,由选举出来的会员国组成;另一个是联大下属六个分委会之一的第三委员会,设在纽约,成员包括192个联合国会员国和其他观察员。此外,还有一些相关机构,也承担着广泛职权,下文将予以讨论。《残疾人权利公约》第四十条规定,将召开缔约国大会作为一个定期论坛以讨论有关公约"执行中的任何事项"。2010年9月,第三次缔约国大会召开,选举了残疾人权利委员会成员,并就公约实施情况等议题进行了讨论。

《残疾人权利公约》在第61届联大通过后,与之前针对其他公约一样,在第62届联大上首次对该公约进行了辩论。2007年10月,联大第三委员会第一项决议的中心议题,就是将《关于残疾人的世界行动纲领》与努力确保实现残疾人的千年发展目标结合起来。在双年决议——即60/131号决议的基础上,联大第三委员会对《残疾人权利公约》的通过表示欢迎,并在第62/

---

① 联合国人权高专办:《监督〈残疾人权利公约〉》,《职业培训系列丛书》,第17号。请参见http://www.ohchr.org/Documents/Publications/Disabilities_ training_ 17EN. pdf.

127号决议中对一系列问题做了讨论。其中，委员会强调要提供适当设施以确保残疾人能够独立生活，同时要不断收集数据，在规划、政策和各项方案中贯彻本公约。联大随后对此也予以确认。

联合国大会的其他决议，如关于儿童（第62/141号）和女童权利（62/140号）、关于获得食物的权利（第62/164号）、关于改善农村地区妇女状况（第62/136号）和关于对国内流离失所者给予保护和援助（第62/153号）的决议等，也重申公约并将残疾人纳入其中。

重要的是，与《儿童权利公约》及其他专项人权公约的情况类似，《残疾人权利公约》本身是以独立决议的方式通过的。名为"残疾人公约权利及其任择议定书"的第62/170号决议是设立公约的基础，它使得公约与其他人权条约一样，通过联合国大会的定期讨论并加以确认。这一基础性的决议呼吁（成员国）签署和批准公约，并在联合国和国家层面对加入公约和适用实施予以技术支持。

继之，社会发展委员会第46次会议在有关"发展议程中残疾问题的主流化"的双年决议中，对公约的通过给予呼应。随后，联合国经社理事会通过了该决议，强调各种形式歧视的影响以及在发展中消除这些障碍的必要性。

与联大第三委员会类似，人权理事会在2008年3月的会议上确立了讨论《残疾人权利公约》的基础。此间通过的一项关于残疾人人权的决议（7/9号），指出了诸多问题中社会性障碍对残疾人权利的影响，建立了年度报告及就公约相关问题进行对话的机制。

2008年7月，在第63届联大上，联合国秘书长在一项报告中强调了《残疾人权利公约》对缩小人权与发展之间显著差距中的重要作用。报告指出：

> 作为一项具有明确社会发展取向的人权手段，《残疾人权利公约》既是一项人权条约，也是一个发展工具。该公约指明残疾是一个所有规划都应该考虑的问题，而不是一个单独的议题。它需要所有缔约国采取措施，确保残疾人充分和平等地参与社会①。

---

① 《社会发展问题世界首脑会议和联大第24次特别会议成果执行情况》，联大第A/63/133文件，第61段。

联大第三委员会第 63/150 号决议将《关于残疾人的世界行动纲领》与《残疾人权利公约》这一范本结合起来加以推进。决议特别强调了将残疾人纳入千年发展目标的重要性，其标题就反映了这一点："通过执行《关于残疾人的世界行动纲领》和《残疾人权利公约》为残疾人实现千年发展目标。"按照以往的做法，这项决议经协商一致即可通过，无须对案文进行投票表决。可惜的是，本次会议还对有关"外国占领"的表述进行了表决，以厘清其政治含义。公约在通过时也有类似情况，当时需要就公约序言中有关武装冲突和外国占领的部分进行表决。

此外，在此次会议上，第三委员会在其他系列场合的辩论，如关于社会发展问题世界首脑会议（第 63/152 号决议）、关于发展权（第 63/178 号决议）、关于获得食物权（第 63/187 号决议）和关于人权与极端贫困（第 63/175 号决议），均涉及残疾人问题，并通过了关于《残疾人权利公约》的决议（第 63/192 号决议）。在第三委员会开会期间，首次缔约国大会于 2008 年 10 月举行，并选举出了首届残疾人权利委员会成员。这次会议的召开与联大主要人权机构，如第三委员会意旨契合，其影响不容低估。

2009 年 3 月，人权理事会第 10 次会议首次就残疾人权利进行了年度辩论，并通过了第二项决议。这个名为"残疾人人权：促进和保护残疾人人权的国家框架"的 10/7 号决议，重申在法律层面实施《残疾人权利公约》的必要性，并决定于 2010 年 3 月人权理事会第 13 次会议期间就国家监督机制问题进行讨论。

2009 年 9 月，在第 64 届联大开幕之前，《残疾人权利公约》缔约国大会第二次会议召开。会议再次就公约进行了重要讨论，但没有通过成果文件或决议。随后，联大第三委员会迅速通过了关于实现千年发展目标的第 64/131 号决议，其中申明：

……

严重关切残疾人常常受到多重或严重的歧视，而且在落实、监测和评价千年发展目标过程中有可能被基本忽略，

……

2. 敦促会员国，并邀请各国际组织、包括区域一体化组织在内

各区域组织、金融机构、私营部门和民间社会,特别是代表残疾人的组织,酌情促进为残疾人实现千年发展目标,特别是明确将残疾问题和残疾人纳入为促进全面实现千年发展目标而制定的国家计划和工具之中;

……

4. 鼓励会员国确保包容和便利残疾人参与其国际合作,包括国际发展方案;

……

6. 吁请各国政府使残疾人能够作为发展的推动者和受益人参与努力,特别是参与所有旨在实现千年发展目标的努力,为此确保包容和便利残疾人参与各种方案与政策,即消除极端贫穷和饥饿,普及初等教育,促进性别平等,赋予妇女权能,降低儿童死亡率,改善产妇保健,防治艾滋病毒/艾滋病、疟疾和其他疾病,确保环境可持续能力,以及建立全球发展伙伴关系;

7. 强调残疾人参与各级政策制订工作和发展的重要性,亟须以此让决策者了解残疾人的境况及残疾人可能面临的障碍,此外了解如何排除障碍,便于他们充分、平等地享受自身权利,为包括残疾人在内的所有人实现千年发展目标,并提高他们的社会经济地位;

……

会议还通过了针对《残疾人权利公约》及其任择议定书的第64/154号决议。2009年11月初,安理会在其关于"武装冲突中平民的保护"的第1894号决议中也明确提及了残疾人:

强调武装冲突对妇女和儿童,包括作为难民和境内流离失所者的妇女和儿童,以及对包括残疾人和老年人在内的可能有特殊脆弱性的其他平民的特别影响,并强调所有受影响平民均需得到保护和援助,

……

29. 注意到小武器和轻武器的过分积累和破坏稳定的作用严重阻碍人道主义援助的提供,并可能加剧和延长冲突,危害平民,破坏恢复和平与稳定所需的安全和信心,呼吁武装冲突各方采取一切可

行的预防措施，保护平民包括儿童免受地雷和其他战争遗留爆炸物的影响，并在这方面鼓励国际社会支持国家为清除地雷和其他战争遗留爆炸物所做的努力，同时为照顾包括残疾人在内的受害者、使其康复并融入经济和社会生活提供援助；

在社会发展委员会第 48 次会议上，对"将残疾问题纳入发展议程的主流"的双年决议（E/CN.5/2010/L.3/Rev.1）再次进行了审读。

2010 年 3 月，人权理事会第 13 次会议通过了"残疾人的人权：国家执行和监督，并将为支持各国努力实现残疾人各项权利的国际合作的作用纳入 2011 年工作主题"的决议（第 13/11 号）。决议体现了人权理事会对国家机制的关注，确定了 2011 年 3 月会议辩论的主题：国际合作。在第 14 次会议上，人权理事会通过了关于"针对妇女的暴力行为"的决议（第 14/12 号），其中多处提及残疾妇女，例如：

5. 敦促各国制定和执行各项政策和方案，使妇女能够躲避和摆脱暴力，并防止其再次发生，特别要提供财政支持、廉价和安全的住所或庇护居所、儿童看护设施、其他社会支持和法律援助、技能培训、生产资源等，并使残疾妇女和残疾女童能够获得这些服务；

人权理事会还要求，在国内流离失所者人权问题特别报告员工作职能调整中需要对残疾人给予关注。（第 14/6 号决议）。

2010 年 7 月初，经社理事会"年度部长级审查"机制通过了有关宣言①。宣言关于"千年发展目标 3：性别平等和提高妇女地位"中，特别提及残疾妇女：

---

① "年度部长级审查"是根据 2005 年世界首脑会议规定设立的机制，是联合国唯一一个有多方利益攸关方参与的政府间平台。其职能是评估在实现千年发展目标和落实过去 15 年联合国主要会议和首脑会议商定的议程和具体目标方面所取得的进展，特别是国家一级在落实《联合国发展议程》方面所取得的进展。此项审查一般在经社理事会实质性会议的高级别会议期间举行，每年着重讨论《联合国发展议程》的一个具体方面。与其他审查不同，年度部长级审查将全球审查、专题讨论和国家自愿陈述结合在一起。由于得到民间社会、私营部门和学术界等各方的广泛参与，其被认为是最具包容性的《联合国发展议程》全球审查论坛。——译者注

9. 我们认识到，对一些相互交叉的问题采取行动，将积极推进国际商定的发展目标和承诺，包括千年发展目标的实现。为此，我们：

......

（f）同样强调，必须采取措施确保残疾妇女和女童免受多重或严重形式的歧视，或使她们在实现国际商定的发展目标的过程中不被排除在外。在此意义上进一步强调，有必要确保她们平等接受各级教育，包括技术和职业培训，获得足够的康复、保健和就业机会，保护和促进她们的各项人权，消除妇女与残疾男子现有的不平等；

......

10. 认识到在实现两性平等和赋予妇女权利方面依然存在差距，为了消除这些差距，我们强调在所有领域实施以下战略至为重要：

......

（r）改进基于性别、年龄和残疾分类的数据信息的收集、分析和传播，并使其系统化。加强这方面的能力发展，开发性别敏感性指标，对立法、决策以及监督报告有关进展和影响的国家机制给予支持；

......

第二部分

《残疾人权利公约》条文导读

序 言
Preamble Article

（一）回顾《联合国宪章》宣告的各项原则确认人类大家庭所有成员的固有尊严和价值以及平等和不可剥夺的权利，是世界自由、正义与和平的基础，

类似表述可以在其他所有联合国人权条约的开篇段落中找到，属于标准条款。例如，《世界人权宣言》第一条即宣告："人人生而自由，在尊严和权利上一律平等。他们赋有理性和良心，并应以兄弟关系的精神相对待。"

（二）确认联合国在《世界人权宣言》和国际人权公约中宣告并认定人人有权享有这些文书所载的一切权利和自由，不得有任何区别，

这段文字与其他人权条约的规定一致。但值得注意的是，在其他条约的文本中，对可能导致区分的因素做了禁止性列举。例如，《公民及政治权利国际公约》就列举要求："（不分）种族、肤色、性别、语言、宗教、政治或其他见解、国籍或社会出身、财产、出生或其他身份等（任何区别）。"如上所述，这是为了与《世界人权宣言》《经济、社会、文化权利国际公约》保持一致。

可以比较本公约序言第（十六）段有关"多重或加重形式歧视"的表述，其中增加规定，禁止基于"种族""土著身份"和"年龄"因素而受到歧视。另外，还包含了一个延展性的措辞，即"其他身份"。

（三）重申一切人权和基本自由都是普遍、不可分割、相互依存和相互关联的，必须保障残疾人不受歧视地充分享有这些权利和自由，

这段序言文字可回溯到《维也纳宣言和行动纲领》（1993）第五条，该条也使用了上述表述，旨在弥合公民、政治权利与经济、社会权利之间的相应鸿沟。

（四）回顾《经济、社会、文化权利国际公约》《公民及政治权利国际公约》《消除一切形式种族歧视国际公约》《消除对妇女一切形式歧视公约》《禁止酷刑和其他残忍、不人道或有辱人格的待遇或处罚公约》《儿童权利公约》和《保护所有移徙工人及其家庭成员权利国际公约》，

本段文字也是一种标准的参照，即表明与以上简介、列举、提及的几项人权条约的关系。

（五）确认残疾是一个演变中的概念，残疾是伤残者和阻碍他们在与其他人平等的基础上充分和切实地参与社会的各种态度和环境障碍相互作用所产生的结果，

鉴于公约第一条对残疾采取了"非定义"的表述方式，本条就显得非常重要。因为在谈判中，未能就能否和应如何对缺陷或残疾分别加以定义达成一致，所以公约对什么是残疾采取了一种开放性的描述方式。这种非定义的表述体现了"社会模式"，即认识到造成残疾人歧视及与其有关的参与受阻，主要是因为包括外在环境在内的各种形式的障碍。但更关键的是，社会和态度层面的陋见、偏见，以及其他各种形式的家长式或以恩人自居的对待方式。

（六）确认《关于残疾人的世界行动纲领》和《残疾人机会均等标准规则》所载原则和政策导则在影响国家、区域和国际各级推行、制定和评价进一步增加残疾人均等机会的政策、计划、方案和行动方面的重要性，

这是专门条约参照先前相关文件的标准陈述，这里分别指的是《关于残疾人的世界行动纲领》和联合国《残疾人机会均等标准规则》。这种情况类似于《保护所有移徙工人及其家庭成员权利国际公约》，另可参照国际劳工组织相关公约。

（七）强调必须使残疾问题成为相关可持续发展战略的重要组成部分，

该条文涉及的可持续发展问题，以前没有在其他条约的序言部分出现过，这是相互妥协的结果。在公约谈判后期，孟加拉国提出了非常多的建议，这一条被采纳加入，其他的则被撤回。需要注意的是，公约几乎不怎么使用"主流化"这个词，主要是因为这个措辞/概念很难翻译，而且少数代表团不太相信（当将性别的视角纳入考量时）这种用法会有特别效果。最后，"残疾问题"这个词过于简短，不能充分涵盖包容性、获致性和参与性等含义。如果改用"（在……中）纳入残疾人"这个句式，其含义就会清晰很多，也会更好。

（八）又确认因残疾而歧视任何人是对人的固有尊严和价值的侵犯，

这也是一项标准条文。作为联合国非会员国的永久观察员，（罗马）教廷坚持在本条增加"和价值"这个表述。

（九）还确认残疾人的多样性，

本条提及"多样性"一词，这在人权文书中是第一次。此种用法反映了缺陷和残疾涵盖的范围，也是"国际残疾人组织核心成员组"反复强调的一点。另参见本公约有关一般原则的第三条第（四）款，"尊重差异，接受残疾人是人的多样性的一部分和人类的一分子"。

（十）确认必须促进和保护所有残疾人的人权，包括需要加强支助的残疾人的人权，

这一条是根据"国际残疾人组织核心成员组"的要求，在公约协商的最后阶段加进去的，以确保那些需要加强支助的人能够没有例外地获得并充分有效地享有各项人权，对此不得回避。

（十一）关注尽管有上述各项文书和承诺，残疾人作为平等社会成员参与方面继续面临各种障碍，残疾人的人权在世界各地继续受到侵犯，

这也是一个标准条文。在《消除对妇女一切形式歧视公约》的序言中可以找到类似段落。需要再次注意的是，《残疾人权利公约》中的障碍概念，不仅指物理意义上的，同时也指观念和社会意义上的障碍。

（十二）确认国际合作对改善各国残疾人，尤其是发展中国家残疾人的生活条件至关重要，

在此可借《消除对妇女一切形式歧视公约》和《儿童权利公约》做个比较，后者含有相同的措辞。鉴于超过80%的残疾人生活在发展中国家，突出这一事实特别重要。除了序言部分其他段落和《发展权利宣言》外，还可在此语境下与本公约有关国际合作的第三十二条加以比较。

（十三）确认残疾人对其社区的全面福祉和多样性做出的和可能做出的宝贵贡献，并确认促进残疾人充分享有其人权和基本自由以及促进残疾人充分参与，将增强其归属感，大大推进整个社会的人的发展和社会经济发展以及除贫工作，

《消除对妇女一切形式歧视公约》中有类似措辞，意在突出妇女对整个社会做出的"贡献"。"国际残疾人组织核心成员组"在讨论时曾反对使用"做出宝贵（贡献）"和"增强归属感"等表述，认为其含有的屈尊（怜悯）意味是有问题的。

注意这里也提到了"社会发展"。根据特设委员会的决议（参见前文有关介绍），这是除了人权、消除贫困（贫困既可能是残疾的原因，也可能是残疾的结果）以外的第二个重要因素。请参照比较公约第二十八条第（二）段款有关可获致性残疾人减贫计划的内容。

（十四）确认个人的自主和自立，包括自由做出自己的选择，对残疾人至关重要，

本条的表述较为新颖，并在公约关于一般原则的第三条第（一）款中有

所发展，此款要求尊重个人自主，包括个人选择的自由以及个人的独立性。公约中关于独立生活的第十九条也导源于此。

（十五）认为残疾人应有机会积极参与政策和方案的决策过程，包括与残疾人直接有关的政策和方案的决策过程，

此处可以比较另一个先导性条款，例如，公约第四条一般义务中有关在各级方案中考虑残疾人因素的内容，以及涉及包容性发展概念的第三十二条（国际合作）和第三十三条第三款。

（十六）关注因种族、肤色、性别、语言、宗教、政治或其他见解、民族本源、族裔、土著身份或社会出身、财产、出生、年龄或其他身份而受到多重或加重形式歧视的残疾人所面临的困难处境，

请比较序言第（二）段与《消除对妇女一切形式歧视公约》和《儿童权利公约》。需要注意，这是在人权条约中第一次使用"多重"（multiple）一词。1995 年世界妇女大会《北京宣言》第 32 段宣示，"确保所有由于人种、年龄、语言、种族、文化、宗教或残疾，或由于是土著人，而在获得赋权和提高地位方面面临多重障碍的妇女和女童平等地享有各项人权和基本自由"。在关于残疾妇女的公约第六条，也使用了这个词。请参照经济、社会、文化权利委员会有关"非歧视"的一般性意见①。

本段中"加重"（aggravated）一词以前在人权条约中也没有使用过，尽管 1995 年《北京宣言》第 14 段在讨论妇女歧视时提及了"多重或加重形式歧视"。"国际残疾人组织核心成员组"关于增加"种族"（ethnicity）表述的建议最终得到采纳（最后采用的是"ethnic"）。与此情况类似，条款也增加了"年龄"（age）一词。在公约协商的最后阶段，在"国际残疾人组织核心成员组"多次尝试之后，委内瑞拉成功建议将"土著"（indigenous）一词纳入文本——当然这可归因于当时《联合国土著人民权利宣言》即将达成协议②。在加拿大

---

① 经济、社会、文化权利委员会，第 20 号一般性意见：非歧视，第 17 段。
② 联大第 61/295 号决议，2007 年 9 月 13 日，参见 http://www.un.org/esa/socdev/unpfii/en/drip.html.

和新西兰的支持下，欧盟建议将"性取向"（sexual orientation）一词也加进去，以符合《欧盟平等待遇指令》。然而，这个提议遭到了相当多国家的反对。

"多重或加重"这个措辞意味着一个事实，即缺陷/残疾往往会导致结构性歧视，它反过来助推一种循环排斥，有残障的残疾人也在承接着此种循环而没有办法打破它。多重和交叠歧视的概念（multiple and intersectional discrimination）正逐渐被认为是一项社会障碍。

（十七）确认残疾妇女和残疾女孩在家庭内外往往面临更大的风险，更易遭受暴力、伤害或凌虐、忽视或疏忽、虐待或剥削，

这主要是针对公约第六条有关残疾妇女这一独立性条款的先导性表述，是在分别讨论有关妇女和儿童的独立条款后达成多种妥协的结果。遗憾的是，对妇女和儿童的讨论经常是合并进行的。

（十八）确认残疾儿童应在与其他儿童平等的基础上充分享有一切人权和基本自由，并回顾《儿童权利公约》缔约国为此目的承担的义务，

公约第七条能够成为关于残疾儿童的独立条款，主要归功于"国际残疾人组织核心成员组"成员组织"救助儿童"（Save the Children）的成功游说。《儿童权利公约》也包含关于残疾儿童的条款，即第二十三条（"缔约国确认身心有残疾的儿童应能在确保其尊严、促进其自立、有利于其积极参与社会生活的条件下享有充实而适当的生活"）。

儿童权利委员会最近发表的有关"残疾儿童的权利"的一般性意见[①]，对包括儿童利益最大化、儿童生命和生存权，以及尊重儿童的观点等一系列重要问题均有论述。

（十九）强调必须将两性平等观点纳入促进残疾人充分享有人权和基本自由的一切努力之中，

这又是一个妥协条文，同时也是公约第六条有关残疾妇女内容的先导性条款。

---

① 儿童权利委员会，第9号一般性意见：残疾儿童，全文参见 http://www.unhchr.ch/tbs/doc.nsf/（Symbol）/CRC.C.GC.9.En? OpenDocument。

（二十）着重指出大多数残疾人生活贫困，确认在这方面亟须消除贫穷对残疾人的不利影响，

如上文第（十二）段所述，绝大部分残疾人生活在发展中国家，通常由贫困致残。对照公约第二十八条（适足的生活水平和社会保护），其强调了（残疾人）获得参与减少贫困计划的必要性。

（二十一）铭记在恪守《联合国宪章》宗旨和原则并遵守适用的人权文书的基础上实现和平与安全，是充分保护残疾人，特别是在武装冲突和外国占领期间充分保护残疾人的必要条件，

由于内含"外国占领"（foreign occupation）的表述，所以这是序言中唯一需要投票表决的段落。这一措辞很有深意，在联合国的语境中，该表述通常被解读为巴以冲突的准同义词。民间组织设法与对该条文的讨论保持距离，主张公约谈判不能被政治目的劫持。不过，在联合国，世界政治领域的一些"标准"辩论是不能避免的。

2004年12月海啸灾难发生后，公约加入了有关危难情况和人道主义紧急情况的第十一条。可以对照《儿童权利公约》第三十八条第四款有关"国际人道主义法在武装冲突中保护平民"的表述。

（二十二）确认无障碍的物质、社会、经济和文化环境、医疗卫生和教育以及信息和交流，对残疾人能够充分享有一切人权和基本自由至关重要，

无障碍的可获得性在人权条约中是一个新概念。作为下文有关规定的先导性表述，本段突出表明环境无障碍为确保残疾人平等充分地享受所有人权的一种手段。可对照本公约关于一般原则的第三条第（六）款以及另外的第九条。

（二十三）认识到个人对他人和对本人所属社区负有义务，有责任努力促进和遵守"国际人权宪章"确认的权利，

俄罗斯坚持这一条文，但"国际残疾人组织核心成员组"对其含义和诠释表示质疑。这段话在《世界人权宣言》第二十九条中也有所反映："人人对社会负有义务，因为只有在社会中他的个性才可能得到自由和充分的发展。"

另可对照《公民及政治权利国际公约》与《经济、社会、文化权利国际公约》序言的最后一段:"认识到个人对其他个人和对他所属的社会负有义务,应为促进和遵行本公约所承认的权利而努力。"

(二十四)深信家庭是自然和基本的社会组合单元,有权获得社会和国家的保护,残疾人及其家庭成员应获得必要的保护和援助,使家庭能够为残疾人充分和平等地享有其权利做出贡献,

谈判中,家庭的角色是一个反复出现的主题。一方认为,本公约是专门针对残疾人(本身)的,同时,并非所有家庭都能为其残疾成员的最大利益着想。另一方的支持者认为,如果一个家庭有残疾人需要照料,往往有必要保护照顾者的权利,以确保他们能够获得(保护和援助)并且不被歧视。中间派承认家庭的作用,但强调"家庭"一词有其特殊含义,因而更倾向于使用"照顾者"(care-givers)一词。

与之对照,《儿童权利公约》的序言表述道:"深信家庭作为社会的基本单元,作为家庭所有成员,特别是儿童成长和幸福的自然环境,应获得必要的保护和协助,以充分负起它在社会上的责任。"另请参照《残疾人机会均等标准规则》规则九的有关内容。

(二十五)深信一项促进和保护残疾人权利和尊严的全面综合国际公约将大有助于在发展中国家和发达国家改变残疾人在社会上的严重不利处境,促使残疾人有平等机会参与公民、政治、经济、社会和文化生活,

"促进和保护残疾人权利和尊严的全面综合国际公约"的措辞体现在特设委员会的名称以及公约文本草案的题目上,后来,前者被简称为第七特设委员会,后者被简称为工作案文。曾经,针对如何保护残疾人的"尊严"也进行过一些讨论。需要注意的是,只有权利才能得到保障,而尊严是通过高扬权利来实现的。可参照公约序言第(一)、(八)段有关"尊严和价值"的注释。

本段强调残疾人在各领域都应该充分、平等地享有所有人权,也处理了发达国家和发展中国家之间存在的差别。

第一条 宗 旨
Article 1: Purpose

本公约的宗旨是促进、保护和确保所有残疾人充分和平等地享有一切人权和基本自由，并促进对残疾人固有尊严的尊重。

残疾人包括肢体、精神、智力或感官有长期损伤的人，这些损伤与各种障碍相互作用，可能阻碍残疾人在与他人平等的基础上充分和切实地参与社会。

是否有必要用一个单独条文来说明公约的"宗旨"，曾引起大量讨论，因为条约的标题及序言中通常已经传达了订立该条约的理由。类似的文字可以在《公民及政治权利国际公约》《经济、社会、文化权利国际公约》《禁止酷刑和其他残忍、不人道或有辱人格的待遇或处罚公约》和《儿童权利公约》的序言中找到。《世界人权宣言》序言中的表述是"……以期每一个人和社会机构经常铭念本宣言，努力通过教诲和教育促进对权利和自由的尊重……"，《经济、社会、文化权利国际公约》第三条宣告："本公约缔约各国承担保证男子和妇女在本公约所载一切经济、社会及文化权利方面享有平等的权利。"

为了清楚说明充分平等享有、尊严这些重要概念，订立一项特别条文以阐明公约的宗旨，看起来似乎既有必要也很恰当。

本条第一段即说明了消除影响全面（即有效）和平等享有所有人权和基本自由障碍的目标。"残疾人国际"（Disabled People's International, DPI）提议在文中加入"有效"（effective）一词，但未被采纳。

需要指出的是，"促进（promote）、保护（protect）和确保（ensure）"这个短句是独一无二的。讨论中还曾考虑到其他措辞，如"尊重"（respect）和"实现"（fulfil），但前者含义太弱，后者又太强。在这里，"保护"主要针对公民及政治权利，也被称为第一代权利；"促进"则与经济和社会权利——所谓第二代权利相关联。"确保"一词是在"国际残疾人组织核心成员组"的坚持下加进去的，以保证所有可能的国家行为都被涵盖在内，确保设定的目标能够实现。

对人权的承诺要求各国促进、保护和实现人权。

——促进：国家需通过它们的行动以支持维护权利。

——保护：国家须确保没有人被剥夺人权。

——实现：国家须积极行动，加强人们实现权利。结构性的排斥和隔离，增加了国家主动行为的义务性。

"国际残疾人组织核心成员组"还坚持在残疾人前加入"所有"（all）一词，以强调有必要留心残疾人群体的多样性（序言第九段）和需要加强支助的残疾人的所有需求（序言第十段）。

还应注意"固有尊严"（inherent dignity）一词。跟前面提到的"尊严"一样，由于很难确保实现，这个词的使用也产生了一些麻烦。由于"国际残疾人组织核心成员组"和列支敦士登的坚持，折中改用"尊重"（respect for）一词（与其搭配）。

本条第二段对什么是残疾，采取了开放和非定义性的描述。不过，公约第二条对此做了相应"界定"，对残疾和残疾人分别下了定义。

公约第四条第一款规定，"缔约国承诺确保并促进充分实现所有残疾人的一切人权和基本自由，使其不受任何基于残疾的歧视"，并将此作为公约一般义务的组成部分。

在此需要特别提及对第一条加以保留的问题。正如公约第四十六条做出的更详细的解释，缔约国需对《残疾人权利公约》的适用做出正式保留，从而对其范围和适用加以限制。然而，对缔约国使用保留这种手段也是有条件的。重要的是，不能排除条约的目的和宗旨。第四十六条重申的正是这一国际法的一般规则。①因此，根据公约有关"宗旨"的第一条进行非定义的表述，（缔约国）难以正式限制公约的适用。

有关定义的问题，曾经参考过50个国家的法律规定。例如，赞比亚的《残疾人法》规定，"残疾人是指在身体、精神或感官方面（包括视觉、听觉或语言功能障碍）存在残疾的人"；秘鲁的法律规定，"残疾人，指有一项或多项被证明的缺陷使其在一项或多项生理、心理或感官功能方面有重大损失，

---

① 《维也纳条约法公约》（VCT）对如何解释国际条约有相应规定。涉及条约保留以及限制对条约目的和宗旨进行保留等相关内容，请参见该公约第三十一条。

从而导致其参与正常范围活动的能力减弱或缺失，在实现社会角色、功能或活动以及平等参与机会方面受到限制"；约旦《残疾人福利法》规定，"残疾人，即在感知或生理、心理或精神能力方面具有永久的部分或全部缺陷的人，使其学习康复或工作的学习能力受到某种程度的限制，以致他/她难以获得与健全人一样的正常生活需求"；塞尔维亚法律规定，残疾人"乃因先天或后天的生理、感官、智力或情绪缺陷，社会或其他方面的障碍使其没有或少有机会与其他人在平等的基础上参与社会活动，而不论他们是否可以凭借技术帮助或支持服务以实现上述活动"。

中国的残疾人保障法规定："残疾人是指具有视觉、听觉、言语或肢体残疾，智力低下、精神障碍、多重残疾与/或其他残疾的人。"①根据印度《残疾人法案》，残疾意指"目盲、视力低下、麻风病后遗症、听力障碍、机车致残、精神发育迟滞、精神疾病"。《加拿大人权法》规定："'残疾'是指先前的或现有的任何精神或生理性缺陷，包括毁容以及先前的或现有的对酒精或药物的依赖。"

讨论最终得出了两个结论：一是，难以就一个统一的"定义"达成一致意见；二是，有关的界定性措辞涵盖了许多内容，但唯独不是一个定义。

很显然，对于给残疾下"定义"，既有支持者也有反对者。做一个结论性的定义存在风险，可能将需要保护的人排除在外，不能与时俱进。但没有一个定义，就等于打开了"潘多拉盒子"，谁都可以给"残疾"下定义。正如欧洲法院反歧视判例强调的那样，如果保护的范围界定不清，那么诠释法律将是非常困难的。此外，如果缺乏对保护对象的界定，就会导致由国家立法来设定保护的框架，会再次将许多应受《残疾人权利公约》保护的人排除在外。最终，希望通过参考"各国立法"在公约中给残疾下定义的努力搁浅。中国、俄罗斯和印度等人口较多的国家集团，极力坚持缩小残疾界定的范围。

---

① 此处引述不够准确。《中华人民共和国残疾人保障法》第二条规定："残疾人是指在心理、生理、人体结构上，某种组织、功能丧失或者不正常，全部或者部分丧失以正常方式从事某种活动能力的人。残疾人包括视力残疾、听力残疾、言语残疾、肢体残疾、智力残疾、精神残疾、多重残疾和其他残疾的人。残疾标准由国务院规定。"——译者注

有两段文字可被看作是朝"定义"的方向努力：

1. 经济、社会、文化权利委员会在其关于残疾人的第5号一般性意见中回顾了1993年《残疾人机会均等标准规则》定义的方式，并阐述指出①：

> 目前，"残疾"一词仍没有国际上普遍接受的定义。不过，在此，只要采用1993年的标准规则采用的定义就够了，规则指出：
>
> "'残疾'一词概括地泛指世界各国任何人口中出现的许许多多的各种功能上的限制。人们出现的残疾既可以是生理、智力或感官上的缺陷，也可以是医学上的状况或精神疾病。此种缺陷、状况或疾病有可能是长期的，也可能是过渡性质的。"
>
> 按照标准规则采用的办法，本文采用"persons with disabilities"，而不采用原先的"disabled persons"。有人指出，后一种表达可能会被误解成个人活动的能力丧失了②。

该一般性意见又对残疾的社会维度进一步加以强调：

> 对残疾人法律上和事实上的歧视由来已久，而且有各种形式。这类歧视有明显使人反感的歧视，如剥夺受教育的机会；也有"难以察觉"的歧视，如通过设置实际和社会障碍来隔离和孤立某些人。为公约的目的，"基于残疾的歧视"可界定为以残疾为理由，其结果是取消或损害经济、社会、文化权利的承认、享受或行使的任何区分、排斥、限制或偏向、合理的便利的剥夺。由于忽视、无知、偏见和不正确的推断以及排斥、区分或隔离，残疾人往往无法在与正常人平等的基础上行使其经济、社会或文化权利。基于残疾的歧视造成的影响在教育、就业、住房、交通、文化生活、进入公共场所和享受公共服务等方面尤为严重③。

---

① 经济社会文化权利委员会，第5号一般性意见：残疾人。
② 经济社会文化权利委员会，第5号一般性意见：残疾人，第3、4段。
③ 经济社会文化权利委员会，第5号一般性意见：残疾人，第15段。

2. 《美洲消除对残疾人一切形式歧视公约》也包含一个定义①：

"残疾"，是指身体、精神或感官上的缺陷，无论是永久性或暂时性，以至于本人从事日常生活中一项或多项基本活动的能力受到限制，并可由经济和社会环境导致或加剧。

a. "对残疾人一切形式歧视"，是指任何形式的区别、排斥或限制，系基于一种残疾、残疾记录、由先前残疾导致的状况、对残疾的看法，无论是当前或过去的，在效果上或客观上损害或阻止对残疾人人权和基本自由的承认、享受或行使。

b. 某一缔约国为促进社会融合或残疾人个人发展实施的区分或优先措施不构成歧视，前提是这种区别或优惠本身并不限制残疾人的平等权利，残疾人个人也并不被迫接受这种区别或优惠。如果根据一国国内法，在必要和对当他或她的福祉是适当的情况下，可以宣布一个人无法律行为能力，这种宣布并不构成歧视②。

其间，还参考了《功能、残疾和健康国际分类标准》（ICF）以及世界卫生组织有关表述的定义。

"国际残疾人组织核心成员组"提出：

残疾人，是指一个人由于单独或复合身体、经济、社会和文化环境因素，以及/或在身体、感官、心理、神经、医疗、智力或其他方面可能永久性、暂时性、间歇性或持续性个人因素的影响，在他/她自己选择的社会中凭以从事包容性生活的能力受到限制。如果一个国家没有对残疾的定义，那么本公约的定义应予适用。在这些国家的法院适用任何一种对残疾的定义，应至少包括并广泛基于本公约所包含的定义内容。

为了确定保护的范围，条约制定的过程中还讨论过是否要加入一个清单，列举哪些情况属于残障。要么采用确定性列举，要么采取扩展性条款

---

① 《美洲消除对残疾人一切形式歧视公约》（1999），英文版参见：http://www.umn.edu/humanrts/instree/disabilitytreaty.html.

② 《美洲消除对残疾人一切形式歧视公约》第一条。

（savings clause）进行非穷尽式列举。

在最初的讨论中，"精神、肢体和感官"残疾曾经被提议列入保护范围。"国际残疾人组织核心成员组"主张不再使用"精神"（mental）一词，因为它混淆了不同形式的残疾，而且没有明确包括心理——社会性残疾。特别需要注意的是，在是否承认心理——社会性、精神疾患或相关方面的残疾上，各方存在着文化差异。

"国际残疾人组织核心成员组"坚持列出一个开放性的、并不穷尽列举的、尽可能全面的清单，并提议加入："肢体、感官、心理社会性、智力、神经系统及医疗方面的缺陷和状态"以及"可归因于，被视为、暂时性的、间歇性的"等修饰性表述。

"国际残疾人组织核心成员组"的建议和公约最终文本之间的差异看起来很明显。

"国际残疾人组织核心成员组"的建议是：肢体、感官、心理社会、神经系统、医疗、智力的或其他条件。

《残疾人权利公约》文本是：肢体、精神、智力或感官的缺陷。

澳大利亚残疾人联合会（PWDA）主张制定一个广泛性的定义，以保证由于疾病，如艾滋病病毒/艾滋病等持续存缺陷的人能够得到公约保护。需要注意的是，公约对遭遇持久痛楚的人同样给予保障。

"国际残疾人组织核心成员组"反对在公约中加入"长期"（long-term）一词，它认为这种表述过于模糊，因此不能被界定，但这一主张没有被接受。另外，它认为，应删除"持续性"（persistent）、"永久性"（permanent）等含义不够明确的措辞，这项建议得到了采纳。

第二段后半部分中"各种"（various）一词把本段与序言第（五）段关联起来，它为朝向社会模式的范式转换提供了法律规制，也意味着残疾概念在不断地演进。有建议主张对"社会的"或"环境的和态度上的"的障碍加以明确，但没有达成一致，故使用了"各种"一词。

欧盟方面建议加入"可能"（may）一词，以避免损伤（impairment）和障碍［barrier（s）］二者之间的联系显得过于紧密。

相关的公约序言第（五）段应当和第一条第二段相互关联起来解读：

（五）确认残疾是一个演变中的概念，残疾是伤残者和阻碍他们在与其他人平等的基础上充分和切实地参与社会的各种态度和环境障碍相互作用所产生的结果，

……

残疾人包括肢体、精神、智力或感官有长期损伤的人，这些损伤与各种障碍相互作用，可能阻碍残疾人在与他人平等的基础上充分和切实地参与社会。

这种非定义列举方式的广度对公约的保护水平有深刻影响。请特别注意公约第十二条——在法律面前获得平等承认的权利，以及公约第三十一条——统计和数据收集。

第二条 定 义
Article 2: Definitions

为本公约的目的：

"交流"包括语言、字幕、盲文、触觉交流、大字本、无障碍多媒体以及书面语言、听力语言、浅白语言、朗读员和辅助或替代性交流方式、手段和模式，包括无障碍信息和通信技术；

"语言"包括口语和手语及其他形式的非语音语言；

"基于残疾的歧视"是指基于残疾而做出的任何区别、排斥或限制，其目的或效果是在政治、经济、社会、文化、公民或任何其他领域，损害或取消在与其他人平等的基础上，对一切人权和基本自由的认可、享有或行使。基于残疾的歧视包括一切形式的歧视，包括拒绝提供合理便利；

"合理便利"是指根据具体需要，在不造成过度或不当负担的情况下，进行必要和适当的修改和调整，以确保残疾人在与其他人平等的基础上享有或行使一切人权和基本自由；

"通用设计"是指尽最大可能让所有人可以使用，无须做出

调整或特别设计的产品、环境、方案和服务设计。"通用设计"不排除在必要时为某些残疾人群体提供辅助用具。

如前所述，对公约中任何定义的讨论，都存在两个难题：一方面，开列一个所谓的"清单"（shopping–lists），可能会将某类人或某种情形遗漏；另一方面，如果采取开放的方式不做定义，那么目标就不够明确，就会缺乏适用性导致公约宗旨难以实现。

一、交流与语言

起草过程中，关于交流和语言的问题同时讨论了很长时间，以确保能够将手语纳入草案，并体现手语与（各地不同的）口语具有相同特质这一事实。这里需指出，在起草委员会之前特设委员会的案文中，相关表述为"交流形式包括口语和手语"。"国际残疾人组织核心成员组"在此基础上建议将案文扩充为"口语、手语和其他形式非语音语言"。

据说，为清晰起见，起草委员会曾将这个表述删除。如今，这项表述依然留在公约条文里，意味着对那些既不用手语也不用盲文者使用的其他辅助交流方式需要特别明确。对于盲文这个术语，曾经出现过"技术发展是否会导致盲文的使用越来越少"的讨论。但直到现在，大家普遍认为，盲文仍是沟通的重要手段，故在条文的定义中应当涵盖其今后的发展。

由于"国际残疾人组织核心成员组"的坚持，"辅助或替代性交流方式、手段和模式"的表述被纳入公约文本。

世界盲人联合会（World Blind Union）以盲文形式提交的一项建议，强调获得文件无障碍的重要性，要求遵循联合国会议次日提供官方语言翻译文件的惯例，以便代表们次日早晨即可获得"翻译"的文件。此后，日常文件每天都得以光盘形式提供，（秘书处内负责协调残疾人事务）的经济和社会事务部（DESA）还获赠了一台盲文打印机。

之后的起草过程中，在有关"无障碍模式"（accessible formats）讨论的基础上，又增加了公约第四十九条有关无障碍获取公约文本的内容。

二、基于残疾的歧视

这个定义借鉴参考了多个人权文书。

如《消除一切形式种族歧视国际公约》第一条中有关"种族歧视"的定义①，以及《消除对妇女一切形式歧视公约》第一条中有关"对妇女的歧视"的解释②。最重要的是，经济、社会、文化权利委员会关于残疾人的第5号一般性意见中的第15段：

> 对残疾人法律上和事实上的歧视由来已久，而且有各种形式。这类歧视有明显使人反感的歧视，如剥夺受教育的机会；也有"难以察觉"的歧视，如通过设置实际和社会障碍来隔离和孤立某些人。为公约的目的，"基于残疾的歧视"可界定为指以残疾为理由，其结果是取消或损害经济、社会、文化权利的承认、享受或行使的任何区分、排斥、限制或偏向、合理的便利的剥夺。由于忽视、无知、偏见和不正确的推断以及排斥、区分或隔离，残疾人往往无法在与正常人平等的基础上行使其经济、社会或文化权利。基于残疾的歧视造成的影响在教育、就业、住房、交通、文化生活、进入公共场所和享受公共服务等方面尤为严重③。

需要注意的是，《消除一切形式种族歧视国际公约》第一条关于"种族歧视"的定义，以及经济、社会、文化权利委员会的一般性意见中均没有使用"偏向"（preference）一词。

本部分最后一句"拒绝提供合理便利"的表述曾经引起一些争论。异议者认为，"合理便利"的含义需要加以澄清。有些代表不能理解"普遍获致"（general accessibility）与单独分出的概念"个人适用"（individual applicability）之间的区别。最终，经济、社会、文化权利委员会（在一般性意见中）

---

① 《消除一切形式种族歧视国际公约》第一条规定，本公约称"种族歧视"者，谓基于种族、肤色、世系或民族或人种的任何区别、排斥、限制或优惠，其目的或效果为取消或损害政治、经济、社会、文化或公共生活任何其他方面人权及基本自由在平等地位上的承认、享受或行使。

② 《消除对妇女一切形式歧视公约》第一条规定，在本公约中，"对妇女的歧视"一词指基于性别而做的任何区别、排斥或限制，其影响或其目的均足以妨碍或否认妇女不论已婚未婚在男女平等的基础上认识、享有或行使在政治、经济、社会、文化、公民或任何其他方面的人权和基本自由。

③ 经济社会文化权利委员会，第5号一般性意见：残疾人，第15段。

使用涵盖"拒绝提供合理便利"的定义,对此提供了帮助。出人意料的是,尽管欧盟立法吸收了这一概念,在谈判中却一度反对加入这个表述。

欧盟与其立法一致,在谈判中明确主张区分直接和间接歧视。但在这一点上,日本认为,这些概念在法律体系中是不明确的。因此,"目的或效果"的表述取而代之。同样,"包括一切形式的歧视"也被写入并做了相应解释。

三、合理便利

对"基于残疾的歧视"的争论与"合理便利"这个概念密切相关。大多数国家,特别是工业化国家都支持这种观点。印度则特别表示反对。

在国内立法中率先引入合理便利概念的国家是美国。1968年,美国《民权法案》规定,雇主应为雇员的宗教仪式和活动提供合理便利。其后,1973年,这个概念延伸到美国的《康复法案》中,并最终在《残疾人法案》(Americans with Disabilities Act,ADA)中得以适用。1990年通过的《残疾人法案》规定,为了确有残疾的人能够享有平等就业的机会,应当在工作岗位、雇佣就业或工作环境等方面提供合理便利以作为修正或调整。除非造成过分困难,即(提供)这种便利会带来不成比例的过大、实质性或破坏性的耗费,或可能会从根本上改变单位运作的性质,则必须为残疾人提供这种调整。值得注意的是,英国1995年通过的《残疾歧视法》(Disability Discrimination Act,DDA)使用的术语是合理调整(reasonable adjustment)。

有关合理便利的更多资料,可以查询联合国经济及社会事务司为特设委员会准备的会议背景文件①。

"国际残疾人组织核心成员组"建议:"合理便利"意指,具有互动性、个体化的必要且适当的修正和调整,并且须经当事人同意,以保障残疾人在与他人平等的基础上享有和行使所有人权和基本自由。

在讨论中,"负担不当或过度负担"(disproportionate or undue burden)被认为可以成为拒绝提供合理便利的理由。其他措辞包括"过分困难"(undue

---

① 联合国经济及社会事务司会议背景文件:国别残疾立法选编中的合理便利概念 (The Concept of Reasonable Accommiodationn Selected National Disability Legislation),参见 http://www.un.org/esa/socdev/enable/rights/ahc7bkgrndra.htm。

hardship）或"不合情理的困难"（unjustifiable hardship）也被加以讨论。"国际残疾人组织核心成员组"明确倾向于使用"困难"（hardship），认为"负担"（burden）一词有负面内涵。不过，由谁来判定什么是"负担不当"一直没能厘清。各代表团认为，就条文标准来说，"负担不当"（disproportionate burden）的表述显得太松，而"过分困难"（undue hardship）又太严。

四、通用设计

通用设计（universal design）是核心人权条约中的一个新概念，有人曾建议使用"包容性设计"（inclusive design）这一说法，并将二者互换使用。在最后会议的讨论中，根据"国际残疾人组织核心成员组"的意见，该定义修正完善并增加规定，在必要时需为特殊群体提供辅助设备。

可以对照公约第四条第一款第（六）项有关通用设计的货物、服务、设备和设施等表述。

"国际残疾人组织核心成员组"还建议在定义中纳入："聚焦消除社会和物理障碍，通过含有尊重人类多样性的支持和服务，以实现残疾人充分和平等参与公共社会和私人生活。"但该项建议未被采纳。

由于有些国家担心公约条文可能会与基于文化或信仰的各国法规发生冲突，工作案文还曾尝试纳入各国法律的定义。但"国际残疾人组织核心成员组"和另一些国家担心由此形成潜在漏洞，损害公约适用的范围及其精神，强烈反对此种定义方式。为保证在缔约国内不对残疾人施以超过他人的保护，公约文本表述为"在与他人平等的基础上"（on an equal basis with others）。

第三条　一般原则
Article 3：General Principles

本公约的原则是：

（一）尊重固有尊严和个人自主，包括自由做出自己的选择，以及个人的自立；

（二）不歧视；

（三）充分和切实地参与和融入社会；

（四）尊重差异，接受残疾人是人的多样性的一部分和人类的一分子；

（五）机会均等；

（六）无障碍；

（七）男女平等；

（八）尊重残疾儿童逐渐发展的能力并尊重残疾儿童保持其身份特性的权利。

在公约文本中专门对一般性原则加以规定，这在之前的核心人权条约中是没有的。打个比喻，上述这些原则就如同大树的根基，延伸到公约所有条款，并将不同部分连接起来。儿童权利委员会在其一般性意见中①，也曾列举一些一般性原则②，此外，迄今未有其他人权文书采用这种方式。

一般性原则如同一座法律的宝库，若能够充分利用，无须参照公约，它们即可以成为改革立法、政策和实践的基础。每一条原则都是马赛克拼图中的一块基石，可以确保残疾人平等且有意义地参与到社会主流中。一般性原则之间联系紧密，总体上都与公约的每一个条文内在关联。公约的所有条款都或明或暗地受其影响。

因此，在国家所有立法中贯彻一般性原则成为一项最重要的目标。

这八项一般性原则中，前五项早在 2004 年的工作组文本中就形成了。最终的公约文本对此没有多少争议，只是略作修改。

后面几项最先由泰国提出，后来日本附议。比如，无障碍，主要是指确保机会平等的手段。反之，如果缺乏无障碍的环境，则会直接或间接地产生歧视。

---

① 儿童权利委员会，第 5 号一般性意见：执行《儿童权利公约》的一般措施。

② 根据儿童权利委员会的意见，这些原则是：1）缔约国有义务尊重本公约所载列的权利，并确保其管辖范围内的每一位儿童均享受此种权利，不应有任何差别（《儿童权利公约》第二条）；2）关于儿童的一切行动，均应以儿童的最大利益为一种首要考虑［第三条第（一）款］；3）儿童固有的生命权和缔约国最大限度地确保儿童的存活与发展的义务（第六条）；4）儿童有权对"影响到其本人的一切事项"自由发表自己的意见，对这些意见应给以适当的看待（第十二条）。

男女平等以及有关儿童的一般性原则，可以分别参照对公约有关妇女和儿童单独条款的讨论分析。

一、尊　严

公约第一条强调，尊严不是一项权利或可执行的原则，而是一种目标状态。因此，"尊重"个人尊严的原则得以确立。对照《公民及政治权利国际公约》序言第一段："对人类家庭所有成员的固有尊严及其平等的和不移的权利的承认……"用"固有"（inherent）尊严这样的表述是没有问题的，但需要通过人权，特别是围绕堕胎问题产生的一些争论来认真理解其内涵。"自主"（autonomy）一词应解读为另一个词——"自决"（self-determination）。需要注意，某些术语在联合国框架中有其特定含义，而非其他。"自决"一词是在有关部落和土著人民权利的语境下使用的。与《公民及政治权利国际公约》第一条"所有人民都有自决权"对照，针对的是群体而非个人。虽然智利还曾提出加入"个人自决"（personal self-determination）的动议，但这个问题仍未得到解决。同样，在最后会议的讨论中，加入"个人自主"（individual autonomy）的努力也没有成功，理由是在国际法中缺乏先例。

"自由做出自己的选择"，应在一种保护性行为的语境中加以检视，它是针对那种剥夺残疾人进行个人选择和决定的替代性决策过程而言的。此外，第一项原则强调"个人的自立"，针对的是（残疾人）个人，而不是残疾人群体的一部分，或其赖以获得协助所在家庭的一员。

二、非歧视

非歧视，是包括本公约在内所有人权条约的一个法律基石。我们需要认真地、恰如其分地衡量《残疾人权利公约》的"综合"性，而不能仅仅将其看作一项国际反歧视法案。公约第二条中的歧视，涵盖了一切形式的歧视，包括（间接）直接歧视和拒绝提供合理便利。值得注意的是，在"国际残疾人组织核心成员组"的支持下，牙买加曾建议在"非歧视"之前加上"平等"一词，但建议没有被采纳。

公约专门安排了第五条，作为处理非歧视问题的独立条款。

三、充分和切实地参与社会

在先前的版本中,本段表述为"残疾人作为平等公民,充分融入并全面参与生活的各个方面"(full inclusion of persons with disabilities as equal citizens and participants in all aspects of life)。日本曾建议加上"实现无障碍环境"(realization of a barrier-free environment)。工作案文最后稍稍做了调整,加了"切实"(effective)这一限定词。

四、尊重差异,接受残疾人是人的多样性的一部分和人类的一分子

这一条比较独特,在公约序言第(九)段中也提到了"残疾人的多样性"。在特设委员会第七次会议讨论修改文本的过程中,"国际残疾人组织核心成员组"主张,该段表述体现了公约代表的范式转换,应予保留,不做修改。

五、机会平等

这项一般原则完全呼应了《世界人权宣言》的开篇段落:"人人生而自由,在尊严和权利上一律平等。"《残疾人机会均等标准规则》也提及并强调了这一点,在其导言部分指出:"'机会均等'一词系指使社会各系统和环境诸如服务、活动、信息和文件得以为所有人特别是残疾人享受利用的过程。"该文件还进一步对同等权利的概念做了界定,即意味着"每一个人的需要都具有同等重要性,这些需要必须成为社会规划的基础,必须适当地运用所有资源,确保每一个人都有同等的参与机会。"

这项一般性原则,与《残疾人权利公约》第五条"平等和不歧视"的联系非常紧密。

六、无障碍

这项原则最初是由泰国提出的,日本后来附议支持。如上所述,这不是人权的核心原则之一,却体现了《残疾人权利公约》代表的范式转换。本原则强调了无障碍的多个面向,包括消除肢体、通信、智力和社会障碍,因此

它有可能成为人权的核心原则之一。对此，可参照序言第（五）段。另外，公约第九条，关于无障碍的独立条款，同样强调了此类议题的范围。

无障碍包含许多方面，试列举如下：

社会/态度无障碍：消除对残疾人及其家人/照顾者的侮辱及其他不良行为；

智能无障碍：提供可供智力/学习障碍人士使用的阅读格式和言语方式；

交流无障碍：确保提供替代模式和通信手段（参见公约第二条关于"语言"的定义）；

机构无障碍：确保在立法、政策，特别是在实践中，没有造成对残疾人的排斥和歧视（参见公约第四条第一款有关义务的内容）；

肢体无障碍：清除肢体运动环境中的障碍；

经济无障碍：也称作"可获得性"，"无障碍"的这个面向已经被确立为社会和经济权利核心需求的组成部分①。

《残疾人机会均等标准规则》关于无障碍的综合规则叙述如下：

规则5. 无障碍环境

各国应确认无障碍环境在社会各个领域机会均等过程中的全面重要性。对任何类别的残疾人，各国均应：(a) 采取行动方案，使物质环境实现无障碍；(b) 采取措施，在提供信息和交流方面实现无障碍。

(a) 物质环境的无障碍

1. 各国应采取措施，消除物质环境中影响参与的障碍。此种措施应包括制定标准和准则，并考虑颁布立法，确保社会中各个方面实现无障碍环境，例如确保住房、楼房、公共交通服务和其他交通工具、街道和其他室外环境的无障碍。

2. 各国应确保建筑设计师、建筑工程师和参与物质环境设计和建造的其他专业人员充分了解残疾政策和实现无障碍的措施。

3. 物质环境的设计和建造应从设计过程一开始就将无障碍的要求考虑在内。

---

① 对照经济、社会、文化权利委员会一般性意见第12号：获得充足食物的权利，第13段。

4. 在制定环境无障碍的标准和准则时，应征求残疾人组织的意见。在设计公共建筑项目时，还应从初始规划阶段就让当地的残疾人组织参与其事，从而确保最大限度的无障碍环境。

（b）信息和交流的无障碍

5. 残疾人以及适当时包括他们的家属和支助者应能在各个阶段，无障碍地了解关于诊断结果、权利和可得到的服务和方案的充分信息。提供此种信息的形式应对残疾人无障碍。

6. 各国应制定办法使信息服务和各种文件做到对各种类别的残疾人均无障碍。应使用盲文、磁带、大字印刷和其他适当技术，使那些有视力缺陷的人无障碍地获得书面信息和文件。同样地，也应使用适当技术，使那些有听力缺陷或有理解困难的人无障碍地获得语言信息。

7. 应考虑在聋童教育中，在其家庭和社区中，使用手语。还应提供手语传译服务来使聋人和其他人之间方便交流。

8. 还应考虑到有其他交流障碍的残疾人的需要。

9. 各国应该鼓励传播媒介，特别是电视、无线电和报纸，使其服务做到无障碍。

10. 各国应确保供一般公众使用的新的电脑化信息系统和服务系统一开始就使之可为残疾人无障碍地使用，或加以改造，使之可为残疾人无障碍地使用。

11. 在制定措施使信息服务无障碍方面，应征求残疾人组织的意见。

七、男女平等

是否有可能制订一条关于残疾妇女的独立条款（公约第六条）曾引发过讨论。这个动议一经提出，基本上没有争议，便得以通过。哥斯达黎加曾提议增加"性别视角"（gender perspective）的表述，"国际残疾人组织核心成员组"也附议支持，但最终没有被采纳。

在其有关男女平等的综合一般性意见中，经济、社会、文化权利委员会特别评论如下：

必须全面地理解男女在平等的基础上享受人权的理念。国际人权条约中对不歧视与平等待遇的保证所规定的是实际上的及法律上的两种平等。法律的（或正式的）平等及实际的（或实质的）平等是两种不同、但相互关联的理念。书面正式承认的平等认为，如果法律或政策以中立的方式对待男子和妇女，平等也就实现了。比这更进一步的是，实质性的平等包括法律、政策和惯例所产生的影响，并且保证这些法律、政策和惯例不是要维持，而是要改善某些群体所处的固有劣势地位①。

八、尊重残疾儿童逐渐发展的能力并尊重残疾儿童保持其身份特性的权利

本段是由"国际残疾人组织核心成员组"起草的，欧盟予以推介支持。这项原则吸收了《儿童权利公约》第五、第十四条"儿童逐渐发展的能力"（evolving capacities of children）的表述。这段文字旨在表明，如果缺少这样一项原则，儿童可能被排除在保护范围之外，因为他们在达到一定年龄之前没有法律行为能力，因而缺乏相应的自主权。"国际残疾人组织核心成员组"指出，这一原则必须适用于整个公约，也要涉及医疗同意的问题。而这一原则显然也与公约第七条有关残疾儿童的独立条款相互关联。

"身份"的概念包含于《儿童权利公约》第八条，包括国籍（民族）、姓名和家庭关系等。

第四条　一般义务
Article 4 : General Obligations

一、缔约国承诺确保并促进充分实现所有残疾人的一切人权和基本自由，使其不受任何基于残疾的歧视。为此目的，缔约国承诺：

---

① 对照经济、社会、文化权利委员会一般性意见第16号：男女在享受一切经济、社会及文化权利方面的平等权利，第7段。

（一）采取一切适当的立法、行政和其他措施实施本公约确认的权利；

（二）采取一切适当措施，包括立法，以修订或废止构成歧视残疾人的现行法律、法规、习惯和做法；

（三）在一切政策和方案中考虑保护和促进残疾人的人权；

（四）不实施任何与本公约不符的行为或做法，确保公共当局和机构遵循本公约的规定行事；

（五）采取一切适当措施，消除任何个人、组织或私营企业基于残疾的歧视；

（六）从事或促进研究和开发本公约第二条所界定的通用设计的货物、服务、设备和设施，以便仅需尽可能小的调整和最低的费用即可满足残疾人的具体需要，促进这些货物、服务、设备和设施的提供和使用，并在拟订标准和导则方面提倡通用设计；

（七）从事或促进研究和开发适合残疾人的新技术，并促进提供和使用这些新技术，包括信息和通信技术、助行器具、用品、辅助技术，优先考虑价格低廉的技术；

（八）向残疾人提供无障碍信息，介绍助行器具、用品和辅助技术，包括新技术，并介绍其他形式的协助、支助服务和设施；

（九）促进培训协助残疾人的专业人员和工作人员，使他们了解本公约确认的权利，以便更好地提供这些权利所保障的协助和服务。

二、关于经济、社会和文化权利，各缔约国承诺尽量利用现有资源并于必要时在国际合作框架内采取措施，以期逐步充分实现这些权利，但不妨碍本公约中依国际法立即适用的义务。

三、缔约国应当在为实施本公约而拟订和施行立法和政策时以及在涉及残疾人问题的其他决策过程中，通过代表残疾人的组织，与残疾人，包括残疾儿童，密切协商，使他们积极参与。

四、本公约的规定不影响任何缔约国法律或对该缔约国生效的国际法中任何更有利于实现残疾人权利的规定。对于根据法律、公约、法规或习惯而在本公约任何缔约国内获得承认或存在的任何人权和基本自由，不得以本公约未予承认或未予充分承认这些权利或自由为借口而加以限制或减损。

五、本公约的规定应当无任何限制或例外地适用于联邦制国家各组成部分。

一、缔约国承诺确保并促进充分实现所有残疾人的一切人权和基本自由，使其不受任何基于残疾的歧视。为此目的，缔约国承诺：

包含一项规定义务的总条文是所有人权条约的标配，但本公约有所进步，它没有呼吁"普遍尊重"（见《消除一切形式种族歧视国际公约》序言）或（采取）"一切适当措施"（见《消除对妇女一切形式歧视公约》第三条），而是要求"充分实现"。唯一一部与它措辞几乎同样强烈的条约是《儿童权利公约》，其中规定"缔约国应该尊重和确保……"（《儿童权利公约》第二条）。值得注意的还有该公约第一条"并促进……"的措辞，非洲国家集团对此表示支持，这个措辞也在最后的会议上被纳入条约。

在讨论中，《儿童权利公约》第四条关于社会和经济权利的表述曾考虑在本条开头借用，最后被纳入本条第二款。此外，主张加入"在其管辖范围内"以限制其适用范围的动议也被否决。

（一）采取一切适当的立法、行政和其他措施实施本公约确认的权利；

（二）采取一切适当措施，包括立法，以修订或废止构成歧视残疾人的现行法律、法规、习惯和做法；

公共机构的行为也有可能构成歧视，其他公约对此也一一列举。例如，《消除一切形式种族歧视国际公约》第二条规定："采取有效措施对政府及全国性与地方性的政策加以检查，并对任何法律规章足以造成或持续不论存在于何地的种族歧视者，予以修正、废止或宣告无效。"另外，《禁止酷刑和其他残忍、不人道或有辱人格的待遇或处罚公约》第二条也列举了"司法"措施。

本条第（二）项最后部分的措辞与《消除对妇女一切形式歧视公约》第二条第（6）款类似，后者表述为"修改或废除构成对妇女歧视的现行法律、规章、习俗和惯例"。值得注意的是，《消除对妇女一切形式歧视公约》规定的范围更广，不仅要求"将男女平等的原则列入本国宪法"（第二条第1款），还规定了废除刑法中歧视性条款的义务。在哥斯达黎加的要求下，特设委员会第七次会议将有关"国家宪法"的表述删除。约旦对此表示支持，理由是多边条约不能也不应试图取代国家宪法。

在特设委员会第七次会议上，第（一）和第（二）项被拆分开来，并改变了（二）中原有"（更改）与本公约不符的（规定和做法）……"的表述。需要注意的是，在谈判过程中，缔约方强烈支持这两个条文仿照《消除对妇女一切形式歧视公约》和《儿童权利公约》。

公约关于一般原则的第三条和关于一般义务的条文显然密切相关。仍然有必要在公约第四条的语境下强调一般性原则的重要性，特别要考虑包容、参与、无障碍以及其他一般性原则对"立法、行政和其他执行措施"应具有的影响和作用。

经济、社会、文化权利委员会在其第3号一般性意见中，针对《经济、社会、文化权利国际公约》第二条有关缔约国的义务解释指出：

> 其他一些措施也可被认为是"适当"的，因为第二条第一款的目的包括，但不仅限于，行政、财务、教育和社会措施①。

埃塞俄比亚、泰国等国家，以及"国际残疾人组织核心成员组"支持在案文中提及救济措施（remedies），包括明确提到法律救济措施。不过新西兰对此表示反对，因为国际社会尚缺乏共识。《公民及政治权利国际公约》有类似的规定："任何一个被侵犯了本公约所承认的权利或自由的人，能得到有效的补救……"（公约第二条第三款第1项）。

在经济和社会权利的语境下，经济、社会、文化权利委员会就法律救济指出：

---

① 经济社会文化权利委员会，一般性意见第3号：缔约国义务的性质，第7段。

得到有效补救的权利无须解释为一定需要司法补救。行政补救在许多情况下是足够的。生活在一缔约国司法管辖之内的人们依据诚信的原则理应期待所有行政当局在它们的决策中考虑到公约的要求。任何这类行政补救措施都应是人们可以利用的，可负担得起的，及时的，有效的。对这类行政程序的最终司法上诉权有时也有必要。同样，有一些义务，如不歧视的义务①，为了满足公约的需要，对其提供某种形式的司法补救似乎是必需的。换言之，每当没有司法机构的作用便不能充分实施公约所载权利时，司法补救措施是必要的②。

与之类似，《保护所有移徙工人及其家庭成员权利国际公约》关于救济的规定主要是第83条：

本公约每一缔约国承允：

（a）确保任何被侵犯本公约所承认的权利或自由的人应得到有效的补救，尽管此种侵犯是执行公职之人所为；

（b）确保任何寻求此种补救的人应由主管司法、行政或立法当局或由国家法律制度规定的任何其他主管当局审查和裁决其要求，并研拟司法补救的可能性；

（c）确保主管当局在准予此等补救时应予施行。

"国际残疾人组织核心成员组"有关补救的案文参考了上述规定并做了修改。具体请参见下文的第二段。

（三）在一切政策和方案中考虑保护和促进残疾人的人权；

这一条款并没有使用"主流化"（mainstreaming）这个很难翻译的术语，实际上却体现了这一概念。这样的表述与在公约第一条中加入"确保"一词密切相关。

因循《儿童权利公约》第四条的做法，原计划在一般义务条款中增加有

---

① 绝不限于这一义务——根据公约第2条第2款，"各国承诺保证""没有任何区分"地实施内载权利。——译者注

② 经济社会文化权利委员会，一般性意见第9号：公约在国内的适用，第9段。

关国际合作的内容。在关于国际合作的第三十二条达成一致之前，讨论后期曾有建议主张将残疾问题主流化纳入"所有经济和社会发展政策和方案"中，以反映联大对特设委员涵盖人权和社会发展所有方面的授权①。国际劳工组织也曾建议，此类方案应当"充分规划并有资源保障"。"国际残疾人组织核心成员组"支持上述努力，并强调无障碍必须得到保证。

"国际残疾人组织核心成员组"后来提出了一项新的建议，强调需要"确保任何公共资金和公共采购的使用都应该遵循公约所确立的宗旨和义务"，但该提案被否决。

（四）不实施任何与本公约不符的行为或做法，确保公共当局和机构遵循本公约的规定行事；

这是一个标准条款。需要注意，《消除一切形式种族歧视国际公约》对此的措辞略显详尽，它列出了"所有全国性及地方性的公共当局及公共机关……"（第二条）。

（五）采取一切适当措施，消除任何个人、组织或私营企业基于残疾的歧视；

《消除对妇女一切形式歧视公约》第二条第（5）款中也有类似的规定："组织或企业……"。在这里，"私营企业"这个表述可以理解为对公有机构，尤其是对公私合营实体，开了口子。与之对照，经济、社会、文化权利委员会在其第5号一般性意见中就"私营企业"指出：

> 在提供公共服务的安排正日益私营化，对自由化市场的依赖程度之高属前所未有这一情况下，有必要使私人雇主、货物和服务的私人提供者以及其他非公营实体受到与残疾人相关的不歧视和平等准则的约束。②

---

① 联合国大会第56/168号决议声明，联大"决定设立一个开放供联合国所有会员国和观察员参加的特设委员会，根据社会发展、人权和不歧视领域工作所采用的整体路径，并考虑到人权委员会和社会发展委员会的各项建议，审议关于拟订一项全面完整的国际公约以促进和保护残疾人权利和尊严的提案"。

② 经济社会文化权利委员会，一般性意见第5号：残疾人，第11段。

"国际残疾人组织核心成员组"特别提出了由公有转为私营的企业内残疾人实现权利的问题:"缔约国承诺确保,残疾人业已享有的权利和供给,在服务和行动的相应责任转为私人实体后仍然可得以保持。"这种观点在经济、社会、文化权利委员会相关的一般性意见中也有所反映:

> 保护的义务,主要包括各国有责任通过法律或采取其他措施,保障有平等的机会,得到第三方提供的卫生保健和卫生方面的服务;保证卫生部门的私营化不会威胁到提供和得到卫生设施、物资和服务,以及这些设施、商品和服务的可接受程度和质量;控制第三方营销的医疗设备和药品;……①

对"组织"(organization)一词,显然应当给予扩充理解和解释。

(六)从事或促进研究和开发本公约第二条所界定的通用设计的货物、服务、设备和设施,以便仅需尽可能小的调整和最低的费用即可满足残疾人的具体需要,促进这些货物、服务、设备和设施的提供和使用,并在拟订标准和导则方面提倡通用设计;

对于文本中一项重要的补充,采用"最低的费用",舍弃"可负担的费用"这一表述,"国际残疾人组织核心成员组"深感遗憾。在讨论中,"国际残疾人组织核心成员组"解释了"无障碍"与"合理便利"之间的区别,特别强调了前者可以逐步实现,后者则应予即时保障。

(七)从事或促进研究和开发适合残疾人的新技术,并促进提供和使用这些新技术,包括信息和通信技术、助行器具、用品、辅助技术,优先考虑价格低廉的技术;

有关辅助技术的表述原本考虑在上述第(六)项中一并写入,但在最

---

① 见经济、社会、文化权利委员会,第二十二次会议(2000年)第14号一般性意见:享有能达到的最高健康标准的权利(第十二条),第35段。载于 E/C.12/2000/4 号文件,见联合国文献汇编 HRI\GEN\1\Rev.7 (2004)。另参照联合国大会通过的《关于艾滋病毒/艾滋病问题的承诺宣言("全球危机——全球行动")》,http://www.un.org/ga/aids/coverage/FinalDeclarationHIVAIDS.html。中文版见 http://daccess-dds-ny.un.org/doc/UNDOC/GEN/N01/434/83/PDF/N0143483.pdf?OpenElement。——译者注

后一次会议上,它被决定单列出来。请注意"价格低廉"(affordable cost)的用法。

(八)向残疾人提供无障碍信息,介绍助行器具、用品和辅助技术,包括新技术,并介绍其他形式的协助、支助服务和设施;

本条原为公约第二十条有关个人行动能力规定的一部分,后被挪到一般义务内容的框架下。为使文本充分融合,先前曾就必要的修改进行过一些讨论并得到广泛支持,可以结合这些讨论对本条加以理解。

(九)促进培训协助残疾人的专业人员和工作人员,使他们了解本公约确认的权利,以便更好地提供这些权利所保障的协助和服务。

这一条文反映了培训的一般必要性,这也是公约文本的一个主基调。墨西哥的倡议就包含了这一点,旨在突出义务的整体性质。

非洲国家集团的另一项提案,主张将艾滋病毒/艾滋病的内容加到公约第四条的条文中,曾对此有所考虑,但最终未得到进一步关注。①

艾滋病毒/艾滋病与残障损伤之间的关联是一个日益重要的现象。据估计,今后残障/残疾的增加将归因于免疫系统崩坏以及药物治疗副作用所导致的疾病。进一步的信息参见联合国有关艾滋病的政策简报②。

二、关于经济、社会和文化权利,各缔约国承诺尽量利用现有资源并于必要时在国际合作框架内采取措施,以期逐步充分实现这些权利,但不妨碍本公约中依国际法立即适用的义务。

本段有关"逐步实现"的表述方式源自《经济、社会、文化权利国际公约》第二条和《儿童权利公约》第四条。"国际残疾人组织核心成员组"提议的表述文字试图弥合可立即行使的权利(如非歧视)与逐步实现的权利(如

---

① 联合国大会通过的《关于艾滋病毒/艾滋病问题的承诺宣言》(Declaration of Commitment on HIV/AIDS):http://www.un.org/ga/aids/coverage/FinalDeclarationHIVAIDS.html.

② 《艾滋病与残疾》政策简报,参见 http://data.unaids.org/pub/Manual/2009/jc1632_policy_brief_disability_en.pdf.

社会和经济权利）之间的鸿沟，但最终还是基本沿袭了这种区分。

"国际残疾人组织核心成员组"建议：

关于经济、社会和文化权利，缔约国承诺：

（一）对可立即实施的权利，立即赋予其相应效果，包括但不限于在确保享有这些权利方面承担的非歧视的义务，并且

（二）对这些权利的其他方面，应最大程度利用现有资源采取措施，以期通过一切适当手段逐步充分实现这些权利。

上文导论部分亦提到，联合国一直为公民、政治权利与经济、社会权利之间存在"巨大分歧"（the big divide）和如何弥合二者之间鸿沟的问题争论不休。这种状况同样反映在特设委员会。对这两类权利的区分也以属于第几"代"权利来形容，即公民、政治权利构成了第一代权利，经济、社会权利为第二代权利，集体权利/发展权则为第三代权利。不过，这种区分不是按时间顺序排列，而是深刻体现了政治发展的趋向。所有权利本应全部纳入二战结束后达成单独的具有法律约束力的联合国条约中，而实际上，首先通过的是不具约束力的《世界人权宣言》，接着又起草并于1966年通过了《公民及政治权利国际公约》与《经济、社会、文化权利国际公约》两个公约。这两者之间的区别在于，一个突出个人权利（《公民及政治权利国际公约》），另一个主要强调国家义务（《经济、社会、文化权利国际公约》）。有一个事实可以说明，多年来，二者的分歧在逐渐扩大：《公民及政治权利国际公约》的任择议定书早已订立，而《经济、社会、文化权利国际公约》的任择议定书直到2008年12月才得以通过。

1968年的《德黑兰宣言》最早试图弥合两类权利"层级"上的差距[①]。1993年《维也纳宣言和行动纲领》重申："一切人权均为普遍、不可分割、相互依存、相互联系。"（第一部分第5段）。另外，请对照本公约序言第（三）段（"重申一切人权和基本自由都是普遍、不可分割、相互依存和相互关联的，必须保障残疾人不受歧视地充分享有这些权利和自由"）。

---

① 《德黑兰宣言》，1968年5月13日，参见 http://www1.umn.edu/humanrts/instree/l2ptichr.htm.

经济、社会、文化权利委员会对什么是逐步实现经济和社会权利的义务做出如下解释：

> 第二条第一款所反映的主要结果义务是采取步骤，"逐渐达到本公约中所承认的权利的充分实现"。"逐步……实现"一语往往被用来说明这句话的意图。逐步实现的概念等于承认，在短时期内一般无法充分实现所有的经济、社会和文化权利。从这个意义上讲，这一义务与《公民及政治权利国际公约》第二条的义务有重大区别，该条中具有立即尊重和确保一切有关权利的义务。然而，不应把本公约中长期实现或逐步实现误解为解除了有其充分含义的义务。一方面这是一种有必要灵活性的安排，反映了当今世界的现实和任何国家争取充分实现经济、社会和文化权利面临的困难；另一方面，必须结合公约的总目标，即其存在的理由来理解这句话，这一目标就是为缔约国确立充分实现所涉各种权利的明确义务。因而它确立了尽可能迅速和有效地争取目标的义务。而且，在这方面的任何后退的措施都需要最为慎重的考虑，必须有充分的理由，顾及公约规定权利的完整性，并以充分利用了所有可能的资源为条件①。

值得注意的是，非洲的人权条约，即关于人权和民族权利的《班珠尔宪章》，并没有根据任何"类别"或"代际"对权利加以区分。非洲人权和民族权利委员会在其解释中主张："一切权利——包括公民、政治权利和社会、经济权利，致使缔约国对于权利体系承担至少四个层次的责任，即尊重、保护、促进和实现这些权利。"②

相较而言，《欧洲社会宪章》列举了与经济和社会进步有关的 30 项权利。其中，第十五条就是有关残疾人在个人独立、社会融合以及参与群体生活方面的权利。

---

① 经济、社会和文化权利委员会，第 3 号一般性意见：缔约国义务的性质，第 9 段。
② 非洲人权和民族权利委员会，社会和经济权利行动中心 v. 尼日利亚（即 Ogoni 民族案），第 155 / 96 号通报，第 45 段。请参见 http://www1.umn.edu/humanrts/africa/comcases/155-96b.html.

另外，在最近的一项咨询意见中，国际法院前所未有地运用了《经济、社会、文化权利公约》所确立的各项权利①。在巴勒斯坦被占领土上修建隔离墙问题的讨论中，法院认为，在被占的巴勒斯坦领土上，国际人道主义法和人权法的规则应予适用，《公民及政治权利国际公约》与《经济、社会、文化权利国际公约》所确立的各项权利应予遵循。法院指出，"由于以色列修建隔离墙而造成的，对生活在被占领土上巴勒斯坦人所享受权利的限制，不符合《经济、社会、文化权利公约》第四条确定的条件，即限制措施的实施必须'只是为了促进民主社会中的总的福利的目的'"。国际法院对于《经济、社会、文化权利国际公约》的运用朝着弥合公民、政治权利与经济、社会权利之间差距的方向迈进了一步。

在本条的语境下，救济措施再次引发了讨论［对照本公约第四条第一款第（二）项］，并建议承认某些经济和社会权利的可司法性（justiciability）②。"国际残疾人组织核心成员组"针对救济措施提出建议：

（一）确保本公约所确认的权利或自由受到侵犯的任何个人或任何一类人，可单独或在代表组织支持下，获得有效和适当的救济措施，而无论侵犯者为行使公务的个人或实体，或是私人或私有实体；

（二）确保要求此类救济措施的任何人，就他或她的权利诉诸有关司法、行政或立法当局，或由该国法律制度确认的任何其他主管当局进行裁判，并

（三）确保当此等救济措施有条件执行时，主管机关应予实施。

缔约国确认，获得有效的救济措施可能需要为残疾人士提供免费的法律援助，包括手语翻译和辅助沟通手段、盲文信息，以及其他传播手段和方式，同时需要对规范程序和证据事项的现有法律和实践加以修改或灵活适用。

---

① 国际法院，《在巴勒斯坦被占领土上修建隔离墙》的咨询性意见，2003 年 7 月 9 日。参见 http://www.icj-cij.org/docket/index.php?p1=3&p2=4&k=5a&case=131&code=mwp&p3=4.

② "可司法性"一词是针对一些国家认为社会和经济权利不能够像政治和公民权利，通过同样的法律程序得以实现。

三、缔约国应当在为实施本公约而拟订和施行立法和政策时以及在涉及残疾人问题的其他决策过程中，通过代表残疾人的组织，与残疾人，包括残疾儿童，密切协商，使他们积极参与。

这项规定与《保护所有移徙工人及其家庭成员权利国际公约》第42条较为接近，也是关于协商问题的。《消除对妇女一切形式歧视公约》《消除一切形式种族歧视国际公约》等其他人权条约在措辞上使用了"实现"（to implement）这一动词而不是名词形式。对照《儿童权利公约》第三十二条第2款，则要求缔约国"采取立法、行政、社会和教育措施，确保（公约）实现（implementation）"。

同样，在"国际残疾人组织核心成员组"的坚持下，公约文本在最后阶段加入了"决策过程"的措辞并明确提及了残疾儿童。另请参照公约第七条。

本条反映了成员国与民间团体互动产生的一种进展，非政府组织前所未有地积极参与特设委员会活动可以说明这一点。

这是履行公约的一个重要条款，它要求通过加入所有相关程序来保证残疾人的参与。最重要的是，残疾人及其代表性组织得以积极参与到政策和与政策相关的进程之中，特别是从开始阶段就要有计划纳入，以避免后来不得不做出的变动——有时是很费事的。这是实现遵守本公约的一项关键工具——国家有义务让残疾人及其代表性组织参与，而残疾人及其代表性组织则享有参与的相应权利。要明确国家促进残疾人及其代表性组织参与的责任，就应当在公约批准特别是实施过程中，将残疾人组织（Disabled people's organizations, DPOs）和非政府组织提出的要求置于首要位置。

可比较儿童权利委员会新近做出的关于儿童表达意见权利的第12号一般性意见 ①。

有关民间团体参与的附加规定可见于公约第三十三条第三款国家监督部分。亦可参照公约第二十九条有关参与政治进程的规定。

此外，《残疾人机会均等标准规则》第十八条也特别规定："各国还应承认残疾人组织在残疾事务决策中的咨询作用。"

---

① 儿童权利委员会，第12号一般性意见：关于儿童表达意见的权利，参见 http://www2.ohchr.org/english/bodies/crc/docs/AdvanceVersions/CRC-C-GC-12.doc.

四、本公约的规定不影响任何缔约国法律或对该缔约国生效的国际法中任何更有利于实现残疾人权利的规定。对于根据法律、公约、法规或习惯而在本公约任何缔约国内获得承认或存在的任何人权和基本自由，不得以本公约未予承认或未予充分承认这些权利或自由为借口而加以限制或减损。

不用法律术语，通俗地说，即如果国家立法的规定更为有利，应予以保留。这是一项标准条款，通常安排在条约的末尾部分（参见《消除对妇女一切形式歧视公约》第二十三条、《儿童权利公约》第四十一条、《保护所有移徙工人及其家庭成员权利国际公约》第八十一条、《公民及政治权利国际公约》第五十条、《经济、社会、文化权利国际公约》第二十八条）。

五、本公约的规定应当无任何限制或例外地适用于联邦制国家各组成部分。

本条是加拿大和俄罗斯在特设委员会最后的会议上提出的。《公民及政治权利国际公约》第五十条和《经济、社会、文化权利国际公约》第二十八条也有类似规定。

值得注意的是，很多提案，如澳大利亚主张应提及特定族群的问题等，都被会议否决。萨尔瓦多特别提及了老年人，除此之外，还有一些提到了在农村地区和边远岛屿生活者的问题。"国际残疾人组织核心成员组"也曾支持写入有关土著人的内容。可参照公约序言第（十六）段以及公约第三十条关于文化生活的评论。

第五条　平等和不歧视

Article 5: Equality and Non-discrimination

一、缔约国确认，在法律面前，人人平等，有权不受任何歧视地享有法律给予的平等保护和平等权益。

二、缔约国应当禁止一切基于残疾的歧视，保证残疾人获得平等和有效的法律保护，使其不受基于任何原因的歧视。

三、为促进平等和消除歧视，缔约国应当采取一切适当步骤，确保提供合理便利。

四、为加速或实现残疾人事实上的平等而必须采取的具体措施，不得视为本公约所指的歧视。

一、缔约国确认，在法律面前，人人平等，有权不受任何歧视地享有法律给予的平等保护和平等权益。

本段文字在措辞上与其他一些人权条约一致。《世界人权宣言》第七条这样规定："法律之前人人平等，并有权享受法律的平等保护，不受任何歧视。"另请参照《消除一切形式种族歧视国际公约》第五条、《公民及政治权利国际公约》第三条和《消除对妇女一切形式歧视公约》第三条。值得注意的是，文本中使用了在法律"面前"、法律"之下"（"before" and "under" the law）这样的前缀。

草案的早期版本没有包含有关歧视和合理便利的定义，而这对（理解）概念很重要，最后被写入了公约第二条。平等和不歧视之间的区别曾引发过大量讨论，墨西哥针对这两个概念反复阐明："重要的是，要对二者进行区分，一是法律面前人人平等，并通过严格尊重不歧视（原则）实现；二是作为一个社会目标的平等，即平等的机会。"

二、缔约国应当禁止一切基于残疾的歧视，保证残疾人获得平等和有效的法律保护，使其不受基于任何原因的歧视。

这是一个在人权条约中常见的标准条文。可以对照《公民及政治权利国际公约》第二条、《经济、社会、文化权利国际公约》第二条、《消除对妇女一切形式歧视公约》第二条、《儿童权利公约》第二条。请注意本段使用的措辞是"一切歧视"（all discrimination），而其他几个公约使用的是"任何区别/歧视"（distinction/discrimination of any kind）。在《消除对妇女一切形式歧视公约》第二条第（3）款中，也使用了"法律保护"（Legal protection）的说法。

本条还使用了"基于任何原因"（All grounds）的表述。相较而言，《公民及政治权利国际公约》第二十六条中，没有提及残障或残疾，其表述为："所有的人在法律面前平等，并有权受法律的平等保护，无所歧视。在这方面，法律应禁止任何歧视并保证所有的人得到平等的和有效的保护，以免受基于种族、肤色、性别、语言、宗教、政治或其他见解、国籍或社会出身、财产、出生或其他身份等任何理由的歧视。"

欧盟代表以简明流畅为由，主张删除文本中"有效的法律保护"的措辞，列支敦士登对此特别表示反对。

三、为促进平等和消除歧视，缔约国应当采取一切适当步骤，确保提供合理便利。

本项规定应与公约第二条中合理便利的定义结合起来加以解读。为此，"国际残疾人组织核心成员组"对无障碍与合理便利，特别是与后者立即实现的可能性之间的区别进行了解释。

正如联合国人权事务高级专员办公室指出的那样，"采取一切适当步骤"这个概念在各项人权条约中都已得到充分确立。当然，它们的表述略有差别，尤其体现在有没有使用"一切"这个词。如在《消除对妇女一切形式歧视公约》中，采用了"一切适当措施"这个概念。

有人会说，如果使用"人人有权获得合理便利"这样的表述来赋予个人权利，本条的保障力度会更强。但规定缔约国必须"确保"（ensure），实际上就是对"保障"（guarantee）的另一种有力表述。

四、为加速或实现残疾人事实上的平等而必须采取的具体措施，不得视为本公约所指的歧视。

令人格外关注的是，围绕"具体措施"这个表述的辩论持续了很长时间，尤其在特设委员会第五次会议期间。其他人权条约，有的用的是"特别措施"（《消除一切形式种族歧视国际公约》第一条），有的用的是"临时特别措施"（《消除对妇女一切形式歧视公约》第四条）的表述。基于其在残疾语境下的内涵，各方普遍反对使用"特别"（special）一词。"国际残疾人组织核心成员组"担心该词可能被用作维持歧视的标准。加拿大提出以"积极"（positive）一词代替"特别"，非洲国家集团表示支持。约旦提出另一项动议，建议代之以"适当的措施"（appropriate measures）。"国际残疾人组织核心成员组"最后建议，考虑到旨在辅助和支持残疾人的措施可能使人产生屈尊俯就和家长式对待的感觉，因此主张行文增加"如果为残疾人所接受，且符合公约所包含原则和各项权利"的表述。

面对久拖不决的辩论，联合国人权高专办专门编写了关于"特别措施"的会议背景文件。文件特别指出："对'特别'措施进行法律分析的关键是，确定'个人不受歧视的权利是否阻碍了弱势群体权利就以往受到的歧视获得赔偿的权利'。"①消除对妇女歧视委员会在其意见中再次重申了这一点，认为"临时特别措施"并不构成非歧视原则的例外，"而是做出一种强调，即暂行特别措施是缔约国的一项必要战略的组成部分，其目的是在享受人权和基本自由方面实现事实上或实际男女平等"②。

如上所述，所有的规定均应紧密联系公约关于"一般原则"的第三条和关于"一般义务"的第四条加以解读。对"具体措施"而言尤其如此。

积极区别对待（positive discrimination），有时也被称为确权性行动（affirmative action），已被用作确保使先前被排斥者得以纳入的可行办法。最应该注意的是，一些国家为加强男女平等，对妇女给予配额保障。

消除对妇女歧视委员会在其一般性意见中，对"积极区别对待"的不同形式又做了进一步解释：

> 缔约国往往把纠正、补偿和促进意义的术语"特别措施"与"平权行动""积极行动""积极措施""反向歧视"和"积极的区别对待"等术语等同起来。这些术语源自讨论和各国在不同情况下采取的各种措施。在本项一般性建议中，根据审议缔约国报告的惯例，委员会按照第四条第一款的要求只使用"暂行特别措施"这一术语。③

---

① 联合国人权高专办，《有关国际人权法中"特别措施"概念》的背景会议文件，参见 http://www.un.org/esa/socdev/enable/rights/documents/ahc6ohchrspmeasures.doc.
② 消除对妇女歧视委员会，第25号一般性建议：公约第四条第一款（暂行特别措施）。
③ 消除对妇女歧视委员会，第25号一般性建议：公约第四条第一款（暂行特别措施），第17段。

虽然"特别"这一术语与人权论述相符，但仍然应对其做出缜密解释。有时使用该术语会使妇女和其他受歧视群体显得脆弱、易受伤害并需要额外或"特别"措施才能参与社会或在社会中竞争。但在制定第四条第一款时，"特别"的真正含义是这些措施旨在实现具体目标。①

缔约国应就未采取暂行特别措施做出充分解释。不能以下列方式证明有理由不采取暂行特别措施：声称无能为力；或说明不行动的原因是占主导地位的市场力量或政治力量，如私营部门、私人组织或政党所固有的这些力量。此外，提请缔约国注意，应参照其他各条解释的公约第二条要求缔约国对这些行动者的行动负责。②

值得注意的是，在该一般性意见的最后一段，消除对妇女歧视委员会分别强调了市场力量和私有化问题。这一全球性问题日益重要。其他一些条约机构对这个问题也发表了类似意见，如经济、社会、文化权利委员会就此发表了关于残疾人权利的一般性意见，③儿童权利委员会曾经专门安排一天时间讨论这个主题，④并在其多项一般性意见中就私有化对享有人权的影响做了讨论。

"国际残疾人组织核心成员组"还建议明确提到有关公共场所拒绝残疾人进入的问题。虽然其他各方代表认为公约第五条的表述已经将其包含在内，但"国际残疾人组织核心成员组"仍然主张应对此明确提及。

另外，诸如《消除对妇女一切形式歧视公约》第四条第一款规定，"亦不得因此导致维持不平等的标准或另立标准"。这表明歧视来源于偏见，并非根据可感受到的能力差异。

---

① 消除对妇女歧视委员会：第25号一般性建议：公约第四条第一款（暂行特别措施），第21段。

② 消除对妇女歧视委员会：第25号一般性建议：公约第四条第一款（暂行特别措施），第29段。

③ 经济、社会、文化权利委员会：第5号一般性意见——残疾人，第10、11段。

④ 对照 http://www.unhchr.ch/html/menu2/6/crc/doc/days/service.pdf。

第六条　残疾妇女
Article 6: Women with Disabilities

一、缔约国确认残疾妇女和残疾女孩受到多重歧视,在这方面,应当采取措施,确保她们充分和平等地享有一切人权和基本自由。

二、缔约国应当采取一切适当措施,确保妇女充分发展,地位得到提高,能力得到增强,目的是保证妇女能行使和享有本公约所规定的人权和基本自由。

"国际残疾人组织核心成员组"坚决主张为残疾妇女问题安排一个独立条款。

残疾妇女由于女性和残疾两大因素,成为强奸、强制绝育,以及多种歧视的受害者,人权遭到严重侵犯。她们为人母的能力经常受到质疑,她们的孩子经常违背其意愿被夺走。她们结婚和建立家庭的权利经常近乎完全否定地被限制——如同对待残疾男子一样。

残疾妇女同时遭受家庭成员和护理人员暴力的比例很高。由于对护理人员、个人助理和家庭成员的依赖,残疾人一般很难寻求针对这种侵犯的救济。在劳动力市场,对妇女的歧视广泛存在,残疾妇女面临的困难更大,靠自己谋生经常成为不可能之事。根据联合国的统计,残疾妇女的就业率只有25%,残疾妇女求职成功的概率是残疾男子的二分之一。

对残疾妇女来说,在福利机构中生活遭受肉体和性侵犯的风险要比在社区中生活高两倍。

残疾妇女更有可能成为文盲,她们的入学率一般都很低,与很多其他因素一样,这也意味着她们难以获得有关生殖健康的知识。

鉴于对残疾妇女遭受的排斥缺乏关注,出现这些情况就不足为奇。根据《消除对妇女一切形式歧视公约》第三条,消除对妇女歧视委员会在关于残疾妇女的一般性建议中要求,应在所有领域,特别是政治、社会、经济和文化领域采取适当措施（appropriate measures），同时建议并扼要指出，残疾妇女"可参与到社会和文化生活所有领域之中"①。

另外，消除对妇女歧视委员会在一般性建议中也提到残疾妇女的问题：

> 虽然男女的生物差异可能导致健康状况的差别，但是也有一些社会性的因素，对男女的健康状况有决定作用；这些因素在妇女相互之间也可能各个有别。因此，应特别重视脆弱群体和处境不利群体妇女的保健需求与权利，如：移徙妇女、难民和国内流离失所妇女、女童和老年妇女、卖淫妇女、土著妇女，以及体残和智残妇女。②

"国际残疾人组织核心成员组"要求安排有关残疾妇女的独立条款，韩国表示支持，并在特设委员会第三次会议期间提出了有关建议。在特设委员会第六次会议上，韩国代表团表示："残疾妇女的困境并非仅仅是残疾人和妇女所面临障碍的总和，而是被全然忽视。无论是在主流的残疾语境下还是在关于妇女权利的话语中，残疾妇女都难觅踪影，无处为系。本特设委员会的目标应该是将残疾妇女纳入公众的视野。"③

"国际残疾人组织核心成员组"的目标是双管齐下（twin‐track‐approach）：安排一个独立的条款对残疾妇女的问题进行规定；并在公约文本其他适当的地方对其明确提及。最初，反对的声浪相当大，欧盟、新西兰、澳大利亚、塞尔维亚（和黑山）、墨西哥、日本、挪威和约旦等都反对这项条文，主要原因是该提案的措辞不够充分。另外，还有三个反对的理由：首先，不应特别提及某一特定群体，否则恐有将"另一些人"排除在外之虞；其次，主要是欧盟认为，将残疾妇女问题单独分离出来会削弱文本，并将分散诸如关于侵权等方面的一般性条款；最后，这样的规定被认为会造成法律上的不

---

① 消除对妇女歧视委员会，第18号一般性建议：残疾妇女。

② 消除对妇女歧视委员会，第24号一般性建议：关于《消除对妇女一切形式歧视公约》第十二条——妇女和保健，第6段。

③ 在"关于制定一项保护和促进残疾人权利和尊严的全面而完整的国际公约"特设委员会第六次会议上，"国际人权服务组织"（International Service for Human Rights）引述了相关表述。

确定性。与之对照，《消除对妇女一切形式歧视公约》中就没有专门关于残疾的规定。

加拿大也特别提及了这种双轨方式，强调有必要在有关平等、免于暴力和侵犯、居住和家庭、教育、健康权、荣典权、康复权和工作权等方面的条款中明确提到残疾妇女。

"国际残疾人组织核心成员组"特别反对那种认为安排独立条款就是在创建一些"群体"的论点，因为这个概念几乎很难适用到超过世界半数的人口上。"国际残疾人组织核心成员组"还强调，讨论中不应提及"妇女问题"，而是要纳入性别概念。许多国家人权机构则强调，在关于数据和统计以及监督的条款中，需要明确纳入残疾妇女。

最后的文本措辞与《消除对妇女一切形式歧视公约》第一、第二条规定类似。迄今为止，没有任何其他人权条约包含"多重歧视"的概念。比较而言，1995年（世界妇女大会）《北京宣言》也规定，缔约国声明决定"确保所有面临多重障碍的妇女和女童平等地享有各项人权和基本自由"（第32段）。另外，《残疾人权利公约》序言第（十六）段也提到"多重或加重形式歧视"。

特设委员会第七次会议曾经就本条第二段与《消除对妇女一切形式歧视公约》有关规定的一致关系进行过专门讨论，考虑到可能会限制《消除对妇女一切形式歧视公约》对相应条款的适用，所以对现有文本进行了修改。

由于这种双轨方式，以下公约条文也明确提及残疾女童和残疾妇女：

序言第（十七）段，确认残疾妇女和残疾女童在家庭内外往往面临更大的风险，更易遭受暴力、伤害或凌虐、忽视或疏忽、虐待或剥削。

序言第（十九）段，强调必须将两性平等观点纳入促进残疾人充分享有人权和基本自由的一切努力之中。

此外，公约关于一般原则的第三条第（七）款中，还号召"男女平等"。第十六条规定，保护残疾人在家庭内外免遭一切形式的剥削、暴力和凌虐，包括基于性别的剥削、暴力和凌虐。与此相应，关于健康的第二十五条突出了基于性别提供保健服务的必要性。同样，第二十八条第二款第（二）项还特别强调需要确保将残疾妇女和残疾女童纳入社会保障计划项目。

为了贯彻这些规定，根据公约第三十四条第四款的要求，在组成监督公约执行的委员会时，也要照顾到代表的性别平衡。

在特设委员会第七次会议上，"国际残疾人组织核心成员组"关于制订一个独立条款的提议，曾引起激烈讨论。提议的一个重点是，将这项条文安排在公约的开头部分，以清楚表明它将适用于公约的所有条款和方方面面。"国际残疾人组织核心成员组"的建议如下：

1. 缔约各国应消除对残疾妇女和残疾女童的多重和群际歧视，并采取具体性别措施，确保残疾妇女和残疾女童在与他人平等的基础上享有所有人权和基本自由。

2. 缔约国应在考虑性别因素的前提下实施本公约所规定的义务。为此目的，缔约国应予：

（1）通过适当的立法和其他措施，禁止对残疾妇女和残疾女童一切形式的歧视；

（2）采取有效措施，确保残疾妇女和残疾女童享有自由、安全和自主权利，消除她们在经济和个人发展方面的障碍；

（3）采取必要措施预防针对残疾妇女和残疾女童的性剥削、暴力和虐待的风险；

（4）确认残疾妇女在健康和孕产保健方面的特别劣势，确保残疾妇女在怀孕、分娩和产后必要情况下得到适当、免费服务，在怀孕和哺乳期间得到充分营养；

（5）将残疾妇女和残疾女童的保护纳入国家发展政策和方案的主流。

第七条 残疾儿童

Article 7: Children with Disabilities

一、缔约国应当采取一切必要措施，确保残疾儿童在与其他儿童平等的基础上，充分享有一切人权和基本自由。

二、在一切关于残疾儿童的行动中，应当以儿童的最佳利益为一项首要考虑。

三、缔约国应当确保，残疾儿童有权在与其他儿童平等的基础上，就一切影响本人的事项自由表达意见，并获得适合其残疾状况和年龄的辅助手段以实现这项权利，残疾儿童的意见应当按其年龄和成熟程度适当予以考虑。

《儿童权利公约》第二十三条作为一个独立条款，专门对残疾儿童做了规定。因此，许多代表团最初都反对在《残疾人权利公约》中再安排一个单独的条款。不过，在特设委员会第六次会议上，儿童权利委员会主席表示支持设立这样一个单独条款，认为这不会与《儿童权利公约》第二十三条产生冲突。此后，在特设委员会第七次会议上，残疾儿童得到了为自己发声的机会，强调了他们的需要以及现行条文存在的不足。

持反对意见者认为，应该将这些问题在整个公约中主流化。支持设立单独条款的人则认为，一些问题事实上仅仅与儿童有关，关注成年人的条款不足以将其涵盖。

在儿童权利公约委员会主席德克（J. E. Doek）讨论稿的基础上，"国际残疾人组织核心成员组"强调了下述对残疾儿童权利的关切：

首先，是出生登记的必要性。残疾儿童常常不正式"存在"，是因为没有进行出生登记。其次，由于残疾儿童更容易遭受暴力，他们往往需要额外的保护，以免遭受暴力和生命威胁。第三，残疾儿童很少知晓自己的权利，因而无法充分和有效参与有关他们事务的决策。

其他还有一些值得一提的建议。一份以色列的文本草案提到儿童自决，知情同意，法律代表和基于年龄和成熟程度的能力资格。同时，菲律宾和教廷提议在"出生前和出生后"保护儿童权利，这是一个源于《儿童权利公约》序言部分的表述。

"国际残疾人组织核心成员组"还有另一个提案①。

---

① "残疾人国际"关于残疾儿童的提案：
（1）缔约方应采取一切适当措施以确保履行其在《儿童权利公约》及《残疾人权利公约》下的义务，残疾儿童的所有权利应得到充分实现；
（2）缔约方应确保，在《儿童权利公约》及《残疾人权利公约》条款下提交给相关条约机构的报告，都应充分论及那些为实现残疾儿童全部权利所采取的措施。

值得注意的是，有关一般原则的公约第三条第（八）款表示，"尊重残疾儿童逐渐发展的能力并尊重残疾儿童保持其身份特性的权利"。

公约的最终文本吸收了很多《儿童权利公约》的表述，特别是《儿童权利公约》第三条"儿童利益最大化"这个概念。自由表达意见的权利，亦源自《儿童权利公约》第十二条。《儿童权利公约》第二十三条的相关表述也被借用。

残疾儿童在整个公约文本中被多次提及，再次体现了上文提及的双轨方式，例如：

公约序言部分第（十八）段："确认残疾儿童应在与其他儿童平等的基础上充分享有一切人权和基本自由，并回顾《儿童权利公约》缔约国为此目的承担的义务。"

有关一般义务的公约第四条第三款提及，应当在为实施本公约而拟订和施行立法和政策时，与残疾儿童密切协商。有关免于剥削、暴力和凌虐的公约第十六条，突出了以儿童为重点的立法和政策需要。有关迁徙自由和国籍问题的公约第十八条强调："残疾儿童出生后应当立即予以登记，从出生起即应当享有姓名权利，享有获得国籍的权利，并尽可能享有知悉父母并得到父母照顾的权利。"

确保尊重家居和家庭的公约第二十三条里面有很多款项，与残疾儿童息息相关。其中最突出的是，残疾儿童享有保持生育力并平等尊重其家庭生活的权利。这一条款还包括领养儿童的权利。另一个重要的方面是，根据公约第二十三条第四款，不得违背儿童意愿强迫其与残疾父母分离。还有一个与残疾儿童权利直接相连的条文与教育相关，公约第二十四条第二款第（一）项规定，残疾儿童不因残疾而被排拒于免费和义务初等教育或中等教育之外。有关健康的公约第二十五条也提到残疾儿童。重要的是，有关参与文化生活、娱乐、休闲和体育活动的公约第三十条规定，"确保残疾儿童享有与其他儿童一样的平等机会参加游戏、娱乐和休闲以及体育活动，包括在学校系统参加这类活动"。

公约第八条还规定，需要提高儿童的意识并培养他们尊重残疾人的权利和尊严，这在教育系统里尤其必要。

儿童权利委员会在其关于幼儿期儿童权利的一般性意见中表示：

> 幼儿期，指的是通常能够识别残疾并确定其对儿童幸福和发展产生影响的时期。幼儿绝不该仅仅因为残疾而被另眼相看。首先要确保他们享有充分参与教育和集体生活的平等机会，这包括清除那些妨碍实现他们权利的各种障碍。年幼的残疾儿童应该被给予特殊援助，包括对他们父母（或其他看护者）提供支持。所有的时候，残疾儿童都应该被有尊严的对待，这将鼓励他们自立自强①。

同样应注意，儿童权利委员会做出的关于"残疾儿童"的综合一般性意见，其涵括了广泛的议题，包括针对残疾儿童的暴力、机构、健康和包容性素质教育②。

儿童权利委员会特别强调对儿童意见的尊重：

> 通常来讲，有残疾或者没有残疾的成年人制订了与残疾儿童有关的政策和决定，而这些儿童本身却被排除在进程之外。在进行所有影响到残疾儿童的（决策）程序时，他们的声音必须被倾听，他们的意见也应该依据他们不断发展的能力得到尊重。在不同的机构，比如议会、委员会和其他论坛中，都应该有残疾儿童的声音，以确保在做出（整体上关涉儿童而具体影响残疾儿童的）决策时他们可以表达自己的意见。残疾儿童介入这样一个过程，不仅确保相关政策能满足他们的需求，而且这同样是一个很有价值的融入工具，以保证决策过程是一个参与式的活动。不管采用什么交流模式，儿童应该被提供便利以帮助表达他们自己的意见。同时，缔约方也应该支持针对（残疾儿童）家庭和专业人士的培训发展，以促进和尊重儿童不断发展的能力，使其在面对他们自己生活做决策时可以承担不断增长的责任③。

---

① 儿童权利委员会，第7号一般性意见：在幼儿期实现权利，第36段。
② 儿童权利委员会，第9号一般性意见：残疾儿童权利。参见 http://www.unhchr.ch/tbs/doc.nsf/(symbol)/CRC.C.gC.9.en?opendocument.
③ 儿童权利委员会，第9号一般性意见：残疾儿童权利，第32段。

关于出生登记的问题，委员会表示：

没有进行出生登记导致残疾儿童异常容易受到伤害。不进行出生登记的话，他们在法律上就不被承认，政府统计也当他们不存在。不登记使得残疾儿童在享受他们人权时面临严重后果，包括没有公民身份，不能享受社会和医疗设施以及无法上学读书。出生时没有进行登记的残疾儿童被忽视、被系统化（另眼相看）甚至死亡，在这些方面（与进行了出生登记的残疾儿童相比）面临着高得多的风险①。

关于无障碍的问题，委员会表示：

公共交通工具和其他包括政府大楼、商业街区、娱乐场所等设施存在的物理障碍，是残疾儿童边缘化和被排斥的一个主要原因。这同时也对他们获得包括健康和教育在内的服务造成了显著危害。尽管这在发达国家已经基本上得以解决，但在大部分发展中国家仍然是个问题。所有的缔约方都被敦促确立适当的政策和程序，尽量考虑到残疾儿童父母和看护人的经济状况，使残疾儿童在使用公共交通时能够安全、无障碍并且免费②。

第八条　提高认识

Article 8: Awareness-raising

一、缔约国承诺立即采取有效和适当的措施，以便：

（一）提高整个社会，包括家庭，对残疾人的认识，促进对残疾人权利和尊严的尊重；

（二）在生活的各个方面消除对残疾人的定见、偏见和有害做法，包括基于性别和年龄的定见、偏见和有害做法；

（三）提高对残疾人的能力和贡献的认识。

---

① 儿童权利委员会，第9号一般性意见：残疾儿童权利，第35段。
② 儿童权利委员会，第9号一般性意见：残疾儿童权利，第39段。

二、为此目的采取的措施包括：

（一）发起和持续进行有效的宣传运动，提高公众认识，以便：

1. 培养接受残疾人权利的态度；
2. 促进积极看待残疾人，提高社会对残疾人的了解；
3. 促进承认残疾人的技能、才华和能力以及他们对工作场所和劳动力市场的贡献；

（二）在各级教育系统中培养尊重残疾人权利的态度，包括从小在所有儿童中培养这种态度；

（三）鼓励所有媒体机构以符合本公约宗旨的方式报道残疾人；

（四）推行了解残疾人和残疾人权利的培训方案。

公约第八条比较独特，并且立意高远。该条仅仅与其他两项人权条约的要素相关：一是《消除对妇女一切形式歧视公约》第五条，"（采取）适当措施改变男女的社会和文化行为模式，以消除基于性别而分尊卑观念或基于男女定型任务的偏见、习俗和一切其他方法"；二是《消除一切形式种族歧视国际公约》第七条，"（缔约国）立即采取有效的措施……以打击导致……歧视的偏见"。

在协商过程中，针对本条有过不少工作标题，这体现出为了尽可能消除家长式及施恩式的表述所做的持续努力。"国际残疾人组织核心成员组"反对诸如"促进对残疾人的积极态度"和"提高对残疾的认识"这类表述，因为这样会将残疾视作一个"客体"。在特设委员会第四次会议上，墨西哥提议加入"创造一种尊重和包容的文化"，但没有获得支持。

本条表述方面的另一个例子反映出存在的困难：后来达成的"提高对残疾人的能力和贡献的认识"这一表述，起初为"促进将残疾人视作是有能力做出贡献的社会成员"。

条文开头"立即，有效和适当"的用法，是《消除对妇女一切形式歧视公约》第五条相关表述的拓展。在长时间反复的讨论中，"国际残疾人组织核心成员组"反对用"适当"取代"立即"一词。最后，这两个词都被保留了下来。

在阿拉伯国家集团的坚持下,"家庭"一词被纳入本条第一段的表述。"基于性别的定见"这一用法同样引起许多争论。在这里,"性别"一词用的是"sex"而不是"gender"。

第二款第(一)项第2点的工作案文,原来的表述是"在残疾人性行为、婚姻、为人父母和家庭关系的方方面面,需要改变对残疾人的消极看法和社会偏见"。"国际残疾人组织核心成员组"反对前半部分的措辞,支持"亟须改变消极看法和社会偏见"的说法,认为改变应涵盖生活的所有领域,不仅仅是本段前面部分列举的那些方面。罗马教廷反对该工作案文的表述,参照关于健康的公约第二十五条在"性健康和生殖健康服务/方案"上的讨论情况,建议使用"促进积极看待"。不过与其他提案相比,这显得更加屈尊俯就。值得注意的是,一些国家反对使用兼跨关系的表述如"家庭和个人关系",认为"个人关系"这种措辞的含义存在问题。

对媒体的鼓励,在核心人权条约中是一个新出现的规定。与之相似,《儿童权利公约》第十七条肯定了大众媒体的重要功能。尤其是《残疾人权利公约》第四条第一款第(五)项,提到在媒体责任的语境下,消除私营企业和组织的歧视至关重要。

第九条 无障碍
Article 9: Accessibility

一、为了使残疾人能够独立生活和充分参与生活的各个方面,缔约国应当采取适当措施,确保残疾人在与其他人平等的基础上,无障碍地进出物质环境,使用交通工具,利用信息和通信,包括信息和通信技术和系统,以及享用在城市和农村地区向公众开放或提供的其他设施和服务。这些措施应当包括查明和消除阻碍实现无障碍环境的因素,并除其他外,应当适用于:

(一)建筑、道路、交通和其他室内外设施,包括学校、住房、医疗设施和工作场所;

(二)信息、通信和其他服务,包括电子服务和应急服务。

二、缔约国还应当采取适当措施，以便：

（一）拟订和公布无障碍使用向公众开放或提供的设施和服务的最低标准和导则，并监测其实施情况；

（二）确保向公众开放或为公众提供设施和服务的私营实体在各个方面考虑为残疾人创造无障碍环境；

（三）就残疾人面临的无障碍问题向各有关方面提供培训；

（四）在向公众开放的建筑和其他设施中提供盲文标志及易读易懂的标志；

（五）提供各种形式的现场协助和中介，包括提供向导、朗读员和专业手语译员，以利向公众开放的建筑和其他设施的无障碍；

（六）促进向残疾人提供其他适当形式的协助和支助，以确保残疾人获得信息；

（七）促使残疾人有机会使用新的信息和通信技术和系统，包括因特网；

（八）促进在早期阶段设计、开发、生产、推行无障碍信息和通信技术和系统，以便能以最低成本使这些技术和系统无障碍。

公约第九条规定了无障碍的权利。本条从工作组案文开始，一直是基本条，在起草过程中不断重视和强调无障碍问题。本条的部分内容可以与其他条款联系起来，或者说它与包括不歧视在内的相关条款关系密切。含有一般规定的条款以及一般原则的部分可见于公约第三条第（六）款，该款规定了（残疾人的）无障碍。确保纳入所有人权是公约的一个总原则和前提，也是首要目标。所以，公约第九条必须作为一个补充条款，它是实现其他所有条款的条件，同时（无障碍）本身也是一项权利。

无障碍的权利同样被《消除一切形式种族歧视国际公约》第五条第六款所确认，规定在反歧视的相关表述中，"（享有）无障碍进入任何公用地方或设施，如公共交通、旅店、餐馆、咖啡厅、剧院和公园的权利"。同样地，《消除对妇女一切形式歧视公约》第七条反歧视的规定也包含了相关表述。不过，公约第九条更进一步，规定了一个有关无障碍的涵盖性概念。

"物质环境"（physical environment）这个词源于《残疾人机会均等标准规则》，其中第五条第一款提到，"社会中各个方面，例如住房、楼房、公共交通服务和其他交通工具、街道和其他室外环境"。

对公约第九条的争论主要围绕公共和私人领域的范围以及有关反歧视的条款混合性质展开。

最终，对（什么是）公共和私人领域的讨论，体现在本条开头语"向公众开放或提供的"表述上。不过要注意的是，在第二款第（二）项有关私营实体的规定中，这种开放的范围在某种程度上是受到限制的，需要"在各个方面考虑（为残疾人）创造无障碍环境"。约旦正确指出，"重要的不是谁拥有设施，而是谁在使用它"。无障碍的要求是否只适用于新建筑，或者说现有的建筑是否也应该承担此项义务，对此也有大量争论。很多人表示反对，认为历史建筑和场所很难变得无障碍进入。同样的，自然性景观的局限也被认为是一个可能的阻碍。非洲国家集团支持消除阻碍的概念。"国际残疾人组织核心成员组"主张，从开始就应该兴建位于合适地点的建筑设施。"初始无障碍"这个概念部分体现在本条第二款第（八）项中，它提到了"早期阶段"。但是，在本条起头句纳入类似的表述未能实现，尽管这能够强化有关努力，以防止产生新的障碍性建筑。不过这里使用了"查明"这个措辞。这个特别议题可以与公约第四条第一款第（六）项有关通用设计的规定联系起来。有必要做出实质性敦促，以确保无障碍不只局限于"物质"方面，还涉及其他形式，特别是通信和相关议题。最后，要注意本条开头关于无障碍"设施"的重要表述。

"国际残疾人组织核心成员组"认为，对无障碍的限制会导致不平等的对待。它建议，将无障碍议题直接与合理便利联系起来。无障碍被认为是一个"混合"议题，与平等标准相互关联。

需要注意的是，一些国家将本条当作只能逐步实现的社会经济权利，而将那些非歧视条款视为可以立即生效的政治权利。为保证（残疾人）平等参与而采取措施并需要"投入"一定公共资金的条款，也被看作处于公民/政治和经济/社会权利显著区分之间某个位置的"混合"权利。可以参照公约第四条，了解更多关于这两"类"权利之间的鸿沟。

"应急服务"这个表述是协商后期加入的,它也是特设委员会第七次会议激烈讨论的结果。

有提案建议将公约第三十条中有关知识产权的部分规定纳入公约第九条,但没有获得足够支持。这是因为有观点认为,知识产权适用的范围看起来实在太宽泛了。

还应注意本条第二款第(八)项,其中使用的是"最低成本"而不是"可负担的成本"。这是在非洲国家集团的建议下做出的表述。

《残疾人机会均等标准规则》规则5:无障碍环境

各国应确认无障碍环境在社会各个领域机会均等过程中的全面重要性。对任何类别的残疾人,各国均应:(a)采取行动方案,使物质环境实现无障碍;(b)采取措施,在提供信息和交流方面实现无障碍。

(a)物质环境的无障碍

1. 各国应采取措施,消除物质环境中影响参与的障碍。此种措施应包括制定标准和准则,并考虑颁布立法,确保社会中各个方面实现无障碍环境,例如确保住房、楼房、公共交通服务和其他交通工具、街道和其他室外环境的无障碍。

2. 各国应确保建筑设计师、建筑工程师和参与物质环境设计和建造的其他专业人员充分了解残疾政策和实现无障碍的措施。

3. 物质环境的设计和建造应从设计过程一开始就将无障碍的要求考虑在内。

4. 在制定环境无障碍的标准和准则时,应征求残疾人组织的意见。在设计公共建筑项目时,还应从初始规划阶段就让当地的残疾人组织参与其事,从而确保最大限度的无障碍环境。

(b)信息和交流的无障碍

5. 残疾人以及适当时包括他们的家属和支助者应能在各个阶段,无障碍地了解关于诊断结果、权利和可得到的服务和方案的充分信息。提供此种信息的形式应对残疾人无障碍。

6. 各国应制定办法使信息服务和各种文件做到对各种类别的残

疾人均无障碍。应使用盲文、磁带、大字印刷和其他适当技术，使那些有视力缺陷的人无障碍地获得书面信息和文件。同样地，也应使用适当技术，使那些有听力缺陷或有理解困难的人无障碍地获得语言信息。

7. 应考虑在聋童教育中，在其家庭和社区中，使用手语。还应提供手语传译服务来使聋人和其他人之间方便交流。

8. 还应考虑到患有其他交流残疾人的需要。

9. 各国应该鼓励传播媒介，特别是电视、无线电和报纸，使其服务做到无障碍。

10. 各国应确保供一般公众使用的新的电脑化信息系统和服务系统一开始就使之可为残疾人无障碍地使用，或加以改造，使之可为残疾人无障碍地使用。

11. 在制定措施使信息服务无障碍方面，应征求残疾人组织的意见。

"国际残疾人组织核心成员组"提出了许多建议，以对公约第九条进行整体修改如下：

一、公约缔约方应要求所有向公众开放或向公众提供服务或信息的机构，采取适当措施消除在所有设施和服务中新出现和既有的障碍，以确保它们对残疾人是完全无障碍的。这些措施应包括但不局限于：

（一）所有形式的信息、通信或其他服务，包括信息和通信技术以及电子设施；

（二）以可理解、可获得和合用的形式、语言以及文字，制作和提供所有类型的公共材料、信息和文件。提供应该及时，并且不会对残疾人产生额外的负担；

（三）发展和重塑既有和新建的公共交通设施；

（四）建设和更新既有和新建的向公众提供服务的建筑和其他设施，包括学校、房屋、工作场所、医疗设施、道路、室内和室外设施；

（五）大众传媒，包括基于互联网的信息提供者。

二、缔约方应该开发、实施和监督无障碍标准，强制性的适用于所有新设施和服务中，并应用于既有设施和服务的更新。同时，应确保：

（一）不遵循这些标准，即被视为歧视。

（二）标准涵盖广泛，包括需要为残疾人考虑的医疗和安全需要。

（三）标准需要有容易阅读和理解的标识，包括综合性的形式、模式与工具，以及盲文和触感性标识；同时

（四）在国家通过规划、建造和其他规定为私有设施和服务设定标准的地方，国家将保证这些规定包含有对残疾人无障碍的标准，同时确保在发生使用的更新或改变时，这些标准将被完全适用。

"国际残疾人组织核心成员组"解释指出，所谓无障碍，需要通过建立强制性的无障碍标准来界定。如果新建或者更新过的服务或设施不符合这些标准，它就不能视作达到无障碍要求，就构成了对残疾人的歧视。另外，所设标准的广泛性也非常重要。

三、国家应该促进对包容和通用型设计产品及服务、设备和设施、标准和指针的开发、供给和使用。这些东西无须或可能只需要耗费最小的修改，以满足残疾人的特别需求。

"国际残疾人组织核心成员组"的理由是：用包容性和通用设计原则制造的无障碍新产品，对其进行开发、供给和使用，以满足残疾人的特别需要。将上述内容规定在有关无障碍的本条中，比规定在一般义务的公约第四条里好。

四、国家应该促进对通信和移动援助、设备、辅助技术和专为残疾人设计技术的开发、提供和使用。专为残疾人设计的技术应优先考虑到价廉问题。国家应该向残疾人提供无障碍的信息，使其知悉有通信和移动援助、设备以及包括新技术在内的辅助技术，同时还知道有其他各种形式的援助、支持服务及设施。

"国际残疾人组织核心成员组"的理由是：除了让服务、设施和主流产品无障碍外，许多残疾人还需要价廉的辅助技术。

五、缔约方应该确保，保护知识产权的法律不会构成残疾人获取任何印刷材料的歧视性障碍，而且应该建立使有阅读障碍的残疾人可以获得相关材料的合法手段，不使这些材料因技术或其他保护措施限制而被排除在外。

"国际残疾人组织核心成员组"的理由是：排除知识产权保护的限制，对有阅读障碍的残疾人至关重要。公约草案的主席案文做了重新表述，并且将相关规定从公约第三十条挪到此处。

六、公约缔约方应同时采取适当措施以：

（一）提供专业的标识语翻译，和各种形式的实时援助和包括各种指南和读物在内的中介帮助，以促进无障碍地进入公共机构、建筑和设施。

（二）向残疾人提供适当形式的援助、支持和服务，以确保他们能够获得并理解相关信息和服务。

（三）培训事关无障碍议题的相关各方，包括服务提供者、建筑所有者、（技术）设计者和经营者。

（四）确保针对无障碍事项进行咨询、设计以及实施服务的相关专业人员适当合格，并保证残疾人和他们的代表性组织在（以上步骤的）所有阶段都全程参与。

（五）因使用目的，盲人或视力局部缺陷者，在（无论以何种形式）传输文献和搬运专门制作或改造的设备时，应给予免费邮政服务。

"国际残疾人组织核心成员组"的理由是：一旦在关于盲人的条款中纳入免费邮递的规定，那么在许多国家，此类邮政服务会变得完全免费。事实上，沉重的盲文书籍和体积巨大的设备在很多国家的首都才可以见到，因此，（昂贵的）邮递费用可能会阻碍盲人对书籍和设备的获取。

七、缔约方应该立法确保，没有残疾人会因为残疾原因被拒绝获得向公众开放的任何设施和服务。

"国际残疾人组织核心成员组"的理由是:在绝大部分案例中,无障碍问题与缺乏无障碍(设施和服务)密切相关。但有时候,残疾人会因为残疾或者使用导盲犬等理由被拒绝进入餐馆、旅店、电影院等设施。

第十条 生命权
Article 10: Right to Life

缔约国重申人人享有固有的生命权,并应当采取一切必要措施,确保残疾人在与其他人平等的基础上切实享有这一权利。

本段文字与核心人权条约的表述一致。可对照《世界人权宣言》第三条、《公民及政治权利国际公约》第六条第一款、《儿童权利公约》第六条和《保护所有移徙工人及其家庭成员权利国际公约》第九条,只是这些条约省略了开头的"重申"(reaffirm)措辞。这个动词通常用在条约的序言里而不是正文。例如,《儿童权利公约》里用的就是"确认"一词。"国际残疾人组织核心成员组"建议使用"重申并将确认"以加强文本表述,同时表明"生命权"(right to life)亦包括"生存权"(right to survive)。

"确保切实享有"这个术语与有关生命权的标准条款不太一样,可能要更宽泛地加以理解。这样表述的主要原因在于,残疾人的生命经常处于很多人认为他们不"值得活着"的威胁之下。这加强了有关一般原则的公约第三条第一款有关"尊重人的固有尊严"的表述。"切实享有"这个概念,从保证基本的物质存在以维持生命,扩展到确保"真正"拥有参与式和包容性的生命。

本条的早期版本提到了"生活权"(right to live)。"国际残疾人组织核心成员组"也在特设委员会第四次会议上提议,本条应涵盖"生命、生存和发展权"。这些议题中的部分现在已纳入有关危难情况的公约第十一条和有关适足的生活水平的公约第二十八条中。

将"在与其他人平等的基础上"这个表述纳入本条再次警示,必须确保残疾人不比其他人享有"更多的"(或更少的)权利。比如,一些国家依然保留死刑。

本条适用的范围与生命何时开始的问题相联系。经典的联合国式"辩论"

溢入特设委员会时，往往带来激烈的观点交锋，对这一问题的辩论就是此类罕有讨论之一。触发这一辩论的是《儿童权利公约》序言，它提到了1959年《儿童权利宣言》设定的目标，即（在婴孩）"出生前和出生后"提供法律保护。需要注意的是，儿童权利委员会相信，确定生命始自何时应是一个普遍关注的议题。

"国际残疾人组织核心成员组"不希望过分拘泥于生命起始时间的问题，强调应该专注于保障残疾人（包括儿童、老人和跨性别者）生活和生存的权利。此外，"国际残疾人组织核心成员组"还建议纳入残疾不是终结生命的正当理由的有关表述，并处理好这个问题。因为，现实中依然有人认为有残疾（的人）生不如死。

在此语境下，儿童权利委员会有关残疾儿童生命权的相关表述如下：

> 生命、生存和发展的固有权利是保证给予残疾人儿童特别关注的权利。世界上许多国家的残疾儿童会受到不同形式的对待，其权利遭受了全部或部分的损害。除了更容易遭受杀婴行为的伤害外，有些文化将残疾儿童视作一种不好的征兆，认为其"玷污了家族的血统"，因此社群中会有专门受指派的人有组织地去杀死残疾儿童。这些罪行通常不受惩罚或者犯罪者只得到轻判。在此特敦促缔约方采取一切必要措施以终结上述这些行为，包括提高大众意识、制订适当的法律，以及（严格）执法以保证所有那些直接或间接侵犯残疾儿童生命、生存和发展权利的人都受到相应的惩罚①。

同样，人权事务委员会在它的一般性意见中表明：

> 生命权一直以来都被诠释的太过狭窄。"固有的生命权"这个表述在限制性的方式下很难得到适当理解，对权利的保护需要国家采取积极的行动措施。在这个意义中，委员会认为缔约方需采取一切可行措施以降低婴儿死亡率并提高寿命预期，特别是采取措施消除营养不良和流行病蔓延②。

---

① 儿童权利委员会，第9号一般性意见：残疾儿童权利，第31段。
② 人权事务委员会，第6号一般性意见：生命权，第5段。

第十一条 危难情况和人道主义紧急情况
Article 11: Situations of Risk and Humanitarian Emergencies

缔约国应当依照国际法包括国际人道主义法和国际人权法规定的义务，采取一切必要措施，确保在危难情况下，包括在发生武装冲突、人道主义紧急情况和自然灾害时，残疾人获得保护和安全。

在关于生命权议题的辩论中，哥斯达黎加是第一个提议订立有关"特殊情况"单独条款的国家。2004年12月海啸发生四周后，特设委员会召开了第五次会议，这次会议上的讨论（对相关条款）是有帮助的。生命权的拥护者——他们后来起草了公约第八条——建议订立一个新的条款，提及"针对普通大众的危难情况"和残疾人"特别容易遭受伤害"。这里借用了《儿童权利公约》第三十八条第四款"所有可行措施"的表述。

"危难情况"是否应该被详细提及存在一些争论。同时，"武装冲突"的措辞再一次引发了"经典的"联合国式人权辩论，因为它可能涉及"外国占领"——在联合国话语表述中是一个专门针对巴以冲突的核心词汇。可参照公约序言第（二十一）段的相关解释。

除了上文提及的《儿童权利公约》第三十八条，没有别的核心人权条约提到"危难情况"，该条文涵盖了处于武装冲突的儿童。

本条早期版本包含了"易受伤害的"（vulnerable）措辞。"国际残疾人组织核心成员组"对此表示反对，并建议用"被忽视的"（neglected）代替。可悲的是，这是对现实更准确的反映。"国际残疾人组织核心成员组"还建议加入"保护他们的人权"这样的表述，可是未能获得广泛支持。

在特设委员会第七次会议期间，美洲残疾人协会提出，包括火灾、洪灾和事故等其他需要预防和应急服务的危难情况也应得到重视。值得注意的是，在有关无障碍的公约第九条第一款第（二）项中也提到了"应急服务"。

关于危难情况和人道主义紧急情况，条约机构有以下评论：

经济、社会及文化权利委员会：食物权

国家或未得到国家充分制约的其他实体的直接行动可能会侵犯取得粮食的权利。这些行动包括：正式废除或暂停继续享受取得粮食的权利所必需的立法；剥夺某些个人或群体取得粮食的机会，不论这种歧视行为是以立法为依据的，还是注重于行动的；在国内冲突或其他紧急情况下阻止人们取得人道主义粮食援助；通过显然违背原有的关于取得粮食的权利的法律义务的立法或政策；未能对个人或团体的活动加以制约，以防止它们侵犯他人取得粮食的权利，或者一国在同其他国家或同国际组织订立协定时未能考虑到其关于取得粮食的权利的国际法律义务①。

经济、社会及文化权利委员会：预防和控制疾病的权利

"预防、治疗和控制传染病、地方病、职业病和其他的疾病"[第十二条第二款（c）]，要求对行为方面的健康关注建立预防和教育计划，如性传播疾病，特别是艾滋病/病毒，及有害于性卫生和生育卫生的行为，改善健康的社会要素，如安全的环境、教育、经济发展和性别平等。得到治疗的权利，包括在事故、流行病和类似健康危险的情况下，建立一套应急的医疗保健制度，及在紧急情况下提供救灾和人道主义援助。控制疾病，指各国单独或共同努力，特别是提供相关技术、使用和改善分类的流行病监督和数据收集工作，执行和加强免疫计划，和其他传染病的控制计划②。

经济、社会及文化权利委员会：水权

委员会注意到，在武装冲突、紧急状态和自然灾害期间，水权包含了国际人道主义法对缔约国施加的义务。这类义务有：保护平民人口赖以生存的物体，如饮水设施、供水管道和灌溉工程；保护

---

① 经济、社会及文化权利委员会，第12号一般性意见：获得足够食物的权利，第19段。

② 经济、社会及文化权利委员会，第14号一般性意见：享有能达到的最高健康标准的权利，第16段。

自然环境不受广泛、长期和严重的破坏；确保公民、被拘留者和囚犯得到足够的水①。

根据水资源供给情况，缔约国应该促进在其他国家实现水权，如提供水资源、资金和技术，或在需要时向它们提供援助。在减灾和紧急援助、包括对难民和流离失所者的援助时，应该优先考虑公约权利，包括提供足够的水。应该按照公约和其他人权标准，并以可持续和在文化上适宜的方式提供国际援助。经济发达国家负有特别责任和利益在这方面协助较贫困的发展中国家②。

儿童权利委员会：教育权

第二十九条第一款体现的各种价值观涉及的是在和平中生活的儿童，但对生活在冲突或紧急局势中的儿童来说，这些价值观更为重要。如《达喀尔行动框架》所述，在受冲突、自然灾害和动乱影响的教育体系中，执行教育方案的方式必须促进相互理解、和平和容忍，有助于防止暴力和冲突。对于落实第二十九条第一款来说，关于国际人道主义法的教育也是一个重要的努力方面，但经常受到忽视③。

第十二条 在法律面前获得平等承认
Article 12：Equal Recognition Before the Law

一、缔约国重申残疾人享有在法律面前的人格在任何地方均获得承认的权利。

二、缔约国应当确认残疾人在生活的各方面在与其他人平等的基础上享有法律权利能力。

三、缔约国应当采取适当措施，便利残疾人获得他们在行使其法律权利能力时可能需要的协助。

---

① 经济、社会及文化权利委员会，第15号一般性意见：水权，第22段。
② 经济、社会及文化权利委员会，第15号一般性意见：水权，第34段。
③ 儿童权利委员会，第1号一般性意见：教育目标，第16段。

四、缔约国应当确保，与行使法律权利能力有关的一切措施，均依照国际人权法提供适当和有效的防止滥用保障。这些保障应当确保与行使法律权利能力有关的措施尊重本人的权利、意愿和选择，无利益冲突和不当影响，适应本人情况，适用时间尽可能短，并定期由一个有资格、独立、公正的当局或司法机构复核。提供的保障应当与这些措施影响个人权益的程度相称。

五、在符合本条的规定的情况下，缔约国应当采取一切适当和有效的措施，确保残疾人享有平等权利拥有或继承财产，掌管自己的财务，有平等机会获得银行贷款、抵押贷款和其他形式的金融信贷，并应当确保残疾人的财产不被任意剥夺。

本条代表了中心范式的转换，是一系列冗长、繁复，并时而让人筋疲力尽的讨论的结果。最终，替代性决策向支持性决策的转换得以实现。本条体现了独立生活、行为自主及自我选择自由的相关法律问题，特别与公约第十九条紧密相连。

争论的许多方面在于残疾人是否有法律权利能力以及是否有能力去行使这种权利。与之相关的提案建议设立不同形式的监护人。也有些建议或明或暗地否定残疾人权利，不承认残疾人作为权利持有者的身份。一些代表拒绝支持此种限制，认为这样会使整个公约变得没有意义。有关不同形式监护人的一些辩论是在普通法体系和大陆法体系相互分立的语境下展开的。

令人悲哀的是，甚至那些被认为是代表进步国家的代表团，在辩论时也使用伤害性的语言或者家长式的表述，让人怀疑其所宣称的权能是否需要经受详细的检视。许多支持维持某种形式监护人的国家试图通过列举极端的案例和/或处于昏迷中的人，以证明此种需要的合理性。他们认为，（在那种情况下）需要完全"替代性"的决策。而在一个充分支持体系真正存在，量化系数可以从零到百分之百之间波动的情况下，要解释清楚为什么积极支持的情况比较少见，则是主要挑战之一。

关于围绕公约第十二条展开的争论，这里试举两个提案来说明。第一个提案来自加拿大，它在特设委员会第三次会议上被首次提出，又在第四次会议上重提，在辩论中获得了大量的支持：

1. 缔约国应该确认，（此处删去"in civil matter, adults"——"在民事领域，成年"）残疾人拥有与其他（此处删去"adults"——"成年"）人（此处删去"identical"——"完全"）平等的民事权利能力，应该给予他们平等机会以行使其能力。特别是，缔约方应该确认成年残疾人拥有平等的权利以缔结合同和管理资产，并在法庭裁判程序的所有阶段被平等对待。

2. 缔约国应当确保，当（此处删去"adults"——"成年"）残疾人需要支持以行使他们的法律权利能力，包括协助理解信息和表达他们的决定、选择和意愿时，针对他们需要的协助应该恰如其分，并且适应（此处删去"adults"——"成年"）人的个别情况。

3. 只有适任、独立和公正的机构，在法律确立的标准和程序下（包含复核的条款），才能够认定一个（此处删去"not to have legal capacity"，"adults"——"不具有法律权能"，"成年"）人不能在获得帮助的情况下行使他们的法律权利能力。缔约方应该立法提出一个有适当保障措施的程序（包含复核的条款），以指定能够代表（此处删去"adults"——"成年"）残疾人行使他们权利行为能力的代表。这样的指定应遵照与本公约和国际人权法一致的若干原则，包括：

（1）保证该指定能够对应（此处删去"adults"——"成年"）残疾人（此处删去 to "degree of legal incapacity"——由于"法律权利无能的程度"）不能在帮助下行使他们的法律权利能力的情况，并且适应（此处删去"adults"——"成年"）人的个别情况。同时，

（2）保证个人代表尽最大程度的可能，考虑到成年残疾人的决定、选择和意愿。

在特设委员会第六次会议后的工作案文中，麦凯大使提出了辩论中值得注意的方面。括号中是那些重要而具争议性的内容，体现了联合国文件起草过程中的异议：

第十二条 在法律面前获得平等承认

1. 缔约国重申残疾人享有在法律面前的人格在任何地方均获得承认的权利。

（或替代为:）

[2. 缔约国应当确认残疾人在生活的各个领域，在与其他人平等的基础上享有（法律权利能力），应确保在需要时提供其帮助以行使权利能力：

（1）提供的协助应该根据残疾人需要帮助的程度恰如其分，以适应本人情况。这样的帮助不应损害残疾人的法律权利，要尊重他们的意愿和偏好，免受利益冲突和不当影响的干扰，并应该定期接受独立审核。

（2）缔约国应该将指派代表作为最后救济手段，其程序应该由法律来确立。该法律应提供适当的保障，包括对代表的指派及其决定，由适任、公正和独立的法庭定期审议。对相关代表的指派以及代表的行为，应遵照符合现有公约和国际人权法的有关原则。]

麦凯大使对此解释分析："在过去，为残疾人安排监护人或者代替其做决定导致了许多不公正的情况。我希望通过区分如下两点能解决这个问题，一是所有人拥有法律权利能力；二是对这种能力的行使可能需要在某些情况下提供协助。举例来说，我注意到《消除对妇女一切形式歧视公约》第十五条（2）款，使用了'法律权利能力'这个术语，并在同一段提及'行使'此种能力；它并没有提到'行为能力'（capacity to act）。因此，如同在本公约中的情况，我建议我们坚持用'法律权利能力'这个措辞。"[1]

加拿大依据"国际残疾人组织核心成员组"的建议做出"回应"，再次赢得了支持：

1. 缔约国重申残疾人享有在法律面前的人格在任何地方均获得承认的权利。

2. 缔约国应当确认残疾人在生活的各方面在与其他人平等基础上享受（enjoy）[删除："享有"（have）] 法律权利能力。[删除：领域（fields）、应该确保、在可能的程度上、在需要的地方提供帮

---

[1] 参见委员会主席 2005 年 10 月 7 日向所有成员散发的信件，http://www.un.org/esa/socdev/enable/rights/ahcchairletter7oct.htm.

助以行使（能力）（行动的能力）]

[删除以上第（1）和第（2）段]

2. [根据"国际残疾人组织核心成员组"提议，此处或可改为]缔约国应采取适当的立法和其他措施协助残疾人获得他们可能需要的任何帮助，以行使他们的法律权利能力，同时提供适当保障以防止在提供帮助的过程中出现滥用。

3. 缔约国应当采取一切适当和有效的措施，确保残疾人享有平等权利，尤其是拥有或继承财产，掌管自己的财务，有平等机会获得银行贷款、抵押贷款和其他形式的金融信贷，并应当确保残疾人的财产不被任意剥夺。

人权法中有关法律权利能力的许多材料，可参见联合国人权高专办在协商中准备的背景会议文件[①]。

特设委员会于2006年8月正式结束前，草案协商的最后阶段，通过了特设委员会中期报告[②]。正如报告所述，在"法律权利能力"之后的脚注指出，"在阿拉伯语、中文和俄语中，'法律权利能力'这个术语指的是'法律的权利能力'（legal capacity for rights）而不是'法律行为能力'（legal capacity to act）"。在最后一刻对文本如此更改，人们的沮丧是可以理解的，因为这意味着对整个公约产生了明显的限制。此时，除了民间团体（特别是残疾人组织）展开游说活动外，法律和外交力量也动员起来表示反对。在这种国际协定中，添加脚注闻所未闻。如果允许它存在，就会产生一系列的法律混乱，后果难料。产生的损害首先并最可能影响残疾人，其余波则会逐渐冲击国际法其他很多领域的支柱。

相应的担忧是，缔约国会根据公约第四十六条对履行公约做出保留[③]。在此不对国际法的一些深层问题进行探究，但这样的保留是可行的，也是常见的。

---

① 联合国人权高专办：背景会议文件，A/AC.265/2005/CRP.5.
② 制订一部有关残疾人权利和尊严的综合而完整的国际公约的特设委员会《中期报告》，2005年9月1日，http://www.un.org/esa/socdev/enable/rights/ahc8intreporte.htm.
③ 也可参照公约第一条的有关注释。

什么是条约，如何适用，在《维也纳条约法公约》（Vienna Convention on the Law of Treaties, 1966, VCT）中都有规定。有关保留问题，该公约第二条第一款第（四）项规定："一国于签署、批准、接受、赞同或加入条约时所做之片面声明，不论措辞或名称如何，其目的在摒除或更改条约中若干规定对该国适用时之法律效果。"

人权事务委员会针对保留产生的问题专门发表了一般性意见①。委员会就公约的"目的和宗旨"提出标准，缔约国做出的保留不得对此减损。《残疾人权利公约》第四十六条规定："保留不得与本公约的目的和宗旨不符"，因而可以预期残疾人权利委员会也将采纳类似的观点。同样，对照有关公约第一条的意见，可以认定对以"宗旨"为名称的特定条款不得加以保留。

值得注意的是，国际法也允许"解释性声明"（interpretative declarations），有关国家可以就条约某一条款的具体含义做出自己的解释。与保留不同，解释性声明的目的在于澄清一个国家的立场，其并不试图修改或者排除条约或特定条款的法律效果。保留与解释性声明之间的界限通常并不明确，不过，作为条约签署和保留的受托方，出于保证法律清晰和连贯性的考虑，联合国秘书处倾向认定，针对条约的解释性声明并不等同于条约保留。

针对本条不同段落，进一步解释如下：

一、缔约国重申残疾人享有在法律面前的人格在任何地方均获得承认的权利。

本段文字与核心人权条约基本契合，例如《世界人权宣言》第六条、《消除一切形式种族歧视国际公约》第五条、《公民及政治权利国际公约》第十六条、《保护所有移徙工人及其家庭成员权利国际公约》第二十四条，以及最重要的《消除对妇女一切形式歧视公约》第十五条等。值得注意的是，"重申"在语气上不如"确认"强烈，在这样的语境中通常使用后者。"国际残疾人组织核心成员组"建议纳入"确认"一词以加强条款的义务性意味。同样的，有些条约文本提及了个人，如《保护所有移徙工人及其家庭成员权利国际公

---

① 人权事务委员会，第24号一般性意见：与在批准或加入公约/任择议定书时做出保留相关或是与《公民及政治权利国际公约》第四十一条有关的议题。

约》第二十四条的"所有迁徙工人"措辞,其他条约文本则提到了集体或者团体,譬如《消除对妇女一切形式歧视公约》的"妇女",或者本段所指称的"残疾人"。

二、缔约国应当确认残疾人在生活的各方面在与其他人平等的基础上享有法律权利能力。

本段文字也可见于《消除对妇女一切形式歧视公约》第十五条,但请注意,该公约提及的仅仅是公民事务:"缔约各国应在公民事务上,给予妇女与男子同等的法律行为能力……""国际残疾人组织核心成员组"建议,本段应该有与行使法律能力的权利直接关联的表述。该建议现包含在本条第三段文字中。法律权利能力拥有的基本原理应该被理解成负有法律自主性,即有权做出自己的选择。公约草案中原来的措辞是"各领域"(all fields),"国际残疾人组织核心成员组"建议使用"各方面"(all aspects of life),因为这样的表述比较平实且易于理解,该建议最后得以采纳。

值得注意的是,《消除对妇女一切形式歧视公约》第十五条以及第四条第4段陈述有益规定的方式,针对残疾妇女的法律权利能力予以支持,但对残疾男性而言,则没有一条这样专门的条款论及。

法律权利能力涵盖了行为能力的各方面:事实上,人享有权利(同时负有义务)时,也就享有了行使这种能力的权利:民事的、刑事的以及公共的(行为能力)。

此段文字源自《消除对妇女一切形式歧视公约》,对消除对妇女歧视委员会就公约第十五条及相关问题所做解释进行回顾具有裨益。委员会第21号一般性意见:"婚姻和家庭关系中的平等"对法律自主进行了阐释:

> 妇女如根本不能签订合同或取得金融信贷,或者只能经其丈夫或男性亲属的同意或保证才能签订合同或取得金融信贷,即属被剥夺法律自主权。这种限制使她不能作为唯一的所有者拥有财产,并使她不能对自己的商业进行合法的管理或订立任何其他形式的合同。这种阻碍严重限制了妇女养活自己和其受抚养人的能力。

> 在有些国家,妇女提出诉讼的权利受到法律限制,或受到难以

得到法律咨询、没有能力向法院申诉的限制。在其他一些国家，妇女作为证人的地位和其证词并不如男子那样受到尊重，或不如男子那么有分量。这种法律或习俗限制了妇女有效地谋求或保有其平等财产份额的权利，削弱了她们作为其所在社区的独立、负责和受尊重成员的地位。当国家法律限制妇女的法律行为能力或允许个人或机构的这种做法时，实际上就剥夺了妇女与男子平等的权利，限制了妇女养活自己和其受抚养人的能力①。

消除对妇女歧视委员会第 23 号一般性意见专门针对自主选择婚姻的问题，该意见对确保在知情而非被迫的基础上决定的自主性及其标准所做的讨论值得注意，另见本条第四款。

三、缔约国应当采取适当措施，便利残疾人获得他们在行使其法律权利能力时可能需要的协助。

"国际残疾人组织核心成员组"就行使法律权利能力所需要的"协助"问题提出重要提案。这个提案特别针对防止漏洞避免损害相关权利，同时通过提供各种形式的监护或其他替代性决定来行使这种权利。

"国际残疾人组织核心成员组"还提议安排一个关于立法的特别条文，"设立适当的程序以使决策获得协助"。这可见于"采取适当措施"之类的表述，也有先例可循。

四、缔约国应当确保，与行使法律权利能力有关的一切措施，均依照国际人权法提供适当和有效的防止滥用保障。这些保障应当确保与行使法律权利能力有关的措施尊重本人的权利、意愿和选择，无利益冲突和不当影响，适应本人情况，适用时间尽可能短，并定期由一个有资格、独立、公正的当局或司法机构复核。提供的保障应当与这些措施影响个人权益的程度相称。

作为提案内容的一部分，"国际残疾人组织核心成员组"建议，残疾人应

---

① 消除对妇女歧视委员会，第 21 号一般性议意见：婚姻和家庭关系中的平等，第 7、8 段。

"有权获得协助以行使法律权利能力。这种协助应符合残疾人的需求,不应损害其权利或自由,尊重本人的意愿和选择,同时无利益冲突和不当影响",这些内容都体现在本段文字中。关键在于由残疾人自己做出选择,以决定是否需要以及由谁来提供帮助。"国际残疾人组织核心成员组"特别强烈地反对家长式及准监护人式的表述,例如"需要协助的程度"和"适应本人的情况"。这种表述很容易使第三者据以评断。同样,"合适的"(proportional)这个措辞在这样的语境中有其局限性。换句话说,这意味着在协助做出决策的伪装下做出的准替代性决策。

本段"公正的当局"一词是在俄罗斯的要求下加入的。在欧洲的语境下,任何此类程序都必须与《欧洲人权公约》第六条和相关法庭案例设立的公正审判标准相一致。

在 2008 年向人权理事会提交的一份报告中①,酷刑和其他残忍、不人道或有辱人格的待遇或处罚问题特别报告员表示②,"鉴于那些身有残疾、被强制流产,以及不孕不育的妇女处于特别的弱势地位,如果那些违背她们意愿的'法律监护人'替其做出决定,那么这样的法律程序造成的后果可能会对残疾人构成酷刑或恶劣对待③。"

> 五、在符合本条的规定的情况下,缔约国应当采取一切适当和有效的措施,确保残疾人享有平等权利拥有或继承财产,掌管自己的财务,有平等机会获得银行贷款、抵押贷款和其他形式的金融信贷,并应当确保残疾人的财产不被任意剥夺。

"国际残疾人组织核心成员组"反对这一表述,认为这是替代性决策对残疾人权利,特别是他们的财产权发生影响的反映。"国际残疾人组织核心成员组"认为,本段措辞,特别是最后一句有关不被任意剥夺的表述,有对替代性决策授权之嫌。

---

① 提交给联合国人权理事会的《促进和保护所有人权:公民、政治、经济、社会、文化包括发展权利》的报告,A/HRC/7/3, http://daccessdds.un.org/doc/undoC/gen/g08/101/61/Pdf/g0810161.pdf?openelement.
② 特别报告员网页:http://www2.ohchr.org/english/issues/torture/rapporteur/index.htm.
③ 该报告员提交给联合国人权理事会的报告:《促进和保护所有人权》,第 38 段。

对全世界的残疾人来说，拥有个人银行账户是一件非常重要的事，在发展中国家尤其如此。在账户开设上，针对残疾人有明显限制，账户的日常管理也基本上面临同样问题。残疾人如想获得贷款，通常也有许多限制。

对此可以另参照公约第二十五条第（五）款有关医疗保险的有关规定。为此，消除对妇女歧视委员会有关妇女平等承认的一般性建议指出：

> 关于人人在任何地方有权被承认在法律前的人格的第十六条与妇女特别有关，因为妇女的这项权利往往因性别和婚姻状况而受到限制。这项权利意味着妇女拥有财产、缔结合同或行使其他公民权的能力不应受到基于婚姻状况或任何其他歧视理由的限制。它还意味着妇女不得被当作物品与其已故丈夫的财产一起送交他的家庭。缔约国必须提供资料，叙述阻止妇女被作为完整法人或作为完整法人行使职能的法律或习俗和为废除允许这种待遇的法律或习俗而采取的措施①。

同样，在解释《消除对妇女一切形式歧视公约》第十五条时，消除对妇女歧视委员会认为：

> 第十五条第一款保障男女在法律面前平等。不论其婚姻状况如何，有对财产的所有、经营、享有和处置权，对妇女享有经济独立的权利来说，是十分重要的。在许多国家，这种权利对妇女谋取生计的能力以及对为她及其家庭提供充分的住房和营养而言，是十分关键的②。

"国际残疾人组织核心成员组"主张，在法律权利能力的语境下，应特别突出残疾儿童和残疾妇女的议题。

针对残疾儿童，"国际残疾人组织核心成员组"呼吁采取措施，保证"残疾儿童在出生后应立即登记，同时有获得姓名和国籍的权利"。尽管这项权利已经写入了《儿童权利公约》，但相当多残疾儿童的出生登记还是会被拒绝，

---

① 人权事务委员会，第28号一般性建议：两性平权，第19段。
② 消除对妇女歧视委员会，第21号一般性建议：婚姻和家庭关系中的平等，第26段。

这意味着他们的公民权遭到否定，不能获得如健康保险和教育等基本服务。对此可与《残疾人权利公约》第七条有关残疾儿童的内容进行比较。

针对残疾妇女，"国际残疾人组织核心成员组"也提出了相关建议："缔约国应该确认残疾妇女与其他成年人享有同等的法律权利能力，并保证她们拥有平等行使这种权利能力的机会。尤其是，缔约国应该确保残疾妇女享有签订合同、管理财产和签署法律文件的权利，并在法庭和裁判程序的所有阶段，与其他成年人一样被平等对待。"另可参照公约第六条有关残疾妇女的内容。

第十三条　获得司法保护

Article 13：Access to Justice

一、缔约国应当确保残疾人在与其他人平等的基础上有效获得司法保护，包括通过提供程序便利和适龄措施，以便利他们在所有法律诉讼程序中，包括在调查和其他初步阶段中，切实发挥其作为直接和间接参与方，包括其作为证人的作用。

二、为了协助确保残疾人有效获得司法保护，缔约国应当促进对司法领域工作人员，包括警察和监狱工作人员进行适当的培训。

各核心人权条约均有提到"在法庭上及其他一切司法裁判机关中平等待遇"的表述，譬如《消除一切形式种族歧视国际公约》第五条。《公民及政治权利国际公约》第十四条第一款提及"法庭和裁判所"。《消除对妇女一切形式歧视公约》第十五条第二款提到"在法院和法庭诉讼的各个阶段给予平等待遇"。本条中，"确保有效获得"是一个独特的措辞，唯一类似的表述见于《儿童权利公约》第二十三条，该条第三款对确保接受和获得教育做了规定。

本条是对先期版本中"人人在法律面前获得平等承认"这一表述的某种拆分，从最初不被认可，最后为所有代表团所赞同。本质上，这是一个确保无障碍的条款，但主要针对审判程序和监禁的特殊问题。智利和墨西哥力推这种拆分性表述。墨西哥主张对非歧视、平等和无障碍三者加以区别。智利协助举办了起草文本的会议。"国际残疾人组织核心成员组"对此同样表示支持，并通过其成员——以色列非政府组织"Bizchut"，分享其最佳的实践经验以帮助解释相关问题。

"国际残疾人组织核心成员组"原本主张条文表述更加细化，因为该条在促进适龄儿童需要的措施方面有所限制，法庭程序的初步阶段不应局限于"审判"的可接受性。本条第二款有关必要培训的内容是后来加入的，体现了公约的"主流化"特征。

为使本条更加细化，首先，"国际残疾人组织核心成员组"希望澄清应提供保护的"所有司法和执法机构"的范围；其次，希望澄清所谓沟通便利涵盖的范围：比如对手语翻译、沟通协助和相关设备的使用，以及利用专家加强沟通，并在法庭程序中针对残疾人的意思表达提供有关建议。"国际残疾人组织核心成员组"认为，这些条文细节对于确保充分听证和搜集证词至关重要。

还有一个本应探讨得更加清晰的重要方面，是羁押中的残疾人的合理便利问题。这个问题涉及监狱和其他监禁处所的内部环境、被羁押残疾人的无障碍沟通、对必要劳动的适应性，以及所提供的休闲设施等方面。

有关司法行政的详细讨论，可参见人权事务委员会针对《公民及政治权利国际公约》第十四条做出的第13号一般性意见：

> 如被告不懂或不会说法庭上所用的语言，他有权免费获得译员的协助。这项权利与诉讼结果无关，既适用于本国人，也适用于外国人。当不懂或不熟悉法庭所用语言的因素成为行使辩护权的重大障碍时，这项规定尤其显得重要①。

---

① 人权事务委员会，针对《公民权利及政治权利国际公约》第十四条的第13号一般性意见：司法。第13段。

第十四条　自由和人身安全

Article 14: Liberty and Security of the Person

一、缔约国应当确保残疾人在与其他人平等的基础上：

（一）享有自由和人身安全的权利；

（二）不被非法或任意剥夺自由，任何对自由的剥夺均须符合法律规定，而且在任何情况下均不得以残疾作为剥夺自由的理由。

二、缔约国应当确保，在任何程序中被剥夺自由的残疾人，在与其他人平等的基础上，有权获得国际人权法规定的保障，并应当享有符合本公约宗旨和原则的待遇，包括提供合理便利的待遇。

与本条近似的条款可见于各核心人权条约文书，譬如《世界人权宣言》第三和第九条、《消除一切形式种族歧视国际公约》第五条、《公民及政治权利国际公约》第九条、《儿童权利公约》第三十七条，以及《保护所有移徙工人及其家庭成员权利国际公约》第十六条。其中，除《儿童权利公约》第三十七条，其他的文本中均指个人的权利，而非国家的保证。例见《世界人权宣言》第三条："人人有权享有生命、自由和人身安全。"

本条第二款几乎也可以在其他所有核心人权文书中找到，不过其他文书中的规定更为详细，涵盖了诸如获知逮捕及其理由、及时进入司法程序、在法庭上进行审判，以及获得赔偿等权利。更进一步，还有给予人道待遇和尊重人的固有尊严、公平和公开的审判，以及申请对判决进行复核的权利。另可特别参考《公民及政治权利国际公约》第九和第十条；其他的相关条款可见于《公民及政治权利国际公约》第十四条、《儿童权利公约》第三十七和第四十条，以及《保护所有移徙工人及其家庭成员权利国际公约》第十六至十八条。起先本条的草案中写有类似这些保障，但最后用"（符合）国际人权法规定"这样的表述所替代。

值得注意的是，本条第二款在段首使用"如果"（if）一词形成的表述异于通常，譬如《公民及政治权利国际公约》第九条所称"任何被剥夺自由的人"。

这一款非常重要。首先，它针对那些与剥夺相关的微妙问题，而这种剥夺基于对己或对人都可感知的危险。其次，必须确认保障残疾人的自由，这是确保实现残疾人有意义的平等最核心的"必须"之一。

"国际残疾人组织核心成员组"的建议是对本条第一款第（二）项的重要修正，特别是删除"任何对自由的剥夺均须符合法律规定"以及"由于残疾"［the existence of a（disability）］的表述。与此同时，"国际残疾人组织核心成员组"主张，用（不得将残疾作为剥夺自由的）"因素"（be a factor in）表述来替换"理由"（justify）一词。"国际残疾人组织核心成员组"对在文中使用的其他措辞如"独有的"和"唯一的"，也表示强烈反对，认为其包含歧视性意味。

"国际残疾人组织核心成员组"正确论证指出，"符合法律规定"的措辞让绝大部分在精神健康法或其他类似条款下被剥夺自由的人变得合法化。另外，"在任何情况下均不得以残疾作为剥夺自由的理由"这样的表述并不构成充分保障，仅仅防止针对残疾人，特别是对疑似精神疾患者剥夺自由的情况。

更进一步，"国际残疾人组织核心成员组"还建议，除了确保平等对待，公约条款也应包括合理便利，特别是在信息、通信、服务、程序和设施方面。

为便于参考，以下引述《公民及政治权利国际公约》中与剥夺自由的权利保障最相关的两个条款：

《公民及政治权利国际公约》第九条：

一、人人有权享有人身自由和安全。任何人不得加以任意逮捕或拘禁。除非依照法律所确定的根据和程序，任何人不得被剥夺自由。

二、任何被逮捕的人，在被逮捕时应被告知逮捕他的理由，并应被迅速告知对他提出的任何指控。

三、任何因刑事指控被逮捕或拘禁的人，应被迅速带见审判官或其他经法律授权行使司法权力的官员，并有权在合理的时间内受审判或被释放。等候审判的人受监禁不应作为一般规则，但可规定释放时应保证在司法程序的任何其他阶段出席审判，并在必要时报到听候执行判决。

四、任何因逮捕或拘禁被剥夺自由的人，有资格向法庭提起诉讼，以便法庭能不拖延地决定拘禁他是否合法以及如果拘禁不合法时命令予以释放。

五、任何遭受非法逮捕或拘禁的受害者，有得到赔偿的权利。

《公民及政治权利国际公约》第十条：

一、所有被剥夺自由的人应给予人道及尊重其固有的人格尊严的待遇。

二、（甲）除特殊情况外，被控告的人应与被判罪的人隔离开，并应给予适合于未判罪者身份的分别待遇；（乙）被控告的少年应与成年人分隔开，并应尽速予以判决。

三、监狱制度应包括以争取囚犯改造和社会复员为基本目的的待遇。少年罪犯应与成年人隔离开，并应给予适合其年龄及法律地位的待遇。

人权事务委员会针对《公民及政治权利国际公约》第十条的一般性意见指出：

第十条第一款为缔约国规定了对那些因自由被剥夺而极易受害者而承担的一项积极义务，并补充了公约第七条所载的禁止酷刑或其他残忍、不人道或有辱人格的待遇或处罚规定。因此，不仅不得以违反第七条的方式对待被剥夺自由者，包括不得对其进行医学或科学实验，而且不得使其遭受与丧失自由无关的任何困难或限制。如同自由的人一样，必须保障这些人的尊严得到尊重。丧失自由者除在封闭环境中不可避免须受的限制外，享有公约规定的所有权利。

以人道和尊重人格的方式对待丧失自由者是一项基本和普遍适用的通则。因此，这项规则的应用丝毫不取决于缔约国现有的物质资源水平。必须不加任何区别地应用这项规则，不论种族、肤色、性别、语言、宗教、政治或其他见解、民族或社会本源、财产、出生或其他状况①。

---

① 人权事务委员会，第21号一般性意见：第十条（被剥夺自由的人的人道待遇）。

正如导论中所言,《公民及政治权利国际公约》没有分别将残疾或残障纳入构成歧视的因素。

《残疾人权利公约》第十四条,相当于十四至十七这一系列紧密联系条款的引导性条款,故应将它们结合起来研读。

第十五条 免于酷刑或残忍、不人道或有辱人格的待遇或处罚

Article 15: Freedom from Torture or Cruel, Inhuman or Degrading Treatment or Punishment

一、不得对任何人实施酷刑或残忍、不人道或有辱人格的待遇或处罚。特别是不得在未经本人自由同意的情况下,对任何人进行医学或科学试验。

二、缔约国应当采取一切有效的立法、行政、司法或其他措施,在与其他人平等的基础上,防止残疾人遭受酷刑或残忍、不人道或有辱人格的待遇或处罚。

由于残疾人的人权持续遭受历史和现实的侵害,导致他们受到酷刑、残忍、不人道或有辱人格的待遇,因而公约草案中对本条的讨论比较详细,特别是明确纳入了医学或科学实验的问题。与之相关的还有自由和知情同意问题,它引发的争论在于,增写一个更加详尽的段落以保证获得信息并确保合理便利。不过,最后似乎仅仅就自由和知情同意问题的部分内容达成了一致。值得注意的是,在起草有关健康权的公约第二十五条时再次出现了这种争论。

公约第十五条的表述在其他核心人权条约中也有,尤其是《世界人权宣言》第五条,不过更重要的是《公民及政治权利国际公约》第七条和《禁止酷刑和其他残忍、不人道或有辱人格的待遇或处罚公约》第一、二及第十六条。反对订立更详细条款的一方的主要理由是,担心相关公约中针对酷刑的核心条款受到损害和削弱。《禁止酷刑和其他残忍、不人道或有辱人格的待遇或处罚公约》第一条对什么是酷刑做出了界定,即"为了向某人或第三者取

得情报或供状，为了他或第三者所做或被怀疑所做的行为对他加以处罚，或为了恐吓或威胁他或第三者，或为了基于任何一种歧视的任何理由，蓄意使某人在肉体或精神上遭受剧烈疼痛或痛苦的任何行为，而这种疼痛或痛苦又是在公职人员或以官方身份行使职权的其他人所造成或在其唆使、同意或默许下造成的。纯因法律制裁而引起或法律制裁所固有或随附的疼痛或痛苦则不包括在内"。

值得注意的是，本条题目不同于核心人权条约：例如《禁止酷刑和其他残忍、不人道或有辱人格的待遇或处罚公约》用的是免于"酷刑和其他残忍、不人道或有辱人格的待遇或处罚"，而非"酷刑或残忍、不人道或有辱人格的待遇或处罚"。

就医学或科学实验而言，国际法中唯一涉及的条款是《国际刑事法院罗马规约》第八条。该条定义了什么是战争犯罪，认为其包括"酷刑或非人道待遇，包括生物实验"的罪行。

"国际残疾人组织核心成员组"希望有更实质性的表述强制介入，即在"介入以纠正、改进或减轻任何实际或可感知的损害"的措辞中加入（对象目标）"医学或科学实验"。

（可参照以上所引人权事务委员会一般性意见中，针对公约第十四条有关人道待遇的讨论。）

知情同意，指从沟通的概念和过程两个方面确保每个人在行使她/他的决策权时获得充分而准确的信息，包括以下要素：

——提供信息：对象应该以能被理解的语言获得解释，包括食物/条件/研究的性质，所提议的诊断/研究步骤或治疗的性质以及它们影响/成功的机率。同时，还应被告知存在的风险及其性质，以及推荐的其他治疗方式存在的可能受益和风险（也包括那些未实施的选项）。

——理解评估：有关对象对所获信息评估的理解。

——确保选择：在尽可能的情况下，确保对象不被强迫或操纵，可以在不同的医学选项中自由选择。

另外，还有建议本条明确规定强迫治疗（forced institutionalization）的议题，但受到了一些有影响力的代表团的强烈反对。

是否将本条的表述明确与规定完整性问题的公约第十七条加以联系，曾同样引起争论。人道待遇权通常是此类条款的重要组成部分，例见《美洲人权公约》第五条对人道待遇权利的规定：

1. 每个人都具有在身体上、精神上和心理上得到尊重的权利。

2. 不得对任何人施以酷刑或者残暴的、非人道的或者侮辱性的惩罚或者待遇，所有被剥夺自由的人都应当受到尊重人类固有的尊严的待遇。

3. 惩罚不得扩大到非罪犯的任何人身上。

4. 除特殊情况之外，被指控的人应当同已经定罪的人隔离开来，并应当受到适合其未定罪者身份的区别待遇。

5. 未成年人接受刑事诉讼时，应当同成年人隔离开来，并尽可能迅速地送交特别法庭，以便可以按照未成年人的身份来对待他们。

6. 剥夺自由的惩罚应当以犯人的改造和社会再教育为主要目的。

"国际残疾人组织核心成员组"建议写入"所有残疾人都有权获得对其身体、精神和道德完整性的尊重"，并将其列为本条的第三段。

禁止酷刑委员会就《禁止酷刑和其他残忍、不人道或有辱人格的待遇或处罚公约》第二条做出了一般性意见。该意见针对酷刑问题特别表明：

> 公约为缔约国而非为个人规定了义务。国家为其官员和其他人员的行为和不行为承担国际责任，其中包括以官方身份或代表国家行事、与国家配合行事、在其指挥或控制下行事或表面上依法行事的代理人、私营承包商和其他人员。因此，每一缔约国应禁止和防止在一切监管或控制的情况下发生酷刑和虐待行为并对此种行为做出纠正，这些监管和控制的情况包括监狱、医院、学校、负责照顾儿童、老年人、精神病人或残疾人的机构、兵役单位以及如果国家不进行干预就会纵容和加大私下伤害危险的其他机构和环境①。
>
> 对特别有可能遭受酷刑的某些少数或边缘化个人或人群加以保

---

① 禁止酷刑委员会就履行公约第二条做出的第 2 号一般性意见，第 15 段。

护，是防止酷刑或虐待义务的一个组成部分。就公约引起的义务而言，缔约国必须确保其法律实际上适用于所有人，而无论其种族、肤色、族裔、年龄、宗教信仰或教派、政治见解或其他见解、原籍或社会出身、性别、性倾向、变性身份、心智残障或其他残疾、健康状况、经济状况或土著身份、拘留理由等，其中包括被控犯下政治罪行或恐怖主义行为的人、寻求避难者、难民或其他受到国际保护的人或具有任何其他地位或不利特性的人。因此，缔约国应确保特别有可能遭受酷刑的群体成员受到保护，全力起诉和处罚对这些人施行的一切暴力和虐待行为，并确保实行其他预防性和保护性积极措施，包括但不限于上述各项措施①。

第十六条　免于剥削、暴力和凌虐
Article 16: Freedom from Exploitation, Violence and Abuse

一、缔约国应当采取一切适当的立法、行政、社会、教育和其他措施，保护残疾人在家庭内外免遭一切形式的剥削、暴力和凌虐，包括基于性别的剥削、暴力和凌虐。

二、缔约国还应当采取一切适当措施防止一切形式的剥削、暴力和凌虐，除其他外，确保向残疾人及其家属和照护人提供考虑到性别和年龄的适当协助和支助，包括提供信息和教育，说明如何避免、识别和报告剥削、暴力和凌虐事件。缔约国应当确保保护服务考虑到年龄、性别和残疾因素。

三、为了防止发生任何形式的剥削、暴力和凌虐，缔约国应当确保所有用于为残疾人服务的设施和方案受到独立当局的有效监测。

四、残疾人受到任何形式的剥削、暴力或凌虐时，缔约国应当采取一切适当措施，包括提供保护服务，促进被害人的身体、

---

① 禁止酷刑委员会就履行公约第二条做出的第 2 号一般性意见，第 21 段。

认知功能和心理的恢复、康复及回归社会。上述恢复措施和回归社会措施应当在有利于本人的健康、福祉、自尊、尊严和自主的环境中进行，并应当考虑到因性别和年龄而异的具体需要。

五、缔约国应当制定有效的立法和政策，包括以妇女和儿童为重点的立法和政策，确保查明、调查和酌情起诉对残疾人的剥削、暴力和凌虐事件。

公约第十六条基本上与"禁止任何形式的残忍、不人道或有辱人格的待遇或处罚"的议题相关联。然而，在国际人权法的视野下，公开和私下暴力形式（酷刑和其他形式的暴力对比家庭暴力）的区分素来存在争议。因此，本条多次提及家庭暴力的受害者，即儿童和妇女。上文也提到有关家庭的讨论，可参照公约序言第（二十四）段。

关于公开和私下的暴力区分的不同争论，人权事务委员会针对《公民及政治权利国际公约》第七条一般性意见认为：

"任何人均不得加以酷刑或施以残忍的、不人道的或侮辱性的待遇或刑罚。特别是对任何人均不得未经其自由同意而施以医药或科学试验"，以上《公民及政治权利国际公约》第七条规定的宗旨是保护个人的尊严和身心健全。缔约国有责任通过必要的立法以及其他措施保护每一个人，使之免遭第七条禁止的各项行为伤害，而不论行为者当时是以官方身份，还是以其官方身份以外的身份或以私人身份行事①。

"一切形式的剥削、暴力和凌虐"涵盖了广泛的暴力类型。墨西哥提案补充详述，加上"诸如身心摧残，伤害或凌虐，忽视或照料不周，虐待或剥削（包括性和经济方面的剥削和凌虐），遗弃和骚扰"。大家一致赞同将这些含义以及剥削一词的其他方面统归在"一切形式的剥削"下，并纳入本条第一款，认为这样的措辞比"清单式"的列举更好，因为后者很可能挂一漏万。"国际残疾人组织核心成员组"建议对"剥削、暴力和凌虐"的措辞建议做出修正，

---

① 人权事务委员会，第20号一般性意见：第七条（禁止酷刑和其他残忍、不人道或有辱人格的待遇或处罚），第2段。

增加"暴力的威胁"一词。

《儿童权利公约》对何谓剥削有更为详细的规定，如公约第十九条第一款规定："任何形式的身心摧残、伤害或凌辱，忽视或照料不周，虐待或剥削，包括性侵犯。"《儿童权利公约》第三十二条提及了经济剥削，新西兰在起草过程中提议将其纳入《残疾人权利公约》。此外，《儿童权利公约》第三十六条规定："缔约国应保护儿童免遭有损儿童福利的任何方面的一切其他形式的剥削之害。"

儿童权利委员会第4号一般性意见也谈及一切形式的暴力、剥削和凌虐：

> 缔约国必须采取有效措施确保青少年得到保护，免遭一切形式的暴力、虐待、忽视和剥削（第十九条、第三十二至三十六条和第三十八条），更多地关注危害这一年龄组的各种特定形式的虐待、忽视、暴力和剥削。各缔约国尤其应采取专门措施，确保尤其易遭虐待和忽视的残疾青少年，在生理、性和精神上的完整性。缔约国还应确保，社会上遭排斥的贫困青少年不被视为犯罪者。为此，必须拨出财力和人力增强研究，从而为制定有效的地方和国家法律、政策和方案提供情况。应定期对政策和战略进行审查并做相应修改。缔约国在采取这些措施时，必须考虑到青少年各阶段的接受能力，并且以适当的方式让青少年参与旨在保护青少年的制订工作措施，包括各种方案的制订。为此，委员会强调，同龄人的教育具有积极的影响力，以及恰当的榜样，尤其是那些艺术、文艺和体育界的榜样具有积极的影响作用①。

按照本条第一款，在立法、行政、社会和教育基础上加以扩充，增加一款并加入"其他措施"。

"国际残疾人组织核心成员组"指出，残疾妇女更有可能成为性别暴力的受害者，可能性约为其他妇女的两倍。本条对此事实重复强调。"国际残疾人组织核心成员组"提议，正如《消除对妇女的暴力行为宣言》那样，要在条

---

① 儿童权利委员会，第4号一般性意见：在《儿童权利公约》框架内青少年的健康和发展，第8段。

文中明确写入"忽视"。提案没有提及"在家庭内外"，使用的是"私下和公共环境"这样的措辞，还将"强制节育、堕胎和传统习俗如割礼等"列为暴力形式。

《消除对妇女的暴力行为宣言》宣示，"对妇女的暴力"是指"对妇女造成或可能造成身心方面或性方面的伤害或痛苦的任何基于性别的暴力行为，包括威胁进行这类行为、强迫或任意剥夺自由，而不论其发生在公共生活还是私人生活中"①。根据宣言第二条，对妇女的暴力包括：

（1）在家庭内发生的身心方面和性方面的暴力行为，包括殴打、家庭中对女童的性凌虐、因嫁妆引起的暴力行为、配偶强奸、阴蒂割除和其他有害于妇女的传统习俗、非配偶的暴力行为和与剥削有关的暴力行为。

（2）在社会上发生的身心方面和性方面的暴力行为，包括强奸、性凌虐、在工作场所、教育机构和其他场所的性骚扰和恫吓、贩卖妇女和强迫卖淫；

（3）国家所做或纵容发生的身心方面和性方面的暴力行为，无论其在何处发生。

"有害于妇女的传统习俗"可能是一个更加普遍的术语，意指那些与文化传统相关而合理化的暴力行为。

本条第二款列举了防止（侵权）的措施，从总体上要求对儿童、妇女和残疾人予以必要的协助。类似的条文可见于《儿童权利公约》第十九条。在特设委员会讨论家庭角色的时候，曾讨论到可能由家庭成员实施的虐待和其他暴力。"国际残疾人组织核心成员组"建议，条文文字应反映残疾人相对于家庭和看护者的自决性。信息和教育应该着眼于赋予残疾人能力，确保尊重他们相对于其家庭和看护者的独立性。

本条第三款本可以增加防止（侵权）的公共努力的规定，办法是增加对救济措施的保证。但这需要考虑到年龄、性别和残疾因素，确保有关当局不

---

① 宣言的全文，请参见 http://www.unhchr.ch/huridocda/huridoca.nsf/（symbol）/A.Res.48.104.en。

仅是独立的，还要拥有权能。

有观点认为，尽管看起来不是很明显，但这段对公约第三十三条第二款包含的监督问题产生了巨大影响，所以还是被去掉了。鉴于反酷刑和暴力的语境，本条与《禁止酷刑和其他残忍、不人道或有辱人格的待遇或处罚公约》，尤其是依据公约任择议定书建立的国家预防机制紧密相连。以下是该公约任择议定书有关摘录：

国家防范机制

第十七条

每一缔约国最迟在本议定书生效或其批准或加入一年后应保持、指定或设立一个或多个独立的国家防范机制，负责在国内一级防范酷刑。为本议定书的目的，在符合议定书规定的前提下，可将地方一级单位所设机制指定为国家防范机制。

第十八条

1. 缔约国应保证国家防范机制职能的独立性及其工作人员的独立性。

2. 缔约国应采取必要措施确保国家防范机制的专家具备必要的能力和专业知识。缔约国应争取实现性别均衡和使国内族裔群体和少数人群体得到适当代表。

3. 缔约国承诺为国家防范机制的运作提供必要的资源。

4. 缔约国在设立国家防范机制时应适当考虑到《有关促进和保护人权的国家机构的地位的原则》。

第十九条

国家防范机制应具备以下基本权力：

（a）定期检查第4条所界定地点内被剥夺自由者的待遇，以期必要时加强保护，使其免受酷刑和其他残忍、不人道或有辱人格的待遇或处罚；

（b）考虑到联合国的有关准则，向相关机关提出建议，以期改善被剥夺自由者的待遇和条件，防范酷刑和其他残忍、不人道或有辱人格的待遇或处罚；

（c）就现行立法或立法草案提出建议或意见。

第二十条

为了使国家防范机制能够履行任务，本议定书缔约国承诺准予这些机制：

（a）得到关于第四条所界定的拘留地点内被剥夺自由者人数及拘留地点数目和所在位置的一切资料；

（b）得到关于这些人的待遇和拘留条件的一切资料；

（c）查看所有拘留地点及其装置和设施；

（d）有机会个别或在认为必要时由译员协助，在没有旁人在场的情况下单独询问被剥夺自由者以及国家防范机制认为可提供相关资料的任何其他人；

（e）自由选择准备查访的地点和准备会见的人；

（f）有权与防范小组委员会接触、通报情况和会晤。

第二十一条

1. 对于向国家防范机制提供任何资料的人或组织，不论其资料的真伪，任何机关或官员均不得因此行为而下令、准许或容忍对该人或该组织执行任何制裁或实施制裁，也不得以任何其他方式损害该人或该组织。

2. 国家防范机制收集的机密资料应予保密。个人资料非经有关个人明示同意不得公布。

第二十二条

有关缔约国的主管机关应研究国家防范机制的建议，并就可能采取的执行措施与该机关进行对话。

第二十三条

本议定书缔约国承诺公布并散发国家防范机制的年度报告。

本条第四段依循了《儿童权利公约》第三十九条的部分内容，但后者规定更多，明确纳入了武装冲突时的情形。针对向暴力、剥削或凌虐受害者提供服务的问题，"国际残疾人组织核心成员组"强调，这些服务对残疾人而言，必须是无障碍、可接受和可负担的。

本条再次确认，残疾儿童和残疾妇女有特殊需求。本条第五款以《儿童权利公约》第十九条第二款为范本，规定了立法保护。值得注意的是，《儿童权利公约》第十九条没有使用"剥削、暴力和凌虐事件"，而表述为"预防、查明、报告、查询、调查、处理和追究前述的虐待儿童事件"。

鉴于残疾儿童的特别脆弱性，"国际残疾人组织核心成员组"建议，条文应明确提及年龄和残疾的关系，并向残疾儿童提供适当的保护服务。

在2008年提交给联合国人权理事会的报告中①，酷刑和其他残忍、不人道或侮辱人格待遇或处罚问题特别报告员表示②，与酷刑一样，家庭暴力逐年增多，有时会导致死亡，或者让妇女的身体遭受永久性残害或损伤。遭受暴力的妇女，在家里或监狱里，感觉绝望、焦虑、丧失自尊与被孤立。遭受虐待的妇女可能表现出强烈的、类似虐待或强奸受害者的创伤后应激障碍的症状。家庭暴力与酷刑的另一点相似之处是，都与无力状态（powerlessness）密切相关。两者都意在将受害者置于因害怕不可预期的暴力而处于永久恐惧的状态，以期将其驯服并摧毁他/她抵抗和自主的能力，最终对其实现全面控制③。

第十七条　保护人身完整性

Article 17: Protecting the Integrity of the Person

每个残疾人的身心完整性有权在与其他人平等的基础上获得尊重。

本条是核心人权文件中首次单独规定（人身）完整性问题，此前，这个问题在其他地区性人权机制中都有所规定。譬如，《非洲人权和民族权宪章》第四条规定，"人是神圣不可侵犯的。每一个人的生命和整个人格均有权受

---

① 提交给联合国人权理事会关于《促进和保护全部人权》的报告，A/HRC/7/3，参见http://daccessdds.un.org/doc/undoC/gen/g08/101/61/Pdf/g0810161.pdf? openelement.

② 参见特别报告员主页：http://www2.ohchr.org/english/issues/torture/rapporteur/index.htm.

③ 提交给联合国人权理事会关于《促进和保护全部人权》的报告，A/HRC/7/3，第45段。

到尊重。任何一个人均不得被专断地剥夺此项权利"。另外,《残疾人机会均等标准规则》第九条规定残疾人享有"人格完整"的权利,即"各国应促进他们享有人格完整的权利,并确保法律在性关系、婚姻和做父母的权利方面不对残疾人有所歧视",这是对规则第九条有关家庭生活和人格完整的总主题的呼应。

在此可以比较关于人身自主权的《欧盟基本权利宪章》第三条:"人人均享有尊重其生理与心理自主之权利。"列支敦士登关于本公约该条的草案就是在此基础上改写的:"缔约国应采取一切适当措施,在与他人平等的基础上保护残疾人的人身完整性。"但该草案忽略了"生理与心理"这一具有争议的标准。

将本条单列,旨在解决与非自愿待遇相关的问题。第十七条的工作案文比现有条款更为详尽,其中包括"为纠正、改进或减轻任何实际或推断的残障采取的强迫性干预或强制治疗"。即使在紧急情况下实施非自愿干预,也应做到平等对待,而且要对"非自愿待遇"进行限制。"国际残疾人组织核心成员组"对这个表述的绝大部分内容表示强烈反对,它认为,将紧急医疗情况的残疾人单列出来是有问题的,因为一些残疾常被当作医疗紧急情况对待。在其他核心人权条约中,这种规定绝无仅有。

对本条的讨论最后形成两种意见:一种是维持整个条文并保留问题和争议;另一种是只保留草案的第一句话。在被删除的草案第二款中,包含"国际残疾人组织核心成员组"有关强制干预和强迫治疗的明确主张。其中相关内容已充分涵盖在关于法律权能的公约第十二条以及与本条相关的关于健康权(包括知情同意)的第二十五条之中。

现有条款保留的唯一一段,是由"国际残疾人组织核心成员组"起草的,即"每个残疾人享有使其身心、道德的完整性受到尊重的权利"。这段文字与《美洲人权公约》第五条规定表述一致。如上所述,"国际残疾人组织核心成员组"其实想把这段文字挪到公约第十五条中。

第十八条　迁徙自由和国籍

Article 18：Liberty of Movement and Nationality

一、缔约国应当确认残疾人在与其他人平等的基础上有权自由迁徙、自由选择居所和享有国籍,包括确保残疾人:

(一)有权获得和变更国籍,国籍不被任意剥夺或因残疾而被剥夺;

(二)不因残疾而被剥夺获得、拥有和使用国籍证件或其他身份证件的能力,或利用相关程序,如移民程序的能力,这些能力可能是便利行使迁徙自由权所必要的;

(三)可以自由离开任何国家,包括本国在内;

(四)不被任意剥夺或因残疾而被剥夺进入本国的权利。

二、残疾儿童出生后应当立即予以登记,从出生起即应当享有姓名权利,享有获得国籍的权利,并尽可能享有知悉父母并得到父母照顾的权利。

在特设委员会或其他会议的谈判中,经常会发生参会者被拒绝进入机场或乘用民航客机的事情,这种情况被用来说明本条规定的实际必要性。

选择居所和享有国籍这两个问题经常被分开处理。据此,俄罗斯曾建议将本条一分为二。相类似,《消除对妇女一切形式歧视公约》将国籍问题列入第九条,将选择居所的问题列入第十五条。包含自由迁徙和选择居所权利的其他核心人权条约有:《世界人权宣言》第五条、《消除一切形式种族歧视国际公约》第五条、《公民及政治权利国际公约》第十二条、《消除对妇女一切形式歧视公约》第十五条,以及《保护所有移徙工人及其家庭成员权利国际公约》第三十九条。与其他条款一样,本条的表述采用了更直接的形式,即"每个人有权",而非相对少见的"(缔约国)应当确认……"。"国际残疾人组织核心成员组"建议进行修正并纳入有关承认自由迁徙权利的表述。

获得国籍的权利也包括变更和持有国籍的权利,如《消除对妇女一切形式歧视公约》第九条即有如此规定。另外，妇女权利委员会对公约第九条也曾经指出：

> 国籍对于充分参加社会生活至为重要。一般而言，国家对出生于本国的人给予国籍。也可由于定居的理由获得国籍，或由于人道理由如无国籍身份而获给予国籍。妇女没有国民或公民的地位，就没有选举或担任公职的权利，并且可能无从获得公共福利和选择居所。成年妇女应能改变国籍，不应由于结婚或婚姻关系的解除，或由于丈夫或父亲改变国籍，而使其国籍被专横地改变①。

本条第一款第（二）项突出了证件和移民问题，在此语境下使之这个问题得以强调，并对迁徙自由和移民问题分开规定。

离开国家的权利，通常意味着进入（以及重新进入）一个国家的权利，《公民及政治权利国际公约》第十二条第四款有相关表述。"国际残疾人组织核心成员组"的相关提案也说明了这种效果。人权事务委员会针对《公民及政治权利国际公约》第十二条第四款的内涵解释如下：

> 一个人进入本国的权利承认这个人与其国家之间的特殊关系。这一权利包括几个方面：它意味着有权停留在本国内；他或她出生在国外，这一权利可使其第一次进入国家（例如，如果这个国家是其原籍国）。回国的权利对于寻求自愿遣返的难民是至关重要的。这一权利也意味着禁止强迫人口迁徙或大规模驱逐人口出境。
>
> 第十二条第四款的措辞并未区分国民和外侨（"任何人"）。这样，一个人是否享有这一权利只有看对"本国"这一短语的解释。"本国"的范围要大于"原籍国"。它不局限于形式上的国籍，即出生时获得或被授予的国籍；它至少包括因与某国特殊联系和具有的特殊权利而不能被仅仅视为外侨的那些人。例如，被违反国际法剥夺国籍的人和原籍国被并入或转移到另一国家实体的人，就属于此类。第十二条第四款的语言允许做更广义的解释，使之可能包括其

---

① 消除对妇女歧视委员会，第 21 号一般性建议：婚姻和家庭关系中的平等，第 6 段。

他种类的长期居民,包括但不局限于长期居住但被专横地剥夺了获得国籍权利的无国籍人。由于其他因素在某些情况下可使个人和国家之间产生密切的长久的联系,因此缔约国的报告中应包括有关永久性居民返回居住国的权利的情况。

在任何情况下均不准专横地剥夺一个人返回其本国的权利。这里引用"专横"这一概念,目的在于强调它适用了一切国家行动,包括立法、行政和司法行动;它保证即使是法律规定的干涉也应符合公约的规定、目标和宗旨,并且无论在任何特定情况下也应是合理的。委员会认为,合理地剥夺一个人返回其本国的情况如果有的话也极为少见。缔约国在剥夺一个人国籍或将其驱逐出境时,不得专横地阻止其返回本国①。

本条第二款沿用了《儿童权利公约》第七条第一款的相关规定。如上所述,《儿童权利公约》第七条表明,不进行出生登记使残疾儿童受到严重影响,此种不作为或者拒绝作为将导致恶劣后果。儿童权利委员就出生登记的必要性认为:

> 委员会希望强调,证明受艾滋病毒/艾滋病影响的儿童的身份,具有重要的意义,因为这涉及获得法律对人的承认,维护和保护权利,特别是继承、教育、健康和其他社会服务权利,减少儿童被虐待和剥削的脆弱性,特别是因疾病或死亡与家庭分离的儿童。在此方面,出生登记对确保儿童的权利至关重要,而且对把艾滋病毒/艾滋病对儿童生活造成的影响减少到最低程度也是必要的。因此,提请缔约国注意根据公约第七条承担的义务,确保存在儿童出生时或出生后立即对每个儿童进行登记的制度②。

---

① 人权事务委员会,第27号一般性建议:迁徙自由,第19—21段。
② 儿童权利委员第3号一般性意见,艾滋病毒/艾滋病与儿童权利,第32段。

第十九条 独立生活和融入社区

Article 19: Living Independently and Being Included in the Community

本公约缔约国确认所有残疾人享有在社区中生活的平等权利以及与其他人同等的选择,并应当采取有效和适当的措施,以便利残疾人充分享有这项权利以及充分融入和参与社区,包括确保:

(一) 残疾人有机会在与其他人平等的基础上选择居所,选择在何处、与何人一起生活,不被迫在特定的居住安排中生活;

(二) 残疾人获得各种居家、住所和其他社区支助服务,包括必要的个人援助,以便在社区生活和融入社区,避免同社区隔绝或隔离;

(三) 残疾人可以在平等基础上享用为公众提供的社区服务和设施,并确保这些服务和设施符合他们的需要。

让残疾人全面有效融入是《残疾人权利公约》的中心目标。消除排斥残疾人的障碍包含确保其可以选择在何处、与何人一起生活,以及消除那些将残疾人与社区分开及隔离的体制或其他生活的形式,并实现残疾人享有在社区生活的权利。

本条涉及三个概念,简要分述如下:

独立生活

对寻求自我决定、平等机会和自我尊重的残疾人来说,独立生活可以被形容为一种原则和一种行动:"独立生活并不意味着我们不需要任何人(的帮助),对每件事情都亲力亲为,或者我们希望生活在隔绝之中。独立生活的意思是,我们需要与我们非残疾的兄弟姐妹、邻居朋友所享有的一样,对我们每一天的生活做出同样的选择和控制。我们想在我们的家庭中成长,去附近的学校上学,和邻居乘坐同样的巴士,从事符合我们教育和能力的工作,并组建自己的家庭。就像别人一样,我们想要掌控我们的生活,并为自己思考和代言。为了实现这一目标,我们需要互相支持并向其他人学习,把自己组织起来,为赋予我们人权和公民权利以法律保护的政治变革而努力。"①

个体援助

向不会给残疾人造成伤害并由其自行完成的工作和活动提供支持。这种援助被提供给那些所有(残疾人)独立生活必需的工作和活动,由个人使用者基于她/他的需要和渴求,最大程度地掌控所提供的服务。由接受援助的残疾人来决定,由何人,在何时、何地如何完成援助。

社区服务

社区服务针对使残疾人融入其社区的综合性战略,以确保残疾人在各个方面平等地参与社区生活。该服务覆盖范围很广,包括复健、教育、培训、政治参与,以及提升社区意识等。

本条遵循双轨路径:既要确保提供专门针对残疾人的服务,也要保障残疾人得以无障碍利用主流设施。

本条的关注点是,确保残疾人能够进行自我选择,包括他们的生活安排。值得注意的是,许多国家,尤其是那些通常被认为更"保守"的国家,反对自由选择的概念。这些国家主张,为符合本国文化,条文中应该纳入遵循本国法律和传统这样的措辞。残疾人个体是否有权在社区中选择他们的居所或生活安排,相对于确认缔约国有义务协助实现此种选择的问题,引起了一些争论。

"独立生活"的措辞同样触发了讨论。一些代表团主张,不是所有的残疾人都愿意生活在社区之中。同时,有少数国家(特别是以色列)担忧这样的措辞可能被误解,认为其主要适用于那些不需要支持和援助而有能力在社区中生活的残疾人。"国际残疾人组织核心成员组"建议将相关表述调整为"生活在社区中,享有与他人平等的选择"。

由于对什么是"治疗"一直争论不清,如在本条中纳入这样的定义,就相当于打开了潘多拉盒子,因而本条中删除了"治疗"及"特定生活安排"之类的措辞。"国际残疾人组织核心成员组"建议在本条第一款应特别禁止对儿童进行强迫治疗。

---

① 引自 Adolf Ratzka 教授,参见 www.independentliving.org.

公约第十九条第二款所列各项是该条的基石，预设了包括个体援助在内的基于社区的各种支持服务，这在绝大多数国家是新事物。"国际残疾人组织核心成员组"曾主张增列"援助技术和同侪支持"。为此，需采取积极措施以确保遵守，防止分离或隔绝情况的出现。

在此，可以再来对照一下《残疾人机会均等标准规则》对提供个人援助计划的相关规定：

规则4. 支助服务

各国应确保为残疾人发展和提供支助服务，包括辅助性器材，帮助他们提高日常生活方面的独立能力和行使他们的权利。

1. 各国应根据残疾人的需要，确保提供各种辅助性器材设备，并提供个人服务和传译服务，作为实现机会均等的重要措施。

6. 各国应支持特别为重度残疾和或多重残疾者发展和提供个人服务方案和传译服务。这类方案可使残疾人更多地参与日常生活，参与家庭、工作、学校的活动和娱乐活动。

7. 在设计个人服务方案时，应尽量由使用此种方案的残疾人对方案提供的方式起决定性的作用。

"国际残疾人组织核心成员组"强调自主选择的必要，建议加强个人权利，加入"缔约国以一种尊重残疾人自治性、个体性和尊严的态度提供……"表述。

从社区康复的角度看，社区服务同样关联因素。公约第二十六条也有所规定。

"国际残疾人组织核心成员组"的修正案强调关注双轨路径的主流方面，即确保残疾人可以平等地共享提供给普通公众的服务和设施，而非仅针对他们的特殊服务，对于儿童尤其如此。《儿童权利公约》第二十三条规定保障特殊服务，但没有提及主流化设施。以这种方式，全面有效融入能够更早开始，易于延续。

"国际残疾人组织核心成员组"还主张在能条文中提及独立生活所必需的资源。

值得注意的是，经济、社会及文化权利委员会将独立生活的议题与对反歧视条款的需要联系了起来：

对残疾人法律上和事实上的歧视由来已久,而且有各种形式。这类歧视有明显使人反感的歧视,如剥夺受教育的机会;也有"难以察觉"的歧视,如通过设置实际和社会障碍来隔离和孤立某些人。为公约的目的,"基于残疾的歧视"可界定为指以残疾为理由,其结果是取消或损害经济、社会、文化权利的承认、享受或行使的任何区分、排斥、限制或偏向、合理的便利的剥夺。由于忽视、无知、偏见和不正确的推断以及排斥、区分或隔离,残疾人往往无法在与正常人平等的基础上行使其经济、社会或文化权利。基于残疾的歧视造成的影响在教育、就业、住房、交通、文化生活、进入公共场所和享受公共服务等方面尤为严重。

尽管过去10年在立法方面有些进展,但残疾人的法律状况仍然很差。为了消除以往和目前的歧视,抑制今后的歧视,看来实际上所有缔约国都必须在残疾人问题上制定全面的反歧视立法。此种立法既应当尽可能和尽量恰当地为残疾者规定司法补救措施,也应当规定执行社会政策方案,使残疾人过上正常、独立自主的生活①。

第二十条 个人行动能力
Article 20:Personal Mobility

缔约国应当采取有效措施,确保残疾人尽可能独立地享有个人行动能力,包括:

(一)便利残疾人按自己选择的方式和时间,以低廉费用享有个人行动能力;

(二)便利残疾人获得优质的助行器具、用品、辅助技术,以及各种形式的现场协助和中介,包括以低廉费用提供这些服务;

(三)向残疾人和专门协助残疾人的工作人员提供行动技能培训;

---

① 经济、社会及文化权利委员会,第5号一般性意见:残疾人,第15、16段。

(四)鼓励生产助行器具、用品和辅助技术的实体考虑残疾人行动能力的各个方面。

公约第二十条将第十九条所规定的个人迁徙权利与无障碍环境做了区分。针对公约第二十条与第十九条,以及《公民及政治权利国际公约》第十二条的关系存在一些讨论。在核心人权条约中,《公民及政治权利国际公约》第十二条唯一包括相关内容,"合法处在一国领土内的每一个人在该领土内有权享受迁徙自由和选择住所的自由"。

在特设委员会第六次会议期间,肯尼亚就个人行动能力提交了实质性的提案。提案包括更详细的条款并规定:"确保个人行动能力计划的设计方式,使得参与该计划的残疾人能够对该计划的推行方式发挥决定性的影响。"

本条第二款所指的优质助行器具和其他措施须合乎"高品质"。同样,所提供的这些产品还应该费用低廉可以承受,而不仅"价格便宜"——草案早先包含了"尽量免费"的措辞,这是一项积极改进。

针对与培训相关的事项,肯尼亚和"国际残疾人组织核心成员组"都建议制订更详细的条款,规定"向残疾人提供有关助行器具、用品、辅助技术和其他各种形式协助和服务的信息"。关于提高意识,肯尼亚建议增加"提高有关残疾人行动能力议题的意识"表述,"国际残疾人组织核心成员组"则建议"让残疾人知晓助具、器械以及辅助技术的使用范围,以助于他们安全有效地行动,并乐于使用"(所需设施)。

个人行动助具以及它们的生产,同样应采用通用设计。肯尼亚建议强调,推广助行器具、用品和辅助技术的通用设计,并鼓励私人机构在生产这些设备时将残疾人行动能力的各个方面纳入考虑。在协商过程中,另一个方面被忽略,即鼓励针对新型助行器具、用品和辅助技术进行研究、发展,以及生产。

有关私有机构的责任问题,公约的第四条第一款第(五)项也有所规定。

第二十一条　表达意见的自由和获得信息的机会

Article 21: Freedom of Expression and Opinion, and Access to Information

　　缔约国应当采取一切适当措施，包括下列措施，确保残疾人能够行使自由表达意见的权利，包括在与其他人平等的基础上，通过自行选择本公约第二条所界定的一切交流形式，寻求、接受、传递信息和思想的自由：

　　（一）以无障碍模式和适合不同类别残疾的技术，及时向残疾人提供公共信息，不另收费；

　　（二）在正式事务中允许和便利使用手语、盲文、辅助和替代性交流方式及残疾人选用的其他一切无障碍交流手段、方式和模式；

　　（三）敦促向公众提供服务，包括通过因特网提供服务的私营实体，以无障碍和残疾人可以使用的模式提供信息和服务；

　　（四）鼓励包括因特网信息提供商在内的大众媒体向残疾人提供无障碍服务；

　　（五）承认和推动手语的使用。

表达和意见的自由作为一项核心公民权利和民主要素，在联合国不同的人权公约中都有所规定。其中，最早见于《世界人权宣言》第十九条，然后在《消除一切形式种族歧视国际公约》第五条第四款中再次得以确认。最核心的条款是《公民及政治权利国际公约》第十九条，《儿童权利公约》第十二和十三条也规定了此项权利。

本条开头关于"寻求、接受和传递"的措辞与《公民及政治权利国际公约》第十九条的有关表述比较一致。相对而言，《儿童权利公约》第十三条更进一步，现有条款增加了包含"各种"（信息和自由）以及"不论国界"的表述。

很明显，本条与有关无障碍的广泛议题紧密相连，公约第九条亦是如此。

同样，本条与包含在公约第二条里有关交流的定义，和公约第二十九条规定的参与政治和公共生活的权利都有联系。许多提案建议详述交流的模式和手段，不过为使公约简单化，此处参考了公约第二条的有关表述：

> "交流"包括语言、字幕、盲文、触觉交流、大字本、无障碍多媒体以及书面语言、听力语言、浅白语言、朗读员和辅助或替代性交流方式、手段和模式，包括无障碍信息和通信技术；

围绕第（一）款的讨论被一种倾向所主导，即应保障公共机构产生和提供的所有信息都可以无障碍（获取）。事实上，不是所有"官方"信息在实际上都"可获取"。除对此表示关注之外，还应从从事公共服务私营实体的角度关注"公共信息"的限定、内涵及其影响。最后协议表述为"向公众提供的信息"。

鉴此，私有化公共服务的责任这一关键问题可能会被引出。在讨论残疾人问题时，经济、社会、文化权利委员会对此有所论及：

> 鉴于世界各国政府日益重视以市场为基础的政策，宜为此强调缔约国在某些方面的义务。其中一项是需确保这一点，即，使公营部门和私营部门都能在恰当限度内受规章条例的约束，以确保残疾人得到公平待遇。在提供公共服务的安排正日益私营化，对自由化市场的依赖程度之高属前所未有这一情况下，有必要使私人雇主、货物和服务的私人提供者以及其他非公营实体受到与残疾人相关的不歧视和平等准则的约束。只要此种保护不扩展到公营部门以外，残疾人参与社区活动的主流和作为社会的积极成员充分发挥其潜力的能力就会受到严重的甚至往往是任意的限制。这并不是说立法总是试图消除私营部门的歧视现象的最有效的手段。比如，《标准规则》尤为强调这一点，即各国有必要"采取行动，提高社会对残疾人及其权利、需要、潜能和贡献的认识"①。

此重要议题在本条有关私营实体的第（三）款，和关于"鼓励"大众媒体更加无障碍的第（四）款中均有涉及。还可参见公约第四条第一款第（五）项。

---

① 经济、社会及文化权利委员会第5号一般性意见：残疾人，第11段。

大众媒体的角色在《儿童权利公约》第十七条中也被加以强调。

当初反对在本条第（一）款中对交流模式和手段进行罗列，但最终在第（二）款中做出这种列举也颇为有趣。值得注意的是，经历了冗长的辩论后，第（二）款以及第（五）款中特别提及了手语。"国际残疾人组织核心成员组"建议在大段下增加一些次级段落，譬如，首先应承认盲文为视觉障碍者和盲人的官方书写载体，并确保不以技术理由将盲文排除在可行的替代解决方案之外。

"国际残疾人组织核心成员组"进一步强调了对残疾人以及对交流和语言技术翻译（包括手语和触觉交流，以及记录、阅读和其他辅助和替换性的沟通模式和手段）、协助和中介者进行培训的必要性，以确保残疾人以他们偏好的交流语言、手段及模式来充分行使其表达意见的自由。

"国际残疾人组织核心成员组"主张在一个独立段落中另写入有关无障碍的内容。若如此，即可突出强调获得"价格低廉的高质量交流支助、用品、辅助技术、翻译以及各种形式的现场援助"。可参照公约第二十条第（二）款的有关表述相互比较。

最后，"国际残疾人组织核心成员组"提出与由宗教或信仰团体向残疾人提供服务密切相关的观念和信仰的问题。"国际残疾人组织核心成员组"主张，无论提供帮助者的来源背景为何，对残疾人自由选择他们宗教或信仰的任何制约都应明确禁止。

本公约没有特别提及思想、良心和宗教自由。联合国《残疾人机会均等标准规则》第十二条有关规定如下：

> 各国将鼓励采取措施，以促进残疾人平等参与所在社区的宗教活动。
>
> 1. 各国应与宗教当局磋商，促使采取措施，消除歧视，使残疾人能够无障碍地参加宗教活动。
>
> 2. 各国应鼓励向宗教机构和组织分发有关残疾事项的信息。各国还应鼓励宗教当局在宗教职业的培训和宗教教育方案中包含关于残疾政策的情况介绍。
>
> 3. 各国还应鼓励使感官缺陷者能够无障碍地阅读宗教书刊。

4. 在制定平等参与宗教活动的措施时，各国和（或）宗教组织应与残疾人组织进行协商。

与之相对，从人权观点出发，《公民及政治权利国际公约》第十八条相应规定：

一、人人有权享受思想、良心和宗教自由。此项权利包括维持或改变他的宗教或信仰的自由，以及单独或集体、公开或秘密地以礼拜、戒律、实践和教义来表明他的宗教或信仰的自由。

二、任何人不得遭受足以损害他维持或改变他的宗教或信仰自由的强迫。

三、表示自己的宗教或信仰的自由，仅只受法律所规定的以及为保障公共安全、秩序、卫生或道德，或他人的基本权利和自由所必需的限制。

四、本公约缔约各国承担，尊重父母和（如适用时）法定监护人保证他们的孩子能按照他们自己的信仰接受宗教和道德教育的自由。

人权事务委员会针对《公民及政治权利国际公约》第十八条的部分解释如下：

第十八条第一款中所载享受思想、良心和宗教自由（包括维持信仰的自由）是影响深远和意味深长的；它包括有关所有事项的思想自由、个人的信念和无论是单独或与别人一起表明的、为宗教或信仰承担的义务。委员会提请缔约国注意：思想自由和良心自由，同宗教和信仰自由一样，都是受到保护的①。

《残疾人权利公约》第二十一条进一步与培训、认识提升和教育等议题联结起来。由于结果得到信息与试图获取信息是并不是一回事，本条也与知情同意的相关条款具有紧密联系。

---

① 人权事务委员会，第22号一般性意见：思想、良心和宗教自由，第1段。

第二十二条 尊重隐私

Article 22: Respect for Privacy

一、残疾人，不论其居所地或居住安排为何，其隐私、家庭、家居和通信以及其他形式的交流，不得受到任意或非法的干预，其荣誉和名誉也不得受到非法攻击。残疾人有权获得法律的保护，不受这种干预或攻击。

二、缔约国应当在与其他人平等的基础上保护残疾人的个人、健康和康复资料的隐私。

关于隐私权，最先是由《世界人权宣言》第十二条确认的，继而分别在《儿童权利公约》第十六条和《保护所有移徙工人及其家庭成员权利国际公约》第十六条中得以体现，最突出的规定是《公民及政治权利国际公约》第十七条。公约通过本条第二款，强调在保密信息的语境下残疾人隐私的特别相关性。这段表述是从公约（关于健康的）第二十五条挪移过来的。

本条是对公约第二十三条的分割，包含了《公民及政治权利国际公约》第十七条的现有内容，即"私生活、家庭、住宅或通信……荣誉和名誉"。

为了能在"治疗"议题方面尽可能反映隐私和保密的要求，本条写入"居住安排"，借以避免陷入对准入的争论和对治疗定义的纠缠。另见第十九条有关部分。

在列支敦士登的建议下，本条采用了1966年《公民及政治权利国际公约》中的对应表述并略作改进，增加了"其他形式的交流"措辞，代替"通信"这样旧式的表述。相应亦可与《保护所有移徙工人及其家庭成员权利国际公约》第十四条参照比较。

本条对保护残疾人的医疗秘密与残障记录至关重要。通常来讲，这些信息的传播超过了实际需要，在使用和公开过程中没有考虑到残疾人的隐私。

本条条文没有引起太多争论，"国际残疾人组织核心成员组"也没有提出任何建议或者修正。

可对照人权事务委员会针对《公民及政治权利国际公约》第十七条的一般性意见，有关内容陈述如下①：

> 既然所有人都在社会中生活，对隐私的保护就必然是相对的。但是，有关的公共当局只有在知道有关一个人私生活的这种资料，为依据公约所了解的社会利益所必不可少时，才可要求提供这种资料。因此，委员会建议各国在其报告中表明有关干涉私人生活的法律和规章。
>
> 甚至在符合公约的干涉方面，有关的立法必须详细具体地说明可以容许这种干涉的明确情况。只有依法指定的当局在逐一个案的基础上才能就使用这种授权干涉做出决定。要遵守第十七条，就必须在法律上和实际上保障通信的完整和机密。信件应送达受信人，不得拦截、启开或拆读。应禁止监查（不管是否以电子方式）、拦截电话、电报和其他通信形式，窃听和记录谈话。搜查一个人的住宅时应只限于搜查必要的证据，不应有骚扰情事。至于个人或人身搜查，应有切实的措施来确保进行这种搜查时会尊重被搜查者的尊严。政府官员对一个人进行人身搜查或医疗人员应政府要求这样做时应只限于搜查同一性别的人。
>
> 缔约国本身有义务不进行不符合公约第十七条的干涉，并应提供立法构架来禁止自然人或法人做出这种行为。
>
> 以电脑、资料库及其他仪器收集或储存私人资料——不管是由公共当局或民间个人或机构——必须由法律加以规定。各国必须采取有效措施来确保有关个人私生活的资料不会落到法律未授权接受、处理和使用的人手里，并永远不会用来做不符合公约的事。为了使私生活受到最切实的保护，人人都应有权以明白易解的方式确定是否个人资料存放在自动资料档案中，如果是这样，那么有哪些资料，其目的为何。人人也都有权确定哪些公共当局或民间个人或机构控制或可以控制其档案。如果这种档案中有不正确的个人资料，或以违法方式收集或处理，则人人有权要求改正或消除。

---

① 人权事务委员会，第16号一般性意见：第十七条（隐私权），从第7—10段。

隐私也与适足的住房相关联：

> 适足的住所意味着……适足的独处居室、适足的空间、适足的安全、适足的照明和通风、适足的基本基础设施和就业和基本设备的合适地点——一切费用合情合理①。

隐私还是主张妇女权利的一个特别关注点：

> 缔约国必须提供资料，使委员会能评估有可能干涉妇女在与男子平等的基础上享受隐私权和第十七条保护的其他权利的任何法律和习俗的影响。产生这种干涉的事例是在决定妇女的法律权利和保护程度时，包括免遭强奸的保护，考虑妇女的性生活。缔约国可能没有尊重妇女隐私的另一领域涉及她们的再生育功能，例如关于绝育的决定需要丈夫同意；对妇女绝育实行一般的要求，如有一定数目的妇女或达到一定年龄；或国家对医生和其他保健人员规定法律义务，报告进行堕胎的妇女的情况。在这些情况中，公约规定的其他权利如第六和第七条的权利也可能受到威胁。妇女的隐私也可能受到私人行为者的干涉，如雇主在雇用妇女前要求妊娠化验。缔约国应提出报告，说明干涉妇女平等享受第十七条规定的权利的任何法律和公共或私人行为和为消除这种干涉和保护妇女不受任何此类干涉采取的措施②。

第二十三条　尊重家居和家庭

Article 23：Respect for Home and the Family

一、缔约国应当采取有效和适当的措施，在涉及婚姻、家庭、生育和个人关系的一切事项中，在与其他人平等的基础上，消除对残疾人的歧视，以确保：

---

① 经济、社会、文化权利委员会，第4号一般性意见：适足住房权，第7段。
② 人权事务委员会，第28号一般性意见：第三条（男女权利平等），第20段。

（一）所有适婚年龄的残疾人根据未婚配偶双方自由表示的充分同意结婚和建立家庭的权利获得承认；

（二）残疾人自由、负责任地决定子女人数和生育间隔，获得适龄信息、生殖教育和计划生育教育的权利获得承认，并提供必要手段使残疾人能够行使这些权利；

（三）残疾人，包括残疾儿童，在与其他人平等的基础上，保留其生育力。

二、如果本国立法中有监护、监管、托管和领养儿童或类似的制度，缔约国应当确保残疾人在这些方面的权利和责任；在任何情况下均应当以儿童的最佳利益为重。缔约国应当适当协助残疾人履行其养育子女的责任。

三、缔约国应当确保残疾儿童在家庭生活方面享有平等权利。为了实现这些权利，并为了防止隐藏、遗弃、忽视和隔离残疾儿童，缔约国应当承诺及早向残疾儿童及其家属提供全面的信息、服务和支助。

四、缔约国应当确保不违背儿童父母的意愿使子女与父母分离，除非主管当局依照适用的法律和程序，经司法复核断定这种分离确有必要，符合儿童本人的最佳利益。在任何情况下均不得以子女残疾或父母一方或双方残疾为理由，使子女与父母分离。

五、缔约国应当在近亲属不能照顾残疾儿童的情况下，尽一切努力在大家庭范围内提供替代性照顾，并在无法提供这种照顾时，在社区内提供家庭式照顾。

本条涉及保护家居和家庭生活的相关议题，这些议题在其他核心人权条约中也有所体现。由于对条文细化的程度褒贬不一，针对本条存在大量讨论。按照罗马教廷的说法，其"产生了太多的问题"。对梵蒂冈和一些国家来说，麻烦的原因在于这样的表述，"残疾人拥有与其他人平等的机会去体会性经验，享有性与其他亲密关系，并经历生育"。正如将"性健康与生殖健康服务"纳入公约第二十五条引起的争论一样，本条的争论集中在上述表述的后果上，因为害怕国家法律、文化和习俗会因此介入，故一些国家反对将其纳入，并认为根本没有这种性权利。

不过，经济、社会、文化权利委员会针对残疾人被视为"无性别"的问题指出：

> 残疾人有时被视为没有性别的人。因而，残疾妇女遭受的双重歧视往往被忽视了。尽管国际社会再三呼吁，要求尤为重视残疾妇女的状况，残疾人十年间所做的努力仍甚少。秘书长关于《世界行动纲领》执行情况的报告不止一次提到了忽视残疾妇女的问题①。

关于提升对残疾人性方面问题的认识并采取积极态度的表述，最初是安排在关于提高认识的公约第八条，但后来删除了。在家庭关系语境中对强制绝育的具体表述也被删除了。

联合国《残疾人机会均等标准规则》就此表述如下：

规则9. 家庭生活和人格完整

各国应促进残疾人充分参与家庭生活。各国应促进他们享有人格完整的权利，并确保法律在性关系、婚姻和做父母的权利方面不对残疾人有所歧视。

1. 应使残疾人能够与其家人一起生活。各国应鼓励在家庭咨询中包括关于残疾状况及其对家庭生活影响的适当内容。应向有残疾人的家庭提供临时护理和专门护理服务。各国应为希望收养或收养残疾儿童、残疾成年人者消除一切不必要的障碍。

2. 不得剥夺残疾人进行性生活、保持性关系和做父母的机会。考虑到残疾人在结婚和建立家庭方面会遇到困难，各国应鼓励向他们提供适当的咨询。残疾人必须享有与其他人同样的机会获得计划生育方法，以及无障碍地获得关于他们生理方面性功能的知识。

3. 各国应促进采取措施，改变社会上仍然普遍存在的对残疾人特别是对残疾少女和妇女的婚姻、性生活和做父母所持的消极态度。

---

① 经济、社会、文化权利委员会，第5号一般性意见：残疾人，第19段。

应鼓励传播媒介在消除这些消极态度方面发挥重要的作用。

4. 需要让残疾人及其家庭充分知道如何采取预防措施来防止性凌虐和其他虐待。残疾人在家庭、社区或院所中特别容易受到虐待。需要教育残疾人如何防止发生虐待，在发生虐待时认识到事实情况并报告发生这些行为的情况。

本条第一款根据《消除对妇女一切形式歧视公约》第十六条第一款的表述方式，强调该公约确认的"所有适当"措施应得以实施。

在特设委员会第七次会议前，本条第一款第（一）项的表述是："残疾人拥有与其他人平等的机会，（依照普遍适用的国家法律、习俗和传统），（去体会性经验），享有性与其他亲密关系，并经历生育。"

在《世界人权宣言》第十六条、《消除一切形式种族歧视国际公约》第五条第四款第（四）项和《公民及政治权利国际公约》第二十三条中，都包含有关结婚和建立家庭的权利的规定。《经济、社会、文化权利国际公约》第十条第一款规定，"缔婚必须经男女双方自由同意"。《消除对妇女一切形式歧视公约》第十六条详细规定与婚姻有关的权利和计划生育。消除对妇女歧视委员会就缔结婚姻的权利阐述如下：

> 选择配偶和自由缔婚的权利对妇女一生以及对其作为个人的尊严和平等而言是非常重要的。对缔约国报告的审查表明，有些国家基于习俗、宗教信仰或某一特殊族群的民族渊源，允许迫婚或强迫再婚。其他一些国家允许妇女屈服于为钱财或出于某一方选择而安排的婚姻，在另一些国家，妇女为贫穷所迫而嫁给外国公民以求得经济上的保障。除了由于例如年幼或因与对方有血缘关系等合理的限制条件之外，妇女选择何时结婚、是否结婚、与谁结婚的权利，必须得到法律保护和执行①。

本条第一款第（二）项沿用了《消除对妇女一切形式歧视公约》的相关表述，后者在第十六条第一款第（五）项中规定了决定子女人数和生育间隔的权

---

① 消除对妇女歧视委员会，第21号一般性意见：婚姻和家庭关系中的平等，第十六条，第16段。

利,并在第十二条第一款和第十四条第二款第(二)项中提及了计划生育服务。

"国际残疾人组织核心成员组"主张在本条单独的段落中,明确提及保留生育力的权利,并严禁非自愿绝育。[比较现有第(三)项]

本条第一款第(三)项的表述是在最后一刻确定下来的——"男人和女人"一词改为"残疾人"。一些代表团对上述措辞的变化没有顾及婚姻中的性别因素表示不满。但"(残疾)人"一词,尤其对两性人和换性者群体较为适宜。

有关生育子女的人数和间隔,消除对妇女歧视委员会指出:

> 妇女必须生育和哺养子女的责任,影响到其接受教育、就业,以及其他与个人发展有关的活动,还给妇女带来了不平等的工作负担。子女的人数和生育间隔对妇女的生活也会产生同样的影响,并影响到她们及其子女的身心健康。因此妇女有权决定子女的人数和生育间隔。
>
> 有些报告表明,采取了一些对妇女有严重影响的强制性手段诸如强迫怀孕,人工流产或绝育。关于是否生养孩子,最好是与配偶或伴侣协商做出决定,但绝不应受到配偶、父母亲、伴侣或政府的限制。为了对安全可靠的避孕措施做出知情的决定起见,妇女必须获得有关避孕措施及其使用的信息,并能按照公约第十条第八款获得接受性教育和计划生育服务的保证机会。
>
> 人们普遍认为,如有自愿调节生育的免费可获得的适当措施,家庭所有成员的健康、发展和幸福都可获改善。此外,这种服务还有助于提高人民的总体生活质量和健康,自愿调节人口增长可帮助养护环境,取得持续的经济和社会发展①。

针对享有能达到的最高健康标准权利的问题,经济、社会、文化权利委员会认为,母亲、儿童,以及生育的健康权应该包括:

> "减低死胎率和婴儿死亡率,和使儿童得到健康的发育"[第十二条第二款(甲)项],可理解为需采取措施,改善儿童和母亲的健康、

---

① 消除对妇女歧视委员会,第21号一般性意见:婚姻和家庭关系中的平等,第十六条,第21—23段。

性和生育卫生服务，包括实行计划生育、产前和前后保健、紧急产科服务和获得信息，以及根据获得的信息采取行动所需的资源①。

该委员会还表示：

> 保护的义务，主要包括各国有责任通过法律或采取其他措施，保障有平等的机会，得到第三方提供的卫生保健和卫生方面的服务；保证卫生部门的**私营化**不会威胁到提供和得到卫生设施、物资和服务，以及这些设施、商品和服务的可接受程度和质量；控制第三方**营销**的医疗设备和药品；和保证开业医生和其他卫生专业人员满足适当的教育、技能标准和**职业道德准则**。各国还必须保证，有害的社会或传统习俗不能干预获得产前和前后护理和计划生育；阻止第三方胁迫妇女接受**传统习俗**，如女性生殖器残割；和采取措施，在性暴力表现上，**保护社会中的各种脆弱和边缘群体**，特别是妇女、儿童、青少年和老年人。各国还应保证，第三方不得限制人民得到**卫生方面的信息和服务**②。

"国际残疾人组织核心成员组"有关必须写入保留生育能力的意见被本条第一段第（三）款吸纳。

与此相关，消除对妇女歧视委员会也简要论述了与妇女权利相关的生育问题：

> 缔约国报告中应确保采取措施，防止在生育繁殖方面的胁迫行为，并确保妇女不致由于节育方面缺少适当服务而被迫寻求不安全的医疗手术，例如非法堕胎③。

本条第二款反映了《消除对妇女一切形式歧视公约》第十六条第一款第（五）项的有关规定，同时，根据《儿童权利公约》第三条第一款增加了儿

---

① 经济、社会、文化权利委员会，第14号一般性意见：享有能达到的最高健康标准的权利，第十二条，第14段。
② 经济、社会、文化权利委员会，第14号一般性意见：享有能达到的最高健康标准的权利，第十二条，第35段。
③ 消除对妇女歧视委员会，第19号一般性意见，对妇女的暴力行为，第24段(m)项。

童最大利益优先的表述。另外，根据"国际残疾人组织核心成员组"的建议，最后一句明确规定了无障碍和自决的议题，强调了对残疾儿童履行养育责任给予援助。本款是明确规定国家为儿童收养立法的少数条款之一，因为一些国家不承认正式领养的概念。

本条第三款部分源于《儿童权利公约》第十九条第一款，第一句中"家庭生活"一词则源于《残疾人机会均等标准规则》第九条，即促进"残疾人充分参与家庭生活"。《儿童权利公约》对此的列举稍有不同，如第十九条第一款要求对"任何形式的身心摧残、伤害或凌辱，忽视或照料不周，虐待或剥削，包括性侵犯"给予保护。另外，经济、社会、文化权利委员会针对残疾人歧视指出：

> 由于忽视、无知、偏见和不正确的推断，以及排斥、区分或隔离，残疾人往往无法在与正常人平等的基础上行使其经济、社会或文化权利①。

本条第四款第二句基本上是一条反歧视条款，从工作组案文开始就已纳入公约文本。第一句话则是以《儿童权利公约》第九条第一款（有关使儿童与其父母分离的）条文为基础。"国际残疾人组织核心成员组"曾对此表示反对，并担心其中适用于儿童的内容可能会被不顾年龄地泛用到残疾人身上。为保证审判标准公平，文中提炼使用了"主管当局"的措辞。此处再次提到儿童利益最大化，这被视为《儿童权利公约》的核心原则，规定在该公约的第三条第一款中。

此外，《儿童权利公约》第二十条规定，"暂时或永久脱离家庭环境的儿童，或为其最大利益不得在这种环境中继续生活的儿童，应有权得到国家的特别保护和协助"，其内容部分也在本条第五款中得到体现。

"国际残疾人组织核心成员组"在其提案中，强调了残疾儿童及其家属对全面的信息、服务和支助的需要，并从儿童享有家庭生活的权利的角度，强调在近亲属不能照顾时，需要由更宽范围的家庭提供照顾，还强调需要通过教育和支助，提升对隐藏、遗弃、忽视儿童问题的积极态度和认识。

---

① 经济、社会、文化权利委员会，第5号一般性意见：残疾人，第15段。

第二十四条 教 育
Article 24: Education

一、缔约国确认残疾人享有受教育的权利。为了在不受歧视和机会均等的情况下实现这一权利,缔约国应当确保在各级教育实行包容性教育制度和终生学习,以便:

(一)充分开发人的潜力,培养自尊自重精神,加强对人权、基本自由和人的多样性的尊重;

(二)最充分地发展残疾人的个性、才华和创造力以及智能和体能;

(三)使所有残疾人能切实参与一个自由的社会。

二、为了实现这一权利,缔约国应当确保:

(一)残疾人不因残疾而被排拒于普通教育系统之外,残疾儿童不因残疾而被排拒于免费和义务初等教育或中等教育之外;

(二)残疾人可以在自己生活的社区内,在与其他人平等的基础上,获得包容性的优质免费初等教育和中等教育;

(三)提供合理便利以满足个人的需要;

(四)残疾人在普通教育系统中获得必要的支助,便利他们切实获得教育;

(五)按照有教无类的包容性目标,在最有利于发展学习和社交能力的环境中,提供适合个人情况的有效支助措施。

三、缔约国应当使残疾人能够学习生活和社交技能,便利他们充分和平等地参与教育和融入社区。为此目的,缔约国应当采取适当措施,包括:

(一)为学习盲文、替代文字、辅助和替代性交流方式、手段和模式,定向和行动技能提供便利,并为残疾人之间的相互支持和指导提供便利;

（二）为学习手语和宣传聋人的语言特性提供便利；

（三）确保以最适合个人情况的语文及交流方式和手段，在最有利于发展学习和社交能力的环境中，向盲、聋或聋盲人，特别是盲、聋或聋盲儿童提供教育。

四、为了帮助确保实现这项权利，缔约国应当采取适当措施，聘用有资格以手语和（或）盲文教学的教师，包括残疾教师，并对各级教育的专业人员和工作人员进行培训。这种培训应当包括对残疾的了解和学习使用适当的辅助和替代性交流方式、手段和模式、教育技巧和材料以协助残疾人。

五、缔约国应当确保，残疾人能够在不受歧视和与其他人平等的基础上，获得普通高等教育、职业培训、成人教育和终生学习。为此目的，缔约国应当确保向残疾人提供合理便利。

由于包容性教育概念可能存在的漏洞，即无法确保将残疾人全面有效地纳入普通教育，无法消除所有形式的分隔教育努力之间的矛盾，故对本条的争议一直持续到特设委员会最后一天的会议。考虑到学习是一个终生的过程，同时为反映不是所有人在儿童和青少年时期都接受过初级和中级教育这一事实，本条提及的主体是残疾人而非儿童。本条还有一个重要方面，是对学习生活和社会发展技能等的表述，其中明确提及手语和盲文。

本条第一款规定的受教育的权利，也在其他核心人权文书中得以确认，如《世界人权宣言》第十六条第一款、《消除一切形式种族歧视国际公约》第五条第五款和第二十二款、《经济、社会、文化权利国际公约》第十三条第一款、《消除对妇女一切形式歧视公约》第十条、《儿童权利公约》第二十八条第一款，以及《保护所有移徙工人及其家庭成员权利国际公约》第三十条，等等。与本条最相近的是《儿童权利公约》第二十八条。不过，该公约第二十四条规定更为深入，如提到包容性教育制度的必要性。

正如《萨拉曼卡宣言》所确认[①]，包容性教育即指，在常规教育制度下，

[①] 世界特殊教育大会（于1994年6月10日）通过了《萨拉曼卡宣言》，宣言文本可见于联合国教科文组织（UNESCO）网站：http://www.unesco.org。

教育应该提供给所有人。该宣言针对儿童和年轻人，呼吁国家须确保有"特殊教育"需求的儿童得以进入常规（即普通）学校学习，强调包容是与歧视态度做斗争和实现全民教育最有效的工具。

全面包容与确保不歧视紧密相连，其有效实施要依靠合理便利，本条第二款第（三）项及第五款对这些问题做了明确规定。另外，儿童权利委员会对教育语境下的歧视问题论述如下：

> 基于公约第二条所列任何理由的歧视，无论是公开歧视或是隐蔽的歧视，都是有悖于儿童的人的尊严的，可能破坏甚至摧毁儿童从教育机会中获益的能力。剥夺儿童的受教育机会主要是公约第二十八条涉及的问题，但还有不符合第二十九条第一款所载各项原则的许多其他方式，会产生类似的结果。一种极端的例子是，不符合男女平等原则的教学大纲、限制女生获益于教学机会的某些安排、不利于女生入学的不安全或不友好的环境都可能助长性别歧视。在许多正规教育系统和大量非正规教育的环境中，包括在家庭内，也广泛存在着对残疾儿童的歧视①。

与此相关，在《经济、社会、文化权利国际公约》第十三条的语境下，经济、社会、文化权利委员会强调受教育权潜在意义时指出：

> 受教育本身就是一项人权，也是实现其他人权不可或缺的手段。作为一项增长才能的权利，教育是一个基本工具，在经济上和在社会上处于边缘地位的成人和儿童受了教育以后，就能够脱离贫困，取得充分参与社区生活的手段。教育具有重大的作用，能使妇女增长才能，保护儿童使他们不致从事剥削性的危险工作或者受到性剥削、能够增进人权与民主、保护环境、控制人口增长。人们日益确认，教育是各国所能做的最佳投资。但是，教育的重要性并不只是限于实用的层面：有一颗受过良好教育、能够自由广博思考的开悟而且活跃的心灵，是人生在世的赏心乐事②。

---

① 儿童权利委员会，第1号一般性意见：教育的目的，第10段。
② 经济、社会、文化权利委员会，第13号一般性意见：受教育的权利，第十三条，第1段。

经济、社会、文化权利委员会接着概括了受教育权的基本特征：

1）可提供性，即应设置足够多，能够提供有质量教育的机构。

2）可获取性，即人人都应该能够利用，不受任何歧视：

——不歧视

——实际可获取性

——经济上的可获取性

3）可接受性，即教育的形式和实质内容，包括课程和教学方法，必须适切、文化上合适和优质。

4）可调适性，即教育必须灵活，能够针对变动社会的需求而进行调适。①

《世界人权宣言》第二十六条第二款即宣告，"充分发展人的个性"。《经济、社会、文化权利国际公约》第十三条意旨也在于此。本条第一款第（一）项提到"潜力"，并增加了"自我价值"和"人的多样性"的概念，这在包容性问题的语境下都非常重要。应该注意的是，这些措辞的意义在残疾语境之外略有不同，特别是"多样性"这个术语，在联合国关于性取向的人权辩论中就是一个代码词。

第一款第（二）项和第三款分别脱胎于《儿童权利公约》第二十九条和《经济、社会、文化权利国际公约》第十三条。值得注意的是，《经济、社会、文化权利国际公约》第十三条也提到了促进"各民族之间和各种族、人种或宗教团体之间的了解、容忍和友谊"。

本条第二款可以说是本条的基础，旨在强调确保残疾人不被排除在主流教育之外，以实现包容性教育。在《经济、社会、文化权利国际公约》第十三条第二款和《儿童权利公约》第二十八条中，也有类似内容。值得注意的是，本款第（一）和第（五）项对初等和中等教育做了区分，因为许多国家在初等教育之上便不再实行免费和义务教育。"国际残疾人组织核心

---

① 经济、社会、文化权利委员会，第13号一般性意见：受教育的权利，第十三条，第6段。

成员组"主张删除与资源相关的条件（即"逐步实现"这种表述①），并得到采纳。

合理便利，这一点在公约第二条中做了界定，包含在本款第（三）项文字中。

本款第（四）和第（五）项最初是合并在一起的，后来在围绕字句漏洞的争论中被分开安排。句中"在普通教育系统不能充分满足残疾人支助需要的例外情况下，缔约国应确保提供有效的替代性支助措施，以符合充分包容的目标"的措辞，受到"国际残疾人组织核心成员组"和其他代表的反对，理由是对"例外情况"缺乏清晰定义。如果"有些"内容没有包括在内，那么充分和有效包容的目标显然不能实现。最终，第（四）项规定，在普通教育中实现充分和有效包容的必要支助。第（五）项则规定，应提供必要的支助，以确保残疾人一旦处于非包容的环境，在学术和社会发展方面还能坚持相同的标准。如果将其与本条第三款第（三）项放在一起看，就会理解聋、盲和聋盲人将会从这一条中特别受益。

与此相应，《残疾人机会均等标准规则》的有关表述如下：

规则6. 教育

各国应确认患有残疾的儿童、青年和成年人应能在混合班环境中享有平等的初级、中级和高级教育机会的原则。各国应确保残疾人教育成为其教育系统的一个组成部分。

1. 应由一般教育部门承担在混合班环境中对残疾人施行教育的责任。残疾人教育应成为国家教育规划、课程设计和学校安排的一个组成部分。

2. 普通学校的教育应创造条件，提供传译和其他适当支助服务。应为适应不同残疾人的需要而提供充分的无障碍环境和支助服务。

……

6. 为在普通教育体系中安排为残疾人提供的教育，各国应：

（a）有明确的政策并使之得到学校和社会的广泛理解和接受；

---

① 有关"逐步实现"更多的内容，请参见公约第四条第二款。

（b）使教学课程可以灵活运用或做出适当的增补和修改；

（c）提供高质量的教材、经常性的教师培训和辅助教员。

……

8. 如一般学校系统尚未能充分满足所有残疾人的需要，则可考虑提供特殊教育。此种教育应力求为学生做好准备以接受一般学校系统中的教育。此种教育的质量反映出如同一般教育的同等标准和目标，并应与一般教育密切联系。至少，残疾学生应得到与非残疾学生同样多的教育资源。各国应力图使特殊教育服务逐步地融合于主流普通教育之中。人们承认，在某些情况下，目前可将特殊教育视为最适宜于某些残疾学生的教育形式。

有关提供可实现和包容性教育的费用问题，可以回头研究一下公约第四条第二款中"逐步实施"这个概念。

"国际残疾人组织核心成员组"曾提议增加一个次级段落，强调确保残疾人应可获得适当的教育材料。

本条第三款第（三）项中增加有关生活和社交技能的内容是个好办法。"国际残疾人组织核心成员组"反对这种表述方式，指出相关措辞似是在暗示残疾人由于残疾缺乏这些技能，并主张表述为，"缔约国应在普通教育体系中向残疾儿童提供日常生活的技能以及实现小儿康复，以协助他们对教育以及作为社区成员充分而平等的参与"。

本款第（三）项次级段落列举了应予教授的技能。在"国际残疾人组织核心成员组"的努力下，现有关于交流的模式和手段更符合公约第二条里对交流的定义。值得特别注意的是，本款第（二）项提及的"语言特性"，第（三）项提到的"最适合的语言"，都没有明确提及本应加上的"手语"。

本条第四款也非常重要，该款呼吁对所有教师进行相关培训，以提高他们对残疾人的认知，不应仅局限于那些从事残疾人工作的教师。而本条第五款，再次对合理便利提出要求。

第二十五条 健 康
Article 25：Health

缔约国确认，残疾人有权享有可达到的最高健康标准，不受基于残疾的歧视。缔约国应当采取一切适当措施，确保残疾人获得考虑到性别因素的医疗卫生服务，包括与健康有关的康复服务。缔约国尤其应当：

（一）向残疾人提供其他人享有的，在范围、质量和标准方面相同的免费或费用低廉的医疗保健服务和方案，包括在性健康和生殖健康及全民公共卫生方案方面；

（二）向残疾人提供残疾特需医疗卫生服务，包括酌情提供早期诊断和干预，并提供旨在尽量减轻残疾和预防残疾恶化的服务，包括向儿童和老年人提供这些服务；

（三）尽量就近在残疾人所在社区，包括在农村地区，提供这些医疗卫生服务；

（四）要求医护人员，包括在征得残疾人自由表示的知情同意基础上，向残疾人提供在质量上与其他人所得相同的护理，特别是通过提供培训和颁布公共和私营医疗保健服务职业道德标准，提高对残疾人人权、尊严、自主和需要的认识；

（五）在提供医疗保险和国家法律允许的人寿保险方面禁止歧视残疾人，这些保险应当以公平合理的方式提供；

（六）防止基于残疾而歧视性地拒绝提供医疗保健或医疗卫生服务，或拒绝提供食物和液体。

《世界人权宣言》第二十五条提出享有可达到的最高健康标准的权利，《经济、社会、文化权利国际公约》第十二条也相应做了具体规定。《消除对妇女一切形式歧视公约》第十二条和《儿童权利公约》第二十四条也包含了有关健康权的具体条款。值得注意的是，《残疾人权利》公约第二十五条没有使用"身体与心智"这样具有特定内涵的措辞。

经济、社会、文化权利委员会在其有关健康权的一般性意见中,特别全面地指出:

> 健康是行使其他人权不可或缺的一项基本人权。每个人都有权享有能够达到的、有益于体面生活的最高标准的健康。
>
> 健康权与实现"国际人权宪章"中所载的其他人权密切相关,又相互依赖,包括获得食物、住房、工作、教育和人的尊严的权利,以及生命权、不受歧视的权利、平等、禁止使用酷刑、隐私权、获得信息的权利,结社、集会和行动自由。所有这些权利和其他权利和自由都与健康权密不可分①。
>
> 在起草公约的第十二条时,联合国大会第三委员会没有采用世界卫生组织宪章序言中对健康的定义,该定义的健康概念是:"完全的身体、精神和社会安康,而不仅仅是没有疾病或衰弱"。然而,公约第十二条第一款所述"享有能达到的最高的体质和心理健康的标准",并不限于得到卫生保健的权利。相反,起草的过程和第十二条第二款明确的措辞认为,健康权包括多方面的社会经济因素,促进使人民可以享有健康生活的条件,包括各种健康的基本决定因素,如食物和营养、住房、使用安全饮水和得到适当的卫生条件、安全而有益健康的工作条件,和有益健康的环境②。

在谈判的最终阶段,会议决定将康复的议题与健康权分开处理,并将前者纳入一个独立条款,即现有的第二十六条。不过,在世界卫生组织的坚持下,本条中仍然保留了与康复相关的表述。

在讨论健康权时,会议还讨论了与隐私有关的问题,主要集中于知情同意问题,以及是否在针对残疾人的所有程序中能够并且应当纳入附加保障,

---

① 经济、社会、文化权利委员会,第14号一般性意见:享有能达到的最高健康标准的权利,第1和3段。
② 经济、社会、文化权利委员会,第14号一般性意见:享有能达到的最高健康标准的权利,第4段。

以保护自由表示的知情同意。"自由表示的知情同意"被确认为清晰的指引标准原则①，额外的警告可能适得其反。医疗和健康的相关记录，以及其他信息的保密也关系到隐私问题。是否有权使用，以及这些记录的可获取性，经常会使残疾人屈尊俯就或被歧视对待。

在医疗保险领域，对残疾人的歧视也十分普遍，本条用了一个专门的段落来处理这个问题。

文本提及的性健康和生殖健康，引起了冗长激烈的争论。人们通常认为，残疾人的性功能存在障碍，是无性别和不需要性生活的人。"国际残疾人组织核心成员组"和其他一些组织坚称，明确提及这一问题对于消除此类歧视具有重要作用。争论中对有关"性健康和生殖健康服务"的解释范围，无疑超出了此类歧视行为受害者的想象。有观点断言，这个表述将"在国际层面使堕胎行为合法化"。

在特设委员会关于公约第二十三条的记录中可以发现围绕性和生殖权的广泛意见。在此应该联系对照《残疾人机会均等标准规则》第九条有关家庭生活和人格完整的内容，其中特别规定，"不得剥夺残疾人进行性生活、保持性关系的机会"，同时"残疾人必须享有与其他人同样的机会参与家庭生活——获得计划生育方法，以及无障碍地获得关于他们生理方面性功能的知识"。

经济、社会、文化权利委员会也针对这些议题做出评论：

> 享有健康权，不应理解为身体健康的权利。健康权既包括自由，也包括权利。自由包括掌握自己健康和身体的权利，包括性和生育上的自由，以及不受干扰的权利，如不受酷刑、未经同意强行治疗和试验的权利。另一方面，应该享有的权利包括参加卫生保护制度的权利，该套制度能够为人民提供平等的机会，享有可达到的最高水平的健康②。

---

① 参照上文，本公约第二十三条。
② 经济、社会、文化权利委员会，第14号一般性意见：享有能达到的最高标准的权利，第8段。

消除对妇女歧视委员会一般性意见中对更广泛的妇女健康议题给以关注：

（a）妇女有别于男子的生理因素，如她们的月经周期及其生育功能和更年期。又如，妇女患性传染疾病的风险较高；

（b）对妇女总体，尤其是对某些妇女群体而言有差别的社会经济因素。例如，男女在家庭和工作场所中的不平等权利关系可能消极地影响妇女营养和健康。她们可能遭受各种形式的暴力，从而影响其健康。女童和少女往往易受比她们年长男性和家庭成员的性凌虐，使她们极有可能受到身心伤害以及非自愿或过早地怀孕。诸如切割女性生殖器官之类的某些文化或传统做法也极有可能导致死亡和残疾。

（c）男女之间存在差别的心理社会因素包括抑郁，特别是产后抑郁以及引起厌食或贪食等症状的其他心理状况；

（d）虽说不严格保密对男女都会产生影响，但这会使妇女不愿寻求咨询和治疗，从而给她们的健康和福祉带来不利的影响。妇女因此不太愿意为生殖器官方面的疾病、为避孕或为不完全流产，以及遭受性暴力或伤害身体的暴力而寻求医疗护理①。

与健康权相关的另一个议题是获得食物和水的权利，此议题已被纳入公约第二十八条。经济、社会、文化权利委员会针对健康权和获得食物及饮水权利的联系也曾做出评论：

> 委员会对健康权的解释，根据第十二条第一款的规定，是一项全部包括在内的权利，不仅包括及时和适当的卫生保健，而且也包括决定健康的基本因素，如使用安全和洁净的饮水、享有适当的卫生条件、充足的安全食物、营养和住房供应、符合卫生的职业和环境条件，和获得卫生方面的教育和信息，包括性和生育卫生的教育和信息。另一个重要方面，是人民能够在社区、国家和国际上参与所有卫生方面的决策②。

---

① 消除对妇女歧视委员会，第24号一般性意见：妇女和保健，第12段。
② 经济、社会、文化权利委员会，第14号一般性意见：享有能达到的最高标准的权利，第11段。

在残疾人权利的语境中，健康权的基础当然是可获取性（accessibility）。经济、社会、文化权利委员会从更普遍的视角评论健康权，认为健康服务应该包含以下特征：

1）可提供性。缔约国境内必须有足够数量的、行之有效的公共卫生和卫生保健设施、商品和服务，以及卫生计划。这些设施、商品和服务的具体性质，会因各种因素而有所不同，包括缔约国的发展水平。但它们应包括一些基本的卫生要素，如安全和清洁的饮水、适当的卫生设施、医院、诊所和其他卫生方面的建筑、经过培训工资收入在国内具有竞争力的医务和专业人员，和世界卫生组织必需药品行动纲领规定的必需药品。

2）可获取性。缔约国管辖范围内的卫生设施、物资和服务，必须面向所有人，不得歧视。获得条件有四个彼此之间相互重叠的方面：

——不歧视：卫生设施、物资和服务必须在法律和实际上面向所有人，特别是人口中最脆弱的部分和边缘群体，不得以任何禁止的理由加以歧视。

——实际获得的条件：卫生设施、物资和服务，必须是各部分人口能够安全、实际获得的，特别是脆弱群体和边缘群体，如少数民族和土著人、妇女、儿童、青少年、老年人、残疾人和患有艾滋病/携带病毒的人。获得的条件还包括能够安全、切实得到医疗服务和基本的健康要素，如安全和洁净的饮水、适当的卫生设施等，包括农村地区。获得的条件还包括建筑物为残疾人配备适当的进入条件。

——经济上的获得条件（可承受）：卫生设施、物资和服务必须是所有人能够承担的。卫生保健服务以及与基本健康要素有关的服务，收费必须建立在平等原则的基础上，保证这些服务不论是私人还是国家提供的，应是所有人都能承担得起的，包括社会处境不利的群体。公平要求较贫困的家庭与较富裕的家庭相比不应在卫生开支上负担过重。

——获得信息的条件：获得条件包括查找、接受和传播有关卫生问题的信息和意见的权利。然而，获得信息的条件不应损害个人健康资料保密的权利。

3）可接受性。所有卫生设施、物资和服务，必须遵守医务职业道德，在文化上是适当的，即尊重个人、少数群体、人民和社区的文化，对性别和生活周期的需要敏感，遵守保密的规定，和改善有关个人和群体的健康状况。

4）质量。卫生设施、物资和服务不仅应在文化上是可以接受的，而且必须在科学和医学上是适当和高质量的。这要求除其他外应有熟练的医务人员、在科学上经过批准、没有过期的药品，医院设备，安全和洁净的饮水，和适当的卫生条件①。

针对经济上的可获取性，特别是对贫穷人群而言，尤其强调提供免费医疗和健康服务的重要性。经济、社会、文化权利委员会从实现健康权的路径提出了意见：

在健康权方面，必须强调公平获得卫生保健和卫生服务的条件。国家负有特殊义务，为没有足够能力的人提供必要的卫生保险和卫生保健设施，在提供卫生保健和卫生服务方面防止出现任何国际上禁止的歧视现象，特别是在健康权的基本义务上。卫生资源分配不当，可造成隐形的歧视。例如，投资不应过分偏重于昂贵的治疗保健服务，那方面的服务常常只有少数享有特权的人能够得到，而是应当偏重初级和预防卫生保健，使更大多数的人口受益②。

本条的首句依循了《世界人权宣言》第二十五条和《经济、社会、文化权利国际公约》第十二条的表述。正如上文所阐述，此处没有使用"身心"这样的措辞。值得注意的是，本条增加了考虑性别因素的标准。它反映了双轨路径，既在专门的条款如公约第六条强调了妇女议题，也在相关条款如本条强调了多重歧视问题。任何别的核心人权文书中都没有"考虑性别因素"

---

① 经济、社会、文化权利委员会，第14号一般性意见：享有能达到的最高标准的权利，第12段。

② 经济、社会、文化权利委员会，第14号一般性意见：享有能达到的最高标准的权利，第19段。

这个术语。同样，本条在首句添加了有关"康复"的表述。不过与本条相比，《消除对妇女一切形式歧视公约》有关健康的第十二条第一款在提及歧视问题时语气要稍显强烈，它使用了"消除歧视"而不是"没有歧视"的措辞。

本条第（一）款呼吁在与他人平等的基础上提供"免费或费用低廉"的医疗保健服务和方案。正如此前强调，"费用低廉"相较"低价"而言是针对个人收入的。全民公共卫生方案，即如接种疫苗计划需要普及，尤其应包括农村地区的残疾人。《经济、社会、文化权利国际公约》第十二条第二款第（三）项提到了预防、治疗和控制传染病、地方病、职业病以及其他疾病。"国际残疾人组织核心成员组"主张明确规定这些项目的可获得性。

在尽量减轻未来残疾状况的语境下，特别是针对儿童和老人，第（二）款提到了"预防"。鉴于该词此前希图"治疗"残疾人而体现出的不公正，"国际残疾人组织核心成员组"对"预防"的使用提出批评。唯一可以在某种程度上对"预防"问题进行讨论的领域是艾滋病毒/艾滋病，这个问题与残障/残疾存在关联①。

在此，可参照《残疾人机会均等标准规则》导言中的表述："预防"一词，系指采取一些行动来避免出现生理、智力、精神或感官上的缺陷（初级预防），或防止缺陷出现后造成永久性功能限制或残疾（二级预防）。预防可包括许多类别的行动，诸如初级保健、产前产后的幼儿保健、营养学教育、传染病免疫运动、防治地方病的措施、安全条例、在不同环境中防止发生事故的方案，包括改造工作场所以防止职业残疾和疾病，预防由于环境污染或武装冲突造成残疾②。

对治疗性预防和那些妨害公约精神以及残疾人权利的措施进行区分，最有用的工具是经济、社会、文化权利委员会针对健康权的讨论③。

第（三）款提出了基于社区康复的概念，例如，包括康复训练在内的健康服务应该尽可能赋予生活在社区中的残疾人。本公约第二十六条另有进一步内容。

---

① 更多内容参见上文第四条有关艾滋病病毒的表述。
② 《残疾人机会均等标准规则》，导言部分第 22 段。
③ 经济、社会、文化权利委员会，第 14 号一般性意见：享有能达到的最高标准的权利。

第（四）款包含医护人员非歧视和自由表示的知情同意等规定。此外，一再提及的通过培训来提高认识的议题也被纳入此段。

"国际残疾人组织核心成员组"建议在第（四）款后增加两点内容，一是照顾和治疗的替代性选择，二是残疾人同伴的支助。此外，应另增有关强制绝育或"精神矫正"干预的内容，并做以下调整规定：

"确保向残疾人提供不同治疗方案中的选择，包括但不限于护理人员、替代性医疗服务、次优选择、心理辅导、治疗、包括由残疾人组织提供的健康服务在内的同侪支助等。"

"残疾人的知情同意，必须先于并存在于医药、手术、治疗或其他介入和疗法的全过程；知情同意需要公开一切介入手段的实验性质和有关介入的性质、不良反应，以及益处等所有其他可以提供的信息。不允许针对儿童施行绝育或（使其）遭受任何基于残疾的强制校正手术或治疗。"

"保证残疾人可以获得它们未经修改的健康和医疗记录，并有权决定是否向第三方披露这些信息。"

接下来，第（五）款规定禁止拒绝向残疾人提供健康保险，或在人寿保险方面进行限制。"国际残疾人组织核心成员组"本来希望删除"根据国内法"的表述，但由于一些国家禁止人寿保险，故专门对此规定有其必要性。第（六）款中提及的食物和液体，源于对 Tery Shiavo 死亡案件的干预。该案在美国佛罗里达法院裁决后，引发了广泛争论。

第二十六条　适应训练和康复
Article 26：Habilitation and Rehabilitation

一、缔约国应当采取有效和适当的措施，包括通过残疾人相互支持，使残疾人能够实现和保持最大程度的自立，充分发挥和维持体能、智能、社会和职业能力，充分融入和参与生活的各个方面。为此目的，缔约国应当组织、加强和推广综合性适应训练和康复服务和方案，尤其是在医疗卫生、就业、教育和社会服务方面，这些服务和方案应当：

（一）根据对个人需要和体能的综合评估尽早开始；

（二）有助于残疾人参与和融入社区和社会的各个方面，属自愿性质，并尽量在残疾人所在社区，包括农村地区就近安排。

二、缔约国应当促进为从事适应训练和康复服务的专业人员和工作人员制订基础培训和进修培训计划。

三、在适应训练和康复方面，缔约国应当促进提供为残疾人设计的辅助用具和技术以及对这些用具和技术的了解和使用。

考虑到适应训练和康复仅仅是医疗过程的一部分且具有多面性，所以，有必要在公约中单独订立一个条款。本条现被妥适安置于两个核心方面之间——包含医疗内容的公约第二十五条（有关健康）和公约第二十七条（有关就业），以及第二十八条（有关社会保护）。适应训练包括为提高先天残疾者自决能力的所有努力，而康复指的是改善后天残疾/残障相关的努力。

本条第一款包含了一些重要概念，譬如残疾人相互支持和融入等。"国际残疾人组织核心成员组"提出了许多建议，包括"性别、文化、年龄，以及生命的所有阶段"等内容，尽管这是对性别条件的重要支持，最终却未被采纳。"国际残疾人组织核心成员组"认为，适应训练和康复不能"一劳永逸"，需要强化个人选择决定权，但这个建议也没有被纳入最后文本。

这一款的第（二）项包含了一个重要的诫谕——任何有关适应训练和康复的努力都应该是自愿性质的。他们在"国际残疾人组织核心成员组"的支持下，提出增加"自由表示的知情同意"，不过最终也没有被采纳。针对隐私问题，"国际残疾人组织核心成员组"提议增加一个次级段落规范病人和健康信息的保密问题。第（二）项同时也提到了残疾人社区的就近性，强调社区康复。可参照公约第二十五条有关内容。

国际劳工组织、联合国教科文组织和世界卫生组织针对社区康复提出联合战略，于2004年发布了联合立场文件[①]，并于2009年发布了社区康复指南。

[①] 该联合立场文件见于：http://whqlibdoc.who.int/publications/2004/9241592389_eng.pdf.

赫兰德（E. Helander）在其著作《偏见与尊严：社区康复导论》（Prejudice and Dignity: An Introduction to Community Based Rehabilitation）中做了如下解释：

社区康复（Community Based Rehabilitation，CBR）是指，通过提供更公平的机会和促进、保护残疾人人权来改进服务，以此增强残疾人生活质量的一种战略。它呼吁社区、中间层面，以及国家各个层面充分协调参与，追求教育、健康、立法、社会和职业部门等所有相关部门的融合，以使残疾人得以充分代表并获得赋权，也旨在将此种介入推广到社会的公共体系中，改造身心环境以协助残疾人融入社会和实现自我，希望推动改变，发展能够惠及所有需要帮助的残疾人的制度，使得政府和公众能够受到教育并参与其中。社区康复应该利用实在且可维持的资源，在所有国家得以实现和持续。

在社区层面，社区康复应被看作社区整体发展方案的一个组成部分，由其成员来做决定，并尽可能动员本地资源。残疾人的家庭是最重要的资源，应该使用与本地经验紧密关联的技术提供充分的训练和指导，以增进家庭的技能和知识。社区应该支持残疾人家庭生活的基本需要并对居家康复的残疾人家庭给予帮助。本地区所有的教育、功能、职业训练，以及就业机会等，应该进一步向社区康复开放。残疾人成员应得到社区保护，以确保其人权不受剥夺。残疾的社区成员和他们的家庭应能参与到事关提供给他们服务和机会的所有讨论和决策中。社区需要选择一个或多个成员进行培训以实施这种方案，再成立一个社区机构（委员会）进行管理。

在中间层面，政府应该提供职业人员的支助服务网络，有关人员应该参与对社区工作人员的培训和技术指导，并提供服务和管理支持，同时与转诊服务保持联系。

对于那些需要特殊干预，而社区无法提供相应服务的残疾人而言，转诊服务是必要的。社区康复体系应该同时从政府部门和非政府渠道中获得可供资源。

在国家层面，政府应参与社区康复，并扮演主要管理角色。社区康复体系涉及规划、实施、协调和评估社区康复体系，并应与社区、中间层面的机构，以及非政府部门（包括残疾人组织）合作完成。

考虑到康复计划的独立性、自决性及操控性是适应训练和康复方案的有机组成部分,"国际残疾人组织核心成员组"提议,新增一个次级段落以涵盖个体能力建设的议题,即第二款第(二)项,"适应训练和康复的计划和课程,其目的是实现和维持残疾人的独立性和自决性。同时,残疾人有权对影响到自己某段生活的计划进行设计、管理、改变和重估"。

第二款所含多次提及的培训议题,指的是与康复有关的适应训练。

第三款是谈判最后阶段在"国际残疾人组织核心成员组"有关辅助用具提案的基础上加入的重要内容。

与此相关,《残疾人机会均等标准规则》第三条不仅包含了康复的定义,还规定了有关康复的规则:

> 各国应确保向残疾人提供康复服务,以使他们达到最佳的独立和功能水平。
>
> 1. 各国应为所有类别的残疾人制定国家康复方案。这些方案应考虑到残疾人实际需要并符合充分参与及平等原则。
>
> 2. 这些方案应包括广泛范围的活动,诸如为改进或弥补某项受损害的功能而提供的基本技能培训,对残疾人及其家属提供指导,培养自立能力以及不定期的服务,例如评估和指导。
>
> 3. 需要康复的所有残疾人,包括重残疾和(或)多重残疾人应有机会获得康复治疗。
>
> 4. 残疾人及其家属应有参与设计安排涉及他们自己的康复服务。
>
> 5. 凡有残疾人居住的社区,均应可得到所有各种康复服务。但是,在某些情况下,为了达到某种特定训练目的,也可举办短期的特别康复训练班,适当时,可采取住宿形式。
>
> 6. 应鼓励残疾人及其家属参与康复工作,例如作为受过培训的教师、辅导员或咨询人员。
>
> 7. 各国在拟订或评价康复工作时,应吸取残疾人组织的专门知识。

第二十七条　工作和就业

Article 27: Work and Employment

一、缔约国确认残疾人在与其他人平等的基础上享有工作权，包括有机会在开放、具有包容性和对残疾人不构成障碍的劳动力市场和工作环境中，为谋生自由选择或接受工作的权利。为保障和促进工作权的实现，包括在就业期间致残者的工作权的实现，缔约国应当采取适当步骤，包括通过立法，除其他外：

（一）在一切形式就业的一切事项上，包括在征聘、雇用和就业条件、继续就业、职业提升以及安全和健康的工作条件方面，禁止基于残疾的歧视；

（二）保护残疾人在与其他人平等的基础上享有公平和良好的工作条件，包括机会均等和同值工作同等报酬的权利，享有安全和健康的工作环境，包括不受骚扰的权利，并享有申诉的权利；

（三）确保残疾人能够在与其他人平等的基础上行使工会权；

（四）使残疾人能够切实参加一般技术和职业指导方案，获得职业介绍服务、职业培训和进修培训；

（五）在劳动力市场上促进残疾人的就业机会和职业提升机会，协助残疾人寻找、获得、保持和恢复工作；

（六）促进自营就业、创业经营、创建合作社和个体开业的机会；

（七）在公共部门雇用残疾人；

（八）以适当的政策和措施，其中可以包括平权行动方案、奖励和其他措施，促进私营部门雇用残疾人；

（九）确保在工作场所为残疾人提供合理便利；

（十）促进残疾人在开放劳动力市场上获得工作经验；

（十一）促进残疾人的职业和专业康复服务、保留工作和恢复工作方案。

二、缔约国应当确保残疾人不被奴役或驱役，并在与其他人平等的基础上受到保护，不被强迫或强制劳动。

本质上，残疾人就业是关乎非歧视与无障碍的议题。经济、社会、文化权利委员会在有关评论中，不仅强调就业是残疾人普遍遭遇歧视的一个领域，也从残疾人的工作权利角度指出：

> 就业领域是基于残疾的歧视极为突出和顽固的领域。在多数国家，残疾人的失业率高出正常人的两到三倍。残疾人即使被雇用，也大多从事低工资工作，几乎没有社会和法律保障，而且往往与劳务市场的主流隔离。各国应积极支持将残疾人纳入正规劳务市场这项工作。

> 只要残疾工人唯一的真正机会是在所谓的"简易"设施内工作，其工作条件低于标准条件，"人人应有机会凭其自由选择和接受的工作来谋生的权利"（第六条第一款）就得不到实现。使某一类残疾人实际上仅限于某些职业或仅限于生产某些产品的安排，会使这项权利遭到侵犯。同样，根据《保护精神病患者和改善精神保健的原则》第十三条第三款，精神病院相当于强迫劳动的"治疗"，也是不符合公约规定的。在这方面，《公民及政治权利国际公约》关于禁止强迫劳动的规定也是相关的。

> 标准规则规定，残疾人无论在农村还是城市，必须在劳务市场上享有从事生产性有偿就业的同等机会。为此，极有必要消除阻碍融入社会尤其是就业的人为障碍。正如国际劳工组织指出，往往是社会先在交通、住房和工作地点等领域设置实际障碍，然后将其作为残疾人不能就业的理由。例如，只要工作场所的设计和建造使轮椅无法进入，雇主就能将此作为不能雇用使用轮椅者的"理由"。政府也应制定政策，提倡并规定灵活和替代性工作安排，以照顾残疾人的需要。

> 同样，由于政府没能确保使残疾人能使用有些交通方式，残疾人找到合适、正常的工作，接受教育和职业培训或乘坐公交车前往各类设施的机会大为减少。的确，提供便利，使这些人能利用适当的乃至专门的交通方式，对于残疾人落实公约确认的实际上所有权

利来说至关重要。

公约第六条第二款条规定的"技术和职业指导及培训方案"应反映所有残疾人的需要,在没有歧视的环境中进行,并且应在残疾人代表充分参与的情况下规划和执行。

"享受公正和良好的工作条件"的权利(第七条)适用于所有残疾工人,不论其是在福利工厂工作还是在公开的劳务市场工作,如果残疾工人和非残疾工人做同样的工作,前者不应在工资或其他条件方面受到歧视。缔约国有责任确保残疾不被作为订立较低的劳工标准或支付低于最低工资的报酬的借口。

与工会有关的权利(第八条)同样适用于残疾工人,不论这些工人是在专门的工厂工作还是在公开的劳务市场工作。此外,第八条同结社自由权利等其他权利结合起来看,强调了残疾人成立自己的组织的权利的重要性。要使这些组织真正促进和保护残疾人的经济和社会利益[第八条第一款第(一)项],政府机构和负责处理与残疾人有关的所有问题的机构就应定期征求这些组织的意见。可能还有必要向这些组织提供资助和其他方面的支持,以确保其健康发展①。

国际劳工组织在与残疾人工作有关的权利发展方面做出可贵而广泛的努力。其发布的与之最相关的文书是《残疾人职业康复和就业公约》(即C159)② 和《残疾人职业康复和就业建议》(即R168)③。

在《残疾人权利公约》生效前,国际劳工组织1983年发布的《残疾人职业康复和就业公约》是唯一针对残疾人的具有国际约束力的多边条约。该公约也与残疾人就业问题相关,并涉及采取积极措施。正如《残疾人权利公约》第五条第四款所言,残疾人应获得优待以确保实现机会的有效平等。第159号国际劳工公约《残疾人职业康复和就业公约》规定:"为残疾工人获得与其他工人同等的有效机会和待遇而制定的积极的特别措施,不应认为是对其他工人的歧视。"设定配额是积极措施中的一种形式。

---

① 经济、社会、文化权利委员会,第5号一般性意见:残疾人,第20至26段。
② 该公约文本情参见:http://www.ilo.org/ilolex/cgi-lex/convde.pl?C159.
③ 该建议文本请参见:http://www.ilo.org/ilolex/cgi-lex/convde.pl?R168.

《残疾人机会均等标准规则》第七条是另一个重要条款，其中也提到了就业问题：

> 各国应确认残疾人须能在特别是就业领域享有人权的原则。无论在农村或在城市，他们必须在劳力市场上享有从事生产性有偿就业的同等机会。
>
> 1. 就业领域的法律和条例不应歧视残疾人，不应对他们的就业设置障碍。
>
> 2. 各国应积极支持残疾人参加公开的就业。可以通过各种措施实现这种积极支持，诸如职业培训、奖励性的定额办法、预留名额或分配就业、向小型企业发放贷款或补助金、向对雇用残疾工人的企业授予独家合同或优先生产权利、税收优惠、履约补贴或提供其他技术或财政援助。各国应鼓励企业雇主为安排残疾人工作做出合理的调整。
>
> 3. 各国行动方案应包括：
>
> （a）采取措施，妥善设计和改造工作场所和楼房，使之对各种残疾人无障碍；
>
> （b）支持使用新技术，研制和生产辅助器材、工具和设备，并采取措施，使残疾人能够获得这些器材和设备，以便他们能够获得和保持就业；
>
> （c）提供适当的培训、安置和不间断的支助，如个人协助和传译服务。
>
> 4. 各国应发起支持旨在提高群众认识的宣传运动，务求消除对残疾工人的不良态度和偏见。
>
> 5. 各国以雇主身份，应为残疾人在公共部门的就业创造有利的条件。
>
> 6. 国家、工人组织和雇主应共同合作，确保公平的招聘和晋升政策、就业条件、工资标准、为防止工伤和损伤而改进劳动环境的措施以及对工伤者的康复措施。
>
> 7. 任何时候，目的都应是使残疾人能在公开的劳力市场上获得就业。对于无法在公开就业中满足需要的那些残疾人，组织小型的

保护性或支助性就业形式也许是一种选择办法。重要的是，应评估此种方案的质量，看其有无重要作用，是否足以为残疾人提供机会以利于在劳力市场上获得就业。

8. 应采取措施使私营部门和非正规部门的培训和就业方案把残疾人包括在内。

9. 国家、工人组织和雇主应与残疾人组织共同合作，采取一切措施为残疾人创造培训和就业机会，包括为残疾人安排灵活性工作时间、非全日制工作、协作作业、自营职业和相应的照料。

对本公约第二十七条的争论围绕两个主题，一是积极配额措施的使用；二是包容性的广泛漏洞：庇护工场或其他形式的"替代性"就业。

《世界人权宣言》第二十三条规定，"人人享有工作的权利"。《经济、社会、文化权利国际公约》第六条和《消除一切形式对妇女歧视公约》第十一条对此也有规定。本公约第二十七条中"缔约国确认"的表述，与之前公约的文字相比语气没那么强烈。《消除一切形式种族歧视国际公约》第五条对工作权则加以"保证"。不过，《经济、社会、文化权利国际公约》第六条也使用了与本公约一样的措辞。与《消除对妇女一切形式歧视公约》第十一条相比，本条中"有机会在劳动力市场为谋生自由选择或接受工作"是一个新的表述，前者规定"人人有不可剥夺的工作权利"和"享有自由选择专业和职业的权利"。

"国际残疾人组织核心成员组"主张在公共服务领域强化雇用残疾人的义务，认为没有必要使用"包括在就业期间致残者"的表述，并对此表示反对。

本条第一款第（一）和（二）项是对核心条约文本中各种非歧视条款的一个综合。"公平和良好的工作条件"同样见于《世界人权宣言》第二十三条、《消除一切形式种族歧视国际公约》第五条和《经济、社会、文化权利国际公约》第七条。"同值工作的同等报酬"载于《消除一切形式歧视妇女公约》第十一条。不过，《世界人权宣言》第二十三条有关"针对失业的保护"并没有包含在本公约中。本款第（一）项中有关"职业提升"的措辞，与《经济、社会、文化权利国际公约》第七条第三款有所不同，后者表述为"人人在其行业中有适当的提级的同等机会"。

本款第（三）项有关工会权的表述，在其他核心人权条约中也有类似规定，如《世界人权宣言》第二十三条第四款、《消除一切形式种族歧视国际公约》第五条和《经济、社会、文化权利国际公约》第八条。值得注意的是，《公民及政治权利国际公约》第二十二条规定了对有关结社自由权利更广泛的保护，包括"组织和参加工会以保护他的利益的权利"。

本款第（四）项"技术和职业指导"同样体现在《经济、社会、文化权利国际公约》第六条和《消除对妇女一切形式歧视公约》第十一条。不过，不同于《消除对妇女一切形式歧视公约》将其规定为一种权利，本条只是要求残疾人"能够"（enabling）切实参与。与《经济、社会、文化权利国际公约》第六条不同，本条规定了技术和职业指导方案的"一般"性质。值得注意的是，《消除对妇女一切形式歧视公约》明确提及了学徒制。《保护所有移徙工人及其家庭成员权利国际公约》第四十三条强调提供"再培训设施和机构"服务。

本款第（五）项有关保持就业的表述，可能会被解读为对失业的保护措施。国际劳工组织建议使用"再培训"一词代替原有措辞。围绕自主就业机会，国际劳工组织提出了合作社议题。"国际残疾人组织核心成员组"建议使用一个不同的表述："向残疾人自主就业者提供小微企业机会，促进自有商业发展，协助其获得补助信贷和技术建议。"

针对残疾人就业问题，"国际残疾人组织核心成员组"希望明确规定相应条件以确保提供特殊设备、个别援助、收入支助，以及工作场所适应性。不过，个别援助的概念没有被纳入本条，现在第（五）项中的表述是"合理便利"。私营部门中的残疾人就业情况应通过"积极行动"（affirmative action）得以提升。其他核心人权条约没有使用积极区分（positive discrimination）的概念。相比而言，《消除对妇女一切形式歧视公约》第四条规定，"为加速实现男女事实上的平等而采取的暂行特别措施，不得视为本公约所指的歧视"。关于"特别措施"，可参见本公约第五条第四款。另外，《残疾人机会均等标准规则》第十五条提出多种确保实现残疾人充分包容法律基础的措施，其中用到"积极行动"的措辞。

本条第二款有关禁止强迫劳动的内容，在《公民及政治权利国际公约》第八条中有类似表述："任何人不得使为奴隶……任何人不应被强迫役使，任何人不应被要求从事强迫或强制劳动。"《世界人权宣言》第四条也有类似内容。本款"应当确保"的表述较为强烈,不过,其他核心人权文本使用的"任何人不应"的语气显得更强。另可参照上文引述的经济、社会、文化权利委员会有关残疾人和强迫劳动的一般性意见。同样,国际劳工组织相关公约,特别是第 29 号《强迫或强制劳动公约》① 和第 105 号《废除强迫劳动公约》② 也值得关注。

第二十八条 适足的生活水平和社会保护
Article 28: Adequate Standard of Living and Social Protection

一、缔约国确认残疾人有权为自己及其家属获得适足的生活水平,包括适足的食物、衣物、住房,以及不断改善生活条件;缔约国应当采取适当步骤,保障和促进在不受基于残疾的歧视的情况下实现这项权利。

二、缔约国确认残疾人有权获得社会保护,并有权在不受基于残疾的歧视的情况下享有这项权利;缔约国应当采取适当步骤,保障和促进这项权利的实现,包括采取措施:

(一)确保残疾人平等地获得洁净供水,并且确保他们获得适当和价格低廉的服务、用具和其他协助,以满足与残疾有关的需要;

(二)确保残疾人,尤其是残疾妇女、女孩和老年人,可以利用社会保护方案和减贫方案;

(三)确保生活贫困的残疾人及其家属,在与残疾有关的费用支出,包括适足的培训、辅导、经济援助和临时护理方面,可以获得国家援助;

(四)确保残疾人可以参加公共住房方案;

(五)确保残疾人可以平等享受退休福利和参加退休方案。

---

① 公约全文参见:http://www.ilo.org/ilolex/cgi-lex/convde.pl? C029.
② 公约全文参见:http://www.ilo.org/ilolex/cgi-lex/convde.pl? C105.

社会保障和适足的生活水平是两项有区别的人权，此前有人建议将此分为两个条款。不过，当预想的"精练"条约已经超过40个条款时，这个念头便被打消了。值得注意的是，对于使用"社会保障"（social security）还是"社会保护"（social protection）存在许多争论。争论的结果是使用联合国经社理事会曾使用的措辞（"社会保护"），不使用诸多核心人权条约提到的"社会保障"。

社会保障，先载于《世界人权宣言》第二十二条，后见于《消除一切形式种族歧视国际公约》第二十三条，更重要的是《经济、社会、文化权利国际公约》第九条的相关规定。另外，也见于《消除对妇女一切形式歧视公约》第十一条、《儿童权利公约》第二十六条，以及《保护所有迁徙工人及其家庭成员权利国际公约》第二十七条。

享有适足生活水平，在《世界人权宣言》第二十五条中规定为："人人有权享受为维持他本人和家属的健康和福利所需的生活水准，包括食物、衣着、住房、医疗和必要的社会服务；在遭到失业、疾病、残废、守寡、衰老或在其他不能控制的情况下丧失谋生能力时，有权享受保障。"《经济、社会、文化权利国际公约》第十一条规定，"人人享有适足生活的权利"。《儿童权利公约》第二十七条和《保护所有迁徙工人及其家庭成员权利国际公约》第四十三条对此做了进一步规定。

经济、社会、文化权利委员会就社会保障及保证残疾人适足生活水平的重要性评论指出：

> 社会保障和维持收入方案对残疾人来说极为重要。《标准规则》规定，"各国应确保向那些由于残疾或与残疾有关的原因而暂时丧失了收入或减少了收入，或得不到就业机会的残疾人提供适当的收入支助"，这种支助应体现特殊的需要和往往与残疾有关的其他费用。此外，支助还应尽可能涵盖负责照料残疾人的个人（其中大多数为妇女）。这些人，包括残疾人的家庭成员，由于从事照料工作而往往急需得到资助[①]。

除了有必要确保残疾人得到充分的食物、出入方便的住房和其

---

① 经济、社会、文化权利委员会，第5号一般性意见：残疾人，第28段。

他基本资料以外，还有必要确保向残疾人提供"支助服务"包括辅助性器材，帮助他们提高日常生活方面的独立能力和行使他们的权利。得到适足的衣着的权利对残疾人来说也特别重要，因为残疾人在衣着方面有特殊需要，落实这项权利能使其在社会中充分和有效地发挥作用。还应尽可能酌情在这方面向个人提供协助。应以充分尊重有关人员的人权的方式并本着这种精神提供此种协助。同样，正如委员会在第4号一般性评论（1991年第六届会议）第8段中指出的，得到适足的住房的权利包括残疾人得到出入方便的住房的权利①。

在讨论老龄人的权利时，经济、社会、文化权利委员会详述了社会保障的覆盖范围：

> 公约在总体上规定，各缔约国"承认人人有权享受社会保障"，但未具体阐明应保证的保护种类或程度。然而，"社会保障"这一用语隐含超出本人所控制范围的原因而失去维持生计手段的所有风险②。

2008年2月，经济、社会、文化权利委员会通过了有关社会保障权的第19号一般性意见，详述了社会保障各个方面的内容，通篇都涉及残疾人及其需求的问题。

社会保障见于《世界人权宣言》第二十二条，社会保护分别包含在第二十三条第三款和第二十五条里。《消除一切形式种族歧视国际公约》有关社会保障的条款主要是公约第五条。另外，最重要的规定是《经济、社会、文化权利国际公约》第九条："人人有权享受社会保障，包括社会保险。"《消除对妇女一切形式歧视公约》第十一条、《儿童权利公约》第二十六条，以及《保护所有迁徙工人及其家庭成员权利国际公约》第二十七条，对此也有相关规定。

---

① 经济、社会、文化权利委员会，第5号一般性意见：残疾人，第33段。
② 经济、社会、文化权利委员会，第6号一般性意见：老龄人的经济、社会及文化权利，第26段。

经济、社会、文化权利委员会有关社会保障的一般性意见强调，享受社会保障的权利应不受任何歧视，并列举了以下严禁歧视的领域①：

  种族、肤色、性别、年龄、语言、宗教、政治或其他见解、国籍或社会出身、财产、出生、身体或精神残疾、健康状况（包括艾滋病毒/艾滋病）、性取向以及公民、政治、社会或其他身份，导致取消或损害平等享有或行使社会保障的权利。

正如其他权利一样，社会保障的基本要素概述如下：

——社会保障体系的可用性，以提供可持续的收入保障；

——在有尊严的原则下，无论在数量还是持续时间上，都提供适足的社会保障；

——就环境而言具有可获致性，保证每个人都被包含在内。同时，在经济上应该也是可得到的。例如，应具有负担能力。此外，提供的信息也应该是可获得的，并可供参与分享。

有关适足的生活水平，《经济、社会、文化权利国际公约》第十一条规定："本公约缔约各国承认人人有权为他自己和家庭获得相当的生活水准，包括足够的食物、衣着和住房，并能不断改进生活条件。"《儿童权利公约》第二十七条列举了"营养、衣着和住房"等要素。此外，《保护所有迁徙工人及其家庭成员权利国际公约》第四十三条详述了"享受住房、包括公共住宅计划，以及在租金方面不受剥削的保障"。

要满足适足生活水平需要不同的要素，包括食物、水、衣着、住房，以及不断改进生活条件。重要的一点是，《经济、社会、文化权利国际公约》承认"免于饥饿的权利"。

在有关残疾人权利的语境中，经济、社会、文化权利委员会探讨了适足的衣着这个议题：

  得到适足的衣着的权利对残疾人来说也特别重要，因为残疾人在衣着方面有特殊需要，落实这项权利能使其在社会中充分和有效地发挥作用。还应尽可能酌情在这方面向个人提供协助②。

---

① 经济、社会、文化权利委员会，第19号一般性意见：社会保障的权利，第29段。
② 经济、社会、文化权利委员会，第5号一般性意见：残疾人，第33段。

住房与本公约中有关可获得性一般原则的第三条、有关提供合理便利的第二条，以及考虑尊重隐私的第二十二条这三者紧密相连。

有关住房问题，经济、社会、文化权利委员会强调指出：

> 委员会认为，不应狭隘或限制性地解释住房权利，譬如，把它视为仅是头上有一遮瓦的住处或把住所完全视为一商品而已，而应该把它视为安全、和平和尊严地居住某处的权利，至少有两条理由可以认为这样理解是恰当的。首先，住房权利完全与作为公约之基石的人权和基本原则密切有关。就此而言，公约的权利源于"人身的固有尊严"，而这一"人身固有的尊严"要求解释"住房"这一术语时，应重视其他多种考虑。最重要的是，应确保所有人不论其收入或经济来源如何都享有住房权利。其次，第十一条第一款的提法应理解为，不仅是指住房而且是指适足的住房。人类住区委员会和《到2000年全球住房战略》都阐明："适足的住所意味着……适足的独处居室、适足的空间、适足的安全、适足的照明和通风、适足的基本基础设施和就业和基本设备的合适地点——一切费用合情合理。"①

关于适足的食物，经济、社会、文化权利委员会特别指出：

> 委员会认为，取得足够食物的权利的核心内容的含义是：
>
> 食物在数量和质量上都足以满足个人的饮食需要，无有害物质，并在某一文化中可以接受；此类食物可以可持续、不妨碍其他人权的享受的方式获取。
>
> 饮食需要是指整个食物含有身心发育、发展和维持以及身体活动所需的各种营养物，这些营养物与人的整个生命期各阶段的生理需要相一致，并能满足男女和不同职业的需要。因此，有必要采取措施维持、适应或加强食物多样性和恰当的消费和喂养方式，包括母乳喂养，同时确保食物的提供和获取至少不对食物结构和食物摄取产生不利影响。

---

① 经济、社会、文化权利委员会，第4号一般性意见：适足住房权，第7段。

无有害物质对食物安全做出规定,并要求政府和私营部门都采取保护措施,防止食品在食物链各阶段因掺杂掺假和或因环境卫生问题或处置不当而受到污染。还必须设法认别、避免或消除自然生成的毒素。

文化上或消费者的可接受性是指需要尽可能考虑到食品和食品消费附带的所认为的非基于食品的价值,并考虑到消费者对可获取的食品的特性的关切。

可提供性是指直接依靠生产性土地或其他自然资源获取食物的可能性,或是指运转良好的分配、加工及销售系统根据需求将食物从生产地点运至所需要的地点的可能性。

可获取性涵盖经济上的可获取性和实际可获取性:经济上的可获取性是指个人或家庭与获取食物、取得适足饮食有关的开支水平应以其他基本需求的实现或满足不受影响或损害为限。经济上的可获取性适用于人们据以获取食物的任何获取方式或资格是衡量此种获取或资格对取得足够食物权利的享受的恰当程度的标准。对于社会中易受伤害群体,如无土地者和人口中其他极为贫困者,可能需要执行社会方案,对其给予照顾。

实际可获取性是指人人都必须能够取得食物,包括身体易受伤害者,如婴儿、青少年、老年人、残疾人、身患不治之症者,以及患有久治不愈病症者,包括精神病患者等。遭受自然灾害者,灾害多发区居民以及其他处于特别不利地位群体等,需受到特别重视,有时需在食物的获取方面受到优先照顾。许多土著居民群体尤易遭受影响,因此这些群体对祖传土地的获取和利用可能受到威胁[①]。

亦可参照与水权有关的一般性意见:

水是一种有限的自然资源,是一种对维持生命和健康至关重要的公共消费品。水权是一项不可缺少的人权,是人有尊严地生活的

---

① 经济、社会、文化权利委员会,第12号一般性意见:取得足够食物的权利,第7—13段。

必要条件。水权也是实现其他人权的一个前提条件。委员会不断地发现，无论是在发展中国家还是在发达国家都存在着普遍剥夺水权的问题①。

第二款第（一）项提及的"洁净供水"，是围绕水权讨论的结果。一些代表团希望将其置于有关健康权的公约第二十五条。由于针对用水问题明确提及"权利"不太可能实现，所以"洁净供水"的提法必须得到满足。"国际残疾人组织核心成员组"主张包含"服务、用具和其他协助，以满足与残疾有关的需要"，该建议得到采纳。值得注意的是，此处再次提到"价格低廉"这一条件。

第二款第（二）项体现了可获取性原则，强调了明确将残疾儿童和妇女纳入减贫发展努力的必要性。本项强调，必须确保将残疾人纳入实现联合国千年发展目标（尤其是目标1）的方案中，即通过确保减贫方案的可获取性将贫困人口减半。绝大多数统计结果显示，残疾人存在不成比例的贫困。由于存在包括歧视和其他形式的结构性边缘化等社会障碍，残疾人经常陷入贫穷的恶性循环。

"国际残疾人组织核心成员组"倾向于在为残疾相关的花费提供援助，与对贫困给予支助这两者之间做清晰的区分。

贫困构成一种剥夺，这不仅只是低收入或发展中国家的问题，也是全球性问题。联系第二款第（三）项，再对照经济、社会、文化权利委员会对贫困的定义：

> 就在不久前，贫困还经常被界定为不充足的收入，以至于只能买最低限度的货品和服务。今天，这个术语通常被更宽泛的加以理解，认为贫困指的是缺乏基本能力有尊严的生活。这个定义承认贫困一词的更广泛特征，譬如饥饿，劣质教育、歧视、易受伤害和社会排斥。经济、社会、文化权利委员会注意到，对贫困的此种理解，反映了《经济、社会、文化权利国际公约》的许多条款。
>
> 根据"国际人权宪章"，贫困可以被定义为一种人类状态，即持

---

① 经济、社会、文化权利委员会，第15号一般性意见：水权，第1段。

续和长期地被剥夺资源、能力、选择、安全、享受适足生活水平，以及其他公民、文化、经济、政治和社会权利的必要权利。承认没有普遍接受的相关定义，经济、社会、文化权利委员会支持对贫困进行多维度的理解，这反映了人权不可分割和相互依赖的性质①。

在讨论提供适足的生活水平，特别是持续改进生活条件的职责时，或许有必要参考有关包容性发展的公约第三十二条，以及在相关宣言中提到的发展权，另外可参照公约导言部分。

第二十九条　参与政治和公共生活

Article 29: Participation in Political and Public Life

缔约国应当保证残疾人享有政治权利，有机会在与其他人平等的基础上享受这些权利，并应当承诺：

（一）确保残疾人能够在与其他人平等的基础上，直接或通过其自由选择的代表，有效和充分地参与政治和公共生活，包括确保残疾人享有选举和被选举的权利和机会，除其他外，采取措施：

1. 确保投票程序、设施和材料适当、无障碍、易懂易用；

2. 保护残疾人的权利，使其可以在选举或公投中不受威吓地采用无记名方式投票、参选、在各级政府实际担任公职和履行一切公共职务，并酌情提供使用辅助技术和新技术的便利；

3. 保证残疾人作为选民能够自由表达意愿，并在必要时根据残疾人的要求，为此目的允许残疾人自行选择的人协助投票；

（二）积极创造环境，使残疾人能够不受歧视地在与其他人平等的基础上有效和充分地参与处理公共事务，并鼓励残疾人参与公共事务，包括：

---

① "贫困与《经济、文化和社会权利国际公约》"，10/05/2001. e/C. 12/2001/10，参见 http://www.acpp.org/RbAVer1_0/archives/CesCR%20statement%20on%20Poverty.htm.

1. 参与涉及本国公共和政治生活的非政府组织和社团，参加政党的活动和管理；

2. 建立和加入残疾人组织，在国际、全国、地区和地方各级代表残疾人。

除了《世界人权宣言》第二十条和第二十一条，政治权利通常也是《公民及政治权利国际公约》关注的焦点，特别是第二十五条。《消除对妇女一切形式歧视公约》的第七条和第八条也规定了政治权利。如前所述，以上条款中使用的表述通常比"应该保证"的措辞更直接，用的是"保证……权利"。值得注意的是，《消除一切形式种族歧视国际公约》第五条第三款和《公民及政治权利国际公约》第二十五条第二款分别规定了"普遍和平等的选举权"及"真正的定期选举"，但《残疾人权利公约》中并无相关表述。

人权事务委员会一般性意见中，概述了参与公共事务的范围以及投票的权利[①]：

公约第二十五条承认并保护每个公民参与公共事务的权利、选举和被选举权利和参加公务的权利。无论现行宪法或政府采取何种形式，公约要求各国通过必要的立法和其他措施，确保公民具有有效的机会，享受公约保护的权利。第二十五条是基于人民的同意和符合公约原则的民主政府的核心。

第二十五条保护"每个公民"的权利，这与公约承认的其他权利和自由不一样（后者保证缔约国领土内并受其管辖的所有个人享有这些权利）。缔约国报告应该阐明根据第二十五条保护的权利界定公民资格的法律规定。公民在享受这些权利方面，不得受到基于种族、肤色、性别、语言、宗教、政治或其他见解、国籍或社会出身、财产、出生或其他身份等任何理由的歧视。在以出生而获得公民资格的人与通过入籍而获得公民资格的人之间进行区别会引起是否违反第二十五条的问题。

对行使第二十五条保护的权利规定的任何条件应以客观和合理标

---

① 人权事务委员会，第25号一般性意见：第二十五条（参与公共生活和投票的权利）。

准为基础。例如,规定经选举担任或任命特定职位的年龄应高于每个成年公民可行使投票权的年龄是合理的。不得中止或排除公民对这些权利的行使,除非基于法律规定并属于客观和合理的理由。例如,公认的智能丧失可以构成剥夺某人行使投票权或担任公职权利的理由。

(甲)项提到的公共事务是一个广泛的概念,涉及行使政治权力,特别是行使立法、行政和管理权力。它包括公共行政的各个方面和国际、国家、区域和地方各级政策的拟定和执行。权力的分配和个人公民行使受第二十五条保护的参与公共事务的权利的途径应由宪法和其他法律规定。

公民还通过与其代表公开辩论和对话或通过他们组织自己的能力来施加影响而参与公共事务。保障言论、集会和结社自由可支持这种参与。第二十五条(乙)项列出了公民作为选举人或候选人参加公共事务的权利的具体规定。根据(乙)项定期举行真正的选举至关重要,有助于确保代表对行使授予他们的立法权或行政权负责。

举行这种选举的间隔期不得过长,以保证政府的职权的基础仍然是选民自由表达的意愿。(乙)项规定的权利和义务应得到法律保障。

投票权和公民投票权必须由法律规定,仅受合理的限制,如为投票权规定的最低年龄限制。以身体残疾为由或强加识字、教育或财产要求来限制选举权都是不合理的。是否是党员不得作为投票资格的条件,也不得作为取消资格的理由。

国家必须采取有效措施,保证有投票权的所有人能行使这项权利。在规定选举人必须登记的情况下,应该提供便利,不得对这种登记施加任何障碍。如果对登记实行居住规定,规定必须合理,不得以排除无家可归者行使投票权的方式强行这种要求。刑法应禁止对登记或投票的任何侵权性干涉以及对投票人进行恫吓或胁迫。应该严格执行这些法律。为确保知情社区有效行使第二十五条规定的权利,必须对投票人进行教育并开展登记运动[①]。

[①] 人权事务委员会,第25号一般性意见:第二十五条(参与公共生活和投票的权利)。

为使理解更加完整，可参考消除对妇女歧视委员会针对参与政治和公共生活发表的意见：

> （一个国家的政治和公共生活）是一个广泛的概念，是指行使政治权力，尤其是行使立法、司法、行政和管理权力。这一措辞包括公共行政的所有方面以及在国际、国家、区域和地方各级制定和执行政策。这一概念还包括民间社会的许多方面，包括公共委员会、地方理事会以及诸如各政党、工会、专业或行业协会、妇女组织、社区基层组织和其他与公共生活和政治生活有关的组织的活动①。

公约第二十九条涉及的首要议题是参与选举，包括选择他人协助投票的权利。因为担心有人为操纵的危险，所以对于需要多大程度的协助存在激烈争论。本条明确提及了可获得性原则和辅助技术。

其次，本条涵盖了普遍的政治参与。本条第（二）款是在核心人权文书中首次规定"充分和有效的"参与。智利代表团指出，条文没有明确提及参与选举竞选活动，因此建议加入文本。会议主席麦凯大使对条款的扩张性适用表示怀疑。

本条第（一）款并没有穷尽列出参与的所有形式，故而"国际残疾人组织核心成员组"主张在本段开头加上"除其他外"这一重要表述。本条包括了选举与被选举权，分别对应积极投票权和消极的投票权。

第（一）款第1项要求"确保投票程序、设施和材料适当、无障碍、易懂易用"。接下来规定残疾人可获取公职并"有效"保证残疾人在投票和选举中不仅仅是充人数。同样值得注意的是，本条特别提及了辅助技术。第（一）款第3项是一个重要条款，它赋权"残疾人自行选择他人协助投票"。

公约第二十九条第二部分关注残疾人对公共事务充分和有效的参与。加入和组织工会或社团的权利是政治参与的一个基本要素，经济、社会、文化权利委员会在其一般性意见中相应强调它的重要性：

---

① 消除对妇女歧视委员会，第23号一般性建议：政治和公共生活，第5段。

与工会有关的权利（第八条）同样适用于残疾工人，不论这些工人是在专门的工厂工作还是在公开的劳务市场工作。此外，第八条同结社自由权利等其他权利结合起来看，强调了残疾人成立自己的组织的权利的重要性。要使这些组织真正促进和保护残疾人的经济和社会利益［第八条第一款第（一）项］，政府机构和负责处理与残疾人有关的所有问题的机构就应定期征求这些组织的意见。可能还有必要向这些组织提供资助和其他方面的支持，以确保其健康发展①。

关于工会的特定权利，本公约有关工作权的第二十七条第一款第（三）项有所规定。

值得注意的是，人权事务委员会呼吁采取积极措施，以克服排斥残疾人参与的壁垒：

言论、集会和结社自由也是有效行使投票权的重要条件，必须受到充分保护。应该采取积极措施，克服具体困难，如文盲、语言障碍、贫困和妨碍迁徙自由等障碍，所有这一切均阻碍有投票权的人有效行使他们的权利。应该用少数人的语言发表有关投票的信息和材料。应该采取具体办法，如图片和标记来确保文盲投票人在做出其选择之前获得充分的信息②。

在其提案中，"国际残疾人组织核心成员组"强调了在政策制订和决策过程中征询残疾人意见的必要性，以确保将残疾人的观点纳入公共决策中。让残疾人参与立法和政策的发展与实施，这与公约第四条第三款规定的一般义务是一致的。

---

① 经济、社会、文化权利委员会，第 5 号一般性意见：残疾人，第 26 段。
② 人权事务委员会，第 25 号一般性意见：参与公共生活以及投票权。

第三十条 参与文化生活、娱乐、休闲和体育活动

Article 30: Participation in Cultural Life, Recreation, Leisure and Sport

一、缔约国确认残疾人有权在与其他人平等的基础上参与文化生活，并应当采取一切适当措施，确保残疾人：

（一）获得以无障碍模式提供的文化材料；

（二）获得以无障碍模式提供的电视节目、电影、戏剧和其他文化活动；

（三）进出文化表演或文化服务场所，例如剧院、博物馆、电影院、图书馆、旅游服务场所，并尽可能地可以进出在本国文化中具有重要意义的纪念物和纪念地。

二、缔约国应当采取适当措施，使残疾人能够有机会为自身利益并为充实社会，发展和利用自己的创造、艺术和智力潜力。

三、缔约国应当采取一切适当步骤，依照国际法的规定，确保保护知识产权的法律不构成不合理或歧视性障碍，阻碍残疾人获得文化材料。

四、残疾人特有的文化和语言特性，包括手语和聋文化，应当有权在与其他人平等的基础上获得承认和支持。

五、为了使残疾人能够在与其他人平等的基础上参加娱乐、休闲和体育活动，缔约国应当采取适当措施，以便：

（一）鼓励和促进残疾人尽可能充分地参加各级主流体育活动；

（二）确保残疾人有机会组织、发展和参加残疾人专项体育、娱乐活动，并为此鼓励在与其他人平等的基础上提供适当指导、训练和资源；

（三）确保残疾人可以使用体育、娱乐和旅游场所；

（四）确保残疾儿童享有与其他儿童一样的平等机会参加游戏、娱乐和休闲以及体育活动，包括在学校系统参加这类活动；

（五）确保残疾人可以获得娱乐、旅游、休闲和体育活动的组织人提供的服务。

一、文化生活

《世界人权宣言》第二十七条规定了参与文化生活的权利，这项权利也见于《消除一切形式种族歧视公约》第五条、《经济、社会、文化权利国际公约》第十五条、《消除对妇女一切形式歧视公约》第十三条和《儿童权利公约》第三十一条。

2009年6月，经济、社会、文化权利委员会在其第20号一般性意见中详述了在享有社会和文化权利中强调非歧视原则的必要性。此外，2009年后期还通过了第21号一般性意见，其中特别讨论了享受文化生活的权利：

30. 残疾人机会均等标准规则第17段规定，各国应确保残疾人有机会不仅为他们自己，而且为丰富他们所在的城乡社区，发挥其创造能力以及艺术和智力潜能，并且，各国应促使各种文化表演和服务场所对残疾人开放并做到无障碍。

31. 为了便利残疾人参与文化生活，各缔约国应，除其他外，承认这些人有权以无障碍形式获得文化材料、观看电视节目、电影、戏剧、和参与其他文化活动；进入文化表演或服务场所，例如，剧院、博物馆、电影院、图书馆和旅行社，并在可能的情况下，进入国家重要文化遗址和场所；承认他们特殊的文化和语言特征，包括手语和聋人文化；和鼓励并促进他们尽可能参与娱乐、休闲和体育活动。

根据《经济、社会、文化权利国际公约》第十五条的规定，残疾人享有参与文化生活的权利。经济、社会、文化权利委员会针对残疾人面临的相关歧视指出：

《标准规则》规定,"各国应确保残疾人有机会发挥其创造力以及艺术和智力潜能,不仅为了他们自己,而且还为了丰富他们所在的城乡社区。……各国应促使各种文化表演和服务场所对残疾人开放……并做到无障碍……"。娱乐、体育和旅游场所也应如此。

残疾人充分参与文化和娱乐生活的权利还要求尽最大可能消除信息交流方面的障碍。这方面的一些有益措施可包括"采用有声读物、书面材料用简单的语言写成,格式清楚并配有色彩,以便利智力有残疾者;在播放电视时、在剧院采用专门办法便利耳聋者"。

为便利残疾人平等地参与文化生活,政府应在残疾问题上对公众进行宣传教育。具体而言,应采取措施消除对残疾人的偏见或迷信想法,例如,有人认为患癫痫是因为鬼怪缠身,残疾儿童是对家庭的一种惩罚等。同样,还应对公众进行教育,使其接受这一点:残疾人在使用餐馆、旅馆、娱乐中心和文化设施方面有与其他任何人同等的权利①。

本条第一款以及各次级段落旨在确保残疾人平等参与文化生活的各个方面。值得注意的是,本款第(二)项规定的"无障碍模式"本该描述得更为详细,或者至少更吻合"所有无障碍模式"。"国际残疾人组织核心成员组"提出"使用音频和多媒体模式,包括音频说明、字幕和手语、电子文档"的替代性表述,但未被纳入公约文本。提出这样的要求,可能是基于公约第三条第(五)项提到的有关无障碍的一般原则。

本条第二款是从第一款中分出来的,因为在表述上不能说缔约国发展"创造、艺术和智力潜力",宜用希望"推动……"实现,因此,需要另起一段,这样就将其挪到了第二款。

知识产权,这个术语在此处用得很机智。讨论中对是否使用"版权"这个含义相对狭窄的术语存在争议。尽管提出了各种保证以使知识产权不超出"国际法"的范围之限,会议主席麦凯大使依然提示要关注世界贸易组织(WTO)协议中,特别是"与贸易有关的知识产权"(Trade Related Aspects of Intellectual Property Rights, TRIPS)包含的一些障碍。"国际残疾人组织核心

---

① 经济、社会、文化权利委员会,第5号一般性意见:残疾人,第36—38段。

成员组"主张将其安排到有关无障碍的公约第九条。可以比较一下,《世界人权宣言》第二十七条赋予的相关保护——"人人对由于他所创作的任何科学、文学或美术作品而产生的精神的和物质的利益,有享受保护的权利",另外可见《经济、社会、文化权利国际公约》第十五条。

"语言特性"和"聋文化"同样面临许多争论。一些代表团希望列明国家负担义务的标准。一些代表团在争论中相应主张少数群体、少数群体权利,并声称不存在亚文化。由于"国际残疾人组织核心成员组"的聋人成员组织非常有效的介入,上述两点最终被纳入公约文本。

针对文化和少数群体议题,"国际残疾人组织核心成员组"提出的重要提案值得强调:原住民残疾人权利。《原住民权利宣言》序言第(十六)段,以反歧视为基础做了"折中"①。在此可与消除种族歧视委员会的有关一般性建议做个比较:

> 委员会知道,在世界许多区域土著人民一直并且仍然受到歧视,他们的人权和基本自由被剥夺,尤其是他们的土地和资源落入殖民主义者、商业公司和国家企业之手。因此,他们的文化和历史身份的维护一直并且仍然岌岌可危。
>
> 委员会特别吁请缔约国:
>
> (a) 承认并尊重独特的土著文化、历史、语言和生活方式,将其作为丰富缔约国文化特征的财富,并促进对这笔财富的保护;
>
> (b) 确保土著人民成员的自由及在尊严和权利方面平等,不受任何歧视,尤其是基于土著血统或身份的歧视;
>
> (c) 向土著人民提供条件,使其能够以符合自己文化特点的方式获得可持续的经济和社会发展;
>
> (d) 确保土著人民成员享有有效参与公共生活的平等权利,除非他们在知情情况下同意,否则不得做出同其权利和利益直接有关的任何决定;
>
> (e) 确保土著人民能够行使自己的权利,保留和发扬自己的文

---

① 有关表述可参见2007年通过的《原住民权利宣言》。

化传统和习俗,保持并使用自己的语言。

委员会特别吁请缔约国承认并保护土著人民拥有、开展、控制和使用自己部族的土地、领土和资源的权利,并且,如果没有征得他们在自由和知情情况下的同意而剥夺他们传统上拥有或以其他方式居住或使用的土地和领土,则必须采取措施归还这些土地和领土。只有在由于事实上的理由不可能做到这一点时,才能以获得公正、公平和迅速赔偿的权利取代恢复原状的权利。此种赔偿应尽可能采取土地和领土的形式①。

相关内容也可参照《公民及政治权利国际公约》第二十七条②和国际劳工组织第 169 号《原住民及部落人民公约》。"国际残疾人组织核心成员组"就此提案主张,"缔约国确认原住民残疾人享有在与其他人平等基础上参与文化生活的权利,并应采取一切适当手段保证原住民残疾人与非残疾的原住民享有同样的文化权利,以参与他们的文化精神活动和实践"。

二、娱乐、休闲和体育活动

本条的第二部分内容遵循了所谓的双轨路径:确保残疾人能够进入主流场所并使用主流设施;同时,强调在残疾人自由选择的基础上利用特定场所和设施进行活动的需要。

值得注意的是,《消除一切形式种族歧视国际公约》第五条对有关地点和设施做了完整列举:"进入或利用任何供公众使用的地方或服务的权利,如交通工具、旅馆、餐馆、咖啡馆、戏馆、公园等"。本条第五款还明确提及了"旅游",因为这被认为是一个应该被特别提及的领域。值得注意的是,第五款第(一)项虽仅仅提及"体育活动",但应同样适用于娱乐和休闲活动。第五款第(二)项如加入有"平等机会"组织活动这样的措辞,则可使语气更强一些。第(四)项是围绕公约第七条有关残疾儿童权利辩论的成果。

---

① 消除种族歧视委员会,第 23 号一般性建议:土著人民的权利,第 3—5 段。
② 《公民及政治权利国际公约》第二十七条规定:"在那些存在着人种的、宗教的或语言的少数人的国家中,不得否认这种少数人同他们的集团中的其他成员共同享有自己的文化、信奉和实行自己的宗教或使用自己的语言的权利。"

第三十一条　统计和数据收集
Article 31: Statistics and Data Collection

一、缔约国承诺收集适当的信息，包括统计和研究数据，以便制定和实施政策，落实本公约。收集和维持这些信息的工作应当：

（一）遵行法定保障措施，包括保护数据的立法，实行保密和尊重残疾人的隐私；

（二）遵行保护人权和基本自由的国际公认规范以及收集和使用统计数据的道德原则。

二、依照本条规定收集的信息应当酌情分组，用于协助评估本公约规定的缔约国义务的履行情况，查明和清除残疾人在行使其权利时遇到的障碍。

三、缔约国应当负责传播这些统计数据，确保残疾人和其他人可以使用这些统计数据。

在核心人权条约中，本条开创了一个先例。尽管获得统计数据和统计信息被认为是一项基本权利，但它大部分时候都被当作信息自由的一部分来对待，而信息自由又属于言论自由的一部分。

不同的人权条约机构曾多次要求进行统计和数据收集，最明显的是消除对妇女歧视委员会的表述：

> 消除对妇女歧视委员会，
> 考虑到统计资料对了解公约各缔约国的妇女真实情况是绝对必要的，
> 注意到许多提交报告供委员会审议的缔约国并未提供统计数字，
> 建议各缔约国竭尽全力确保其负责规划全国人口普查和其他社会及经济调查的国家统计部门编制的调查表，在绝对数字和百分比方面均按性别划分数据，以便有关使用者可获得有关其感兴趣的特定部门方面的妇女状况资料①。

---

① 消除对妇女歧视委员会，第9号一般性建议：有关妇女境况的统计数据。

本条最开始被置于公约草案有关权利的部分。但由于其本身独特的性质，引发了不小的争议：没有一种统计和数据"权利"。因此，将本条移到公约的实施部分后，问题迎刃而解。主要的争论变成了确保条款要与普遍的数据保护和隐私规则一致。鉴于残疾人不公正的历史遭遇，任何表面上的"选择"或"单独列出"都要避免。重要的是，要防止这样的数据导致残疾人被永久污名化，进而形成排斥和潜在歧视。

公约第三十一条旨在创制一套工具协助评估公约的实施。有关传播的第三款来自"国际残疾人组织核心成员组"的建议方案，但主张专门提及性别并将其纳入"整体"统计的提议未被采纳。

落实第三十一条的挑战在于，由谁对数据收集的影响因子和统计指标进行界定，统计难以准确的风险很高。举个例子，如果对残障或残疾的定义非常狭窄，那么，这将对最后的统计结果产生很重要的影响。同样，如果统计福利和津贴的接受者数据，那么，那些可能未被赋予资格或者出于羞耻、恐惧被污名化或其他考虑而不希望接受的残疾人，将不被计算在内。

根据世界卫生组织《国际功能、残疾和健康分类》（International Classification of Function, Disability and Health, ICF）官方统计的基本原则，华盛顿残疾统计小组开发设计了下述调查统计问卷。这些问题包括六个核心功能领域或基本行为，看、听、行、认知、自我照顾和交流：

> 由于健康问题，你在从事某些活动时可能会遇到一些困难，下述问题就是关于这些困难的：
>
> 1. 即使佩戴眼镜，你依然有视力障碍么？
> 2. 即使使用助听设备，你依然有听力障碍么？
> 3. 你在行走或爬楼梯时会遇到困难么？
> 4. 你在记忆力或者注意力集中方面有问题么？
> 5. 使用通常的习惯语言，你在交流时会遇到问题么？（比如说理解别人或被他人理解）①。

---

① 华盛顿残疾统计小组：《联合国〈残疾人权利公约〉之监督》。

统计机构的独立性问题也须加以注意。为保证收集的数据真正具有意义，必须由符合职业标准的机构采集，该机构须独立于政府以及与政府有关联的机构。联合国的统计部门制订了《官方统计基本原则》①，这些原则结合其他要素，有助于确保数据准确性的概念不会被滥用于非公益目的，并基于民主意图的方式加以解读和传播。

第三十二条 国际合作
Article 32: International Cooperation

一、缔约国确认必须开展和促进国际合作，支持国家为实现本公约的宗旨和目的而做出的努力，并将为此在双边和多边的范围内采取适当和有效的措施，并酌情与相关国际和区域组织及民间社会，特别是与残疾人组织，合作采取这些措施。除其他外，这些措施可包括：

（一）确保包容和便利残疾人参与国际合作，包括国际发展方案；

（二）促进和支持能力建设，如交流和分享信息、经验、培训方案和最佳做法；

（三）促进研究方面的合作，便利科学技术知识的获取；

（四）酌情提供技术和经济援助，包括便利获取和分享无障碍技术和辅助技术以及通过技术转让提供这些援助。

二、本条的规定不妨害各缔约国履行其在本公约下承担的义务。

绝大多数人权条约均会规定，就某项具体权利进行相关的国际合作，如有关教育的《儿童权利公约》第二十八条和《经济、社会、文化权利国际公

---

① 有关官方统计的基本原则，请参见 http://unstats.un.org/unsd/dnss/gp/fundprinciples.aspx.

约》第十一条。《经济、社会、文化权利国际公约》，特别是其第二条第一款，是条约中唯一规定一般性国际合作的条文。不过，所有核心人权条约都没有就此安排单独条款。对此现象有多种解释，其中之一认为，缔约国不希望承担必须提供某种国际援助这样的责任。他们希望，即使去做，也是由自己决定相关标准，而不必遵从第三方的建议。下文关于本条第二款中另有相关解释。

超过八成的残疾人生活在低收入国家——发展中国家，其中大约仅有4%的残疾人能从国际合作项目中受益，因此，本条对公约的实施具有特别重要的意义。重要的是要认识到，这种合作不仅仅适用于北南（发达国家—发展中国家）关系，也广泛存在于南北关系、南南关系和北北关系之中。如在导论部分所述，联合国《发展权利宣言》显然与本条密切关联。

公约第三十二条提出包容性发展的概念，即在发展规划的计划、设计、实施、评估等所有阶段，都特别考虑残疾人。这样的方案必须以权利为导向，并可无障碍获得。本条的核心意思也包含在公约第四条规定的一般义务之中。其中最值得注意的是，在所有政策和方案中，要将保护和促进残疾人人权的责任考虑在内［第四条第一款第（三）项］，并吸收残疾人组织参与（第四条第三款）。相应地，发展经费不应再被用于制造新的障碍，比如那些只建设楼梯的学校；同时，每一个规划都有具体的关切以确保所有人，当然包括残疾人的融入。

有关包容性发展的详细解读，也可参见"国际助残组织"/国际残疾发展联合会在特设委员会第五次会议上散发的文件①。

"相关国际和区域组织"是一种折中概括的表述，以避免将相关行为体罗列为清单，遗漏潜在的合作伙伴。很显然，联合国所有机构以及世界银行和国际货币基金组织，都在此列。

围绕本条第二款的文字有许多争论。一些国家明显将获得国际（特别是资金）援助当作它们遵守国际人权条约的基础，对本段文字的争论就反映了这一问题。许多捐助国希望确认，无论是否受到国际资助，缔约国都有义务履行公约。

---

① 国际残疾发展联合会有关包容性发展的解释，请参见 http://www.un.org/esa/socdev/enable/rights/ahc5docs/ahc5idcaucus.doc.

"国际残疾人组织核心成员组"的提案强调了由于贫穷导致边缘化的问题,公约对此在序言第(二十)段指出了大部分残疾人生活在贫困之中,在第(十三)段强调了消除贫困必要性。此外,公约序言第(七)段突出了可持续发展,第(九)段则强调了国际合作的重要性。在这样的背景下,公约第二十八条第二款第(二)项有关减贫计划可获得性的相关表述更具意义。

最后应当注意,本条的实施属于国家方案和政策范畴,这些方案和政策应由依照公约第三十三条第二款设立的国家监督机构来负责。

第三十三条 国家实施和监测

Article 33: National Implementation and Monitoring

一、缔约国应当按照本国建制,在政府内指定一个或多个协调中心,负责有关实施本公约的事项,并应当适当考虑在政府内设立或指定一个协调机制,以便利在不同部门和不同级别采取有关行动。

二、缔约国应当按照本国法律制度和行政制度,酌情在国内维持、加强、指定或设立一个框架,包括一个或多个独立机制,以促进、保护和监测本公约的实施。在指定或建立这一机制时,缔约国应当考虑与保护和促进人权的国家机构的地位和运作有关的原则。

三、民间社会,特别是残疾人及其代表组织,应当获邀参加并充分参与监测进程。

这是有关缔约国履行联合国人权条约的特殊条款[1],列举了三种实施及监测机构:

——政府内的协调中心
——政府内协调机制
——基于巴黎原则的独立机制

---

[1] 《禁止酷刑和其他残忍、不人道或有辱人格的待遇或处罚公约任择议定书》第十七条规定成立全国性的预防机制,不过议定书本身并不属于核心条约的一部分。

理解本条的历史性质，需要回顾一下近代的人权历史。在冷战时期，人权大部分被当成国际规范。在国家层面，往往只提到"基本权利"或"宪法权利"。这样的区别与文本公约第四条第三款描述的分野（即"西方"国家支持公民权利和政治权利，而"东方"国家支持经济和社会权利）紧密相连。随着1989年苏东剧变，冷战中将人权作为另一种"武器"的做法变得过时。

1993年维也纳世界人权大会上，与会国家达成了两点主要共识：一是国际人权是实在的，应在国家层面得到实施；二是在公民、政治权利与经济、社会权利之间不应做出区隔。所有人权都是普遍的、不可分割的、互相依赖和相互联系的，这个观念是《维也纳宣言和行动纲领》的核心内容，本公约序言部分第（三）段也反映了相同内容。

对于人权，部分理解其不是用来进行国际政治斗争，而是为了在国家的基础上保证真实人民的权利。因此，不仅需要在国际层面，如联合国层面的监督，在国家层面，即会员国自身，同样需要监督。这就是《维也纳宣言和行动纲领》倡导各国建立国家人权机构的原因所在。本公约相应成为此后达成的第一个核心人权条约。根据"巴黎原则"提供的框架[①]，所有成员国都应建立相应的国家人权机构，在国家层面监测、评估、保护和促进人权[②]。

本条第一款提到的政府内协调中心相对比较简单：所有缔约国的行政部门中应包括一个在法律上和实践中保障公约实施的机构。参照公约第四条第五款，建立这样的机构需要考虑国家的联邦制结构。除了保证民间团体的有效参与外，也应确保与其他关注人权问题的机构（分别包括协调机制和独立机制）进行有效交流。与议会的定期交流也应该明确[③]。

协调机制应纳入所有相关决策以及立法或国家行动计划之中。协调机制以及民间团体代表，特别是残疾人组织的声音应得到重视。

所谓独立机制，即"巴黎原则"倡导建立的国家人权机构（National Human

[①] 联合国人权高专办就国家层面监测、评估、保护和促进人权的"巴黎原则"做了说明，参见：http://www.ohchr.org/english/about/publications/docs/fs19.htm.

[②] 关于国家人权机构，可参见：www.nhri.net.

[③] 可参照国际议会联盟编纂的《议员手册》，见于http://www.ipu.org/english/handbks.htm#disabilities.

Rights Institutions，NHRI)。除了极强调其独立性之外，这个机制也要将保证残疾人享有权利纳入主流人权议题，而非仅仅在特别或具有潜在隔离性的议题中。

除了其他，"巴黎原则"要求国家人权机构：

1. 基于有效多数通过的法律，确保财政、内容和其他方面的独立性。
2. 授权：促进和保护所有国家层面的人权。
3. 任务：
    ——向政府和其他公共机构建言
    ——监督行政机关
    ——对侵犯人权的案件进行独立调查
    ——主题调查和研究
    ——传播信息
    ——人权培训，尤其是在反歧视方面
    ——探讨进行申诉的可能性，以及相关程序
    ——国际合作
4. 权利
    ——动议的权利：根据自身的动议发动和行使调查
    ——与其他机关合作和协调的权利
    ——提供意见和建议的权利
    ——自我管理的权利
    ——出版的权利
    ——信息的权利
    ——质询的权利
5. 成员：对其的任命或解职必须经由确保实际上和形式上独立的程序做出。
6. 法律地位：全面独立

"巴黎原则"的要求简明直接，对独立机制的规定也是这样。要确保国家机构的充分独立，通常而言存在挑战，不仅要在立法中申明机制是"独立的"，即在法理上（de jure）确保其独立性，机构还需要事实上（de facto）的独立性。这种机制必须保持在公共机构中的区隔定位，最好仅对议会负责。同样，建立独立机制的资金支持方式,也必须没有其他第三方对资金数额和支付进行干预。

很显然,确立独立机制的职责是国家人权机构目标的有机组成部分。建立一个别的机构,并不明智,这会使有关残疾人标准差异的观念长期维持。公约保障所有残疾人在与其他人平等的基础上,享有一切人权。这意味着要在与主流条件一致的情况去促进、保障、监测和评估①。

此外,"国际残疾人组织核心成员组"就公约履行的国家实施和监测机制提出的重要提案,提出下述要点:

——在已存在国家人权机构的国家,拓展国家人权机构的职能;

——在建立国家人权机构过程中,需与残疾人和他们的代表组织协商;

——功能独立和人事独立;

——专家中要体现残疾人的代表性;

——男性和女性代表人数平等;

——国家的种族、原住民和少数民族群体都有充分的代表性;

——有必要的资源保障;

——确保与相关国家机关协调和对话;

——国家机制应该有权制定自身的程序规则;

——与相关联合国和其他国际机构保持联络;

——能力建设;

——申诉程序。

正如公约第十六条第三款所述,独立机制和将来出现的机构之间有什么关联仍需拭目以待。上文也曾指出,批准了《禁止酷刑和其他残忍、不人道或有辱人格的待遇或处罚公约任择议定书》的国家需要处理(独立机制)与国家预防机制之间存在的可能重叠的问题。

联合国人权高专办曾出版过一本监测手册,就《残疾人权利公约》实施的监督提供了有用信息②。

---

① 进一步了解有关国家人权机构组织架构,可参阅:http://www.nhri.net.
② 联合国人权高专办:《监测〈残疾人权利公约〉》,职业训练系列丛书第17号。参见:http://www.ohchr.org/documents/Publications/disabilities_training_17en.pdf.

第三十四条 残疾人权利委员会

Article 34: Committee on the Rights of Persons with Disabilities

一、应当设立一个残疾人权利委员会（以下称"委员会"），履行下文规定的职能。

二、在本公约生效时，委员会应当由十二名专家组成。在公约获得另外六十份批准书或加入书后，委员会应当增加六名成员，以足十八名成员之数。

三、委员会成员应当以个人身份任职，品德高尚，在本公约所涉领域具有公认的能力和经验。缔约国在提名候选人时，务请适当考虑本公约第四条第三款的规定。

四、委员会成员由缔约国选举，选举须顾及公平地域分配原则，各大文化和各主要法系的代表性，男女成员人数的均衡性以及残疾人专家的参加。

五、应当在缔约国会议上，根据缔约国提名的本国国民名单，以无记名投票选举委员会成员。这些会议以三分之二的缔约国构成法定人数，得票最多和获得出席并参加表决的缔约国代表的绝对多数票者，当选为委员会成员。

六、首次选举至迟应当在本公约生效之日后六个月内举行。每次选举，联合国秘书长至迟应当在选举之日前四个月函请缔约国在两个月内递交提名人选。秘书长随后应当按英文字母次序编制全体被提名人名单，注明提名缔约国，分送本公约缔约国。

七、当选的委员会成员任期四年，可以连选连任一次。但是，在第一次选举当选的成员中，六名成员的任期应当在两年后届满；本条第五款所述会议的主席应当在第一次选举后，立即抽签决定这六名成员。

八、委员会另外六名成员的选举应当依照本条的相关规定，在正常选举时举行。

九、如果委员会成员死亡或辞职或因任何其他理由而宣称无法继续履行其职责，提名该成员的缔约国应当指定一名具备本条相关规定所列资格并符合有关要求的专家，完成所余任期。

十、委员会应当自行制定议事规则。

十一、联合国秘书长应当为委员会有效履行本公约规定的职能提供必要的工作人员和便利，并应当召开委员会的首次会议。

十二、考虑到委员会责任重大，经联合国大会核准，本公约设立的委员会的成员，应当按大会所定条件，从联合国资源领取薪酬。

十三、委员会成员应当有权享有联合国特派专家根据《联合国特权和豁免公约》相关章节规定享有的便利、特权和豁免。

所有核心人权条约都会建立专家机构，如根据《消除一切形式种族歧视国际公约》第八条建立的消除种族歧视委员会，根据《公民及政治权利国际公约》第二十八条建立的人权委员会，根据《禁止酷刑和其他残忍、不人道或有辱人格的待遇或处罚公约》第十七条建立的禁止酷刑和其他残忍、不人道或有辱人格的待遇或处罚委员会，以及根据《保护所有移徙工人及其家庭成员权利国际公约》第七十二条建立的保护所有迁徙工人及其家庭成员权利委员会。

残疾人权利委员会最终包含18名成员，由缔约国选出，其充分考虑到公平地域分配原则、各大文化和各主要法系的代表性、男女成员人数的均衡性以及重要的是，保证残疾人专家的参加。因此，残疾人组织需要与它们的政府接触，确保一旦公约在其国家得到批准，它们将推荐专家成为委员会成员。

根据公约第40条规定，由召开的缔约国大会选举残疾人权利委员会成员，任期四年。委员会已经订立了程序规则。

所有缔约国必须在公约批准两年后向委员会提交报告，概述其为实现公约规定的权利而采取的措施。在此之后，每四年应提交一次履约报告。

委员会可审阅这些报告，并对报告提出建议和意见。委员会可以要求缔约国提供进一步的信息。

重要的是，委员会也受理通常所谓的"民间团体报告"，以便了解缔约国在履行公约义务时的不足之处。可参照公约第三十五条有关缔约国提交报告的规定。

委员会可就缔约国提交的报告提出意见和建议。这一点意义重大，因为委员会对政府的建议等于为民间团体的努力提供了一个很好平台。委员会文件应该被广为传播，以确保民间团体，特别是残疾人组织知悉政府在政治层面承担的责任，并使国际社会对侵犯人权的行为给予关注。

如同本书提及的其他人权条约机构的一般性意见的做法，委员会也可发表一般性意见。

第三十五条　缔约国提交的报告
Article 35: Reports by States Parties

一、各缔约国在本公约对其生效后两年内，应当通过联合国秘书长，向委员会提交一份全面报告，说明为履行本公约规定的义务而采取的措施和在这方面取得的进展。

二、其后，缔约国至少应当每四年提交一次报告，并在委员会提出要求时另外提交报告。

三、委员会应当决定适用于报告内容的导则。

四、已经向委员会提交全面的初次报告的缔约国，在其后提交的报告中，不必重复以前提交的资料。缔约国在编写给委员会的报告时，务请采用公开、透明的程序，并适当考虑本公约第四条第三款的规定。

五、报告可以指出影响本公约所定义务履行程度的因素和困难。

人权条约的缔约国需要定期向相关条约机构提交报告。《消除一切形式种族歧视国际公约》第九条、《公民及政治权利国际公约》第四十条、《消除对妇女一切形式歧视公约》第十八条、《禁止酷刑和其他残忍、不人道或有辱人格的待遇或处罚公约》第十九条、《儿童权利公约》第四十三条，以及《保护所有移徙工人及其家庭成员权利国际公约》第七十三条等，都有相关规定。

在本公约对缔约国生效的两年内，缔约国应提交首份报告。此后，缔约国政府应每四年报告一次履约成就、进展和存在的问题。

与公约第四条第三款规定一致，本条第四款要求残疾人和代表他们的组织参与报告的起草和编写工作。第四款要求"公开和透明的程序"，对残疾人组织给以"适当考虑"。显然"适当考虑"也依赖于非政府组织和残疾人组织的请求。

可以理解，一些民间团体认为本国就履行核心条约所提交报告的描述，与他们真正生活的国家的状况不是一回事。缔约国政府会努力展示它们的良好成绩，使用外交技巧略去存在的差距和可能的不足。总而言之，缔约国报告描述了现实，但未必能够满足民间团体的主观期待。

各人权条约机构都接受附加报告，或者是由民间团体编撰的报告。这相当于给民间团体提供了一个独特和高水平的机会，指出法律保护的不足、公约实施的缺陷或者被政府完全忽视的议题。

一、民间团体报告：影子报告与替代性报告

如果缔约国政府乐于展现其作为注重人权保护国家的形象，它会在完成最终报告前先与民间团体接触。至少，会把报告的复件提供给民间团体的代表。如果是这样，非政府组织/残疾人组织可以编辑和撰写一份民间团体报告，也被称作影子报告。在政府报告的基础上，相关组织可以指出不足，并在可能的情况下，针对民间团体面对的挑战和问题提出可行性解决方案。

如果政府不予合作，非政府组织或残疾人组织可以撰写一份替代性报告：在不反映政府观点的情况下，向委员会提供民间团体对其所在国家情况的看法。具体有以下几种途径：

——可以围绕公约条款工作，强调法律规定和公约实施中的不足。

——或可在本国非政府组织/残疾人组织中创立一个论坛，共同分担此项工作。最理想的状态是，详述既有和未来立法，进行数据分析，并针对相关缺陷简要提供典型例子。

——也可以选择关注那些与它们最紧密相关的议题,相关观点必须立足于对现有立法状况分析,并突出其他报告或新闻报道涉及的实施公约的缺陷。

因为委员会成员需要阅读大量文件,所以此类报告力求全面、简短、凝练。

相关组织不应仅呈现负面信息,要避免报告出现一边倒的情况。如果缔约国政府已经修正了立法,报告就应予肯定。影子报告或者替代性报告并不是攻击政府的方式,其目的是在审慎的态度下,向委员会提供反映所在国家残疾人人权状况的一种平衡视角。

无论怎样,都应该做出有利改进的合理性建议。残疾人权利委员会运作情况现在尚不好评估。其他条约机构都对收到的建议表示感激,这些建议现实而根本的目的是能被纳入委员会给缔约国政府的结论性意见中。

二、传播与后续

编纂民间团体报告是一种非常有力的赋权训练,也是民间团体在实践中与政府接触,促进残疾人权利的坚实基础。民间团体的报告客观上应被广泛传播。

三、向委员会陈述报告

这取决于委员会,要看是否有机会向委员会成员简报民间团体报告,或者直接在委员会会议上进行报告。

第三十六条 报告的审议

Article 36:Consideration of Reports

一、委员会应当审议每一份报告,并在委员会认为适当时,对报告提出提议和一般建议,将其送交有关缔约国。缔约国可以自行决定向委员会提供任何资料作为回复。委员会可以请缔约国提供与实施本公约相关的进一步资料。

二、对于严重逾期未交报告的缔约国,委员会可以通知有关缔约国,如果在发出通知后的三个月内仍未提交报告,委员会必须根据手头的可靠资料,审查该缔约国实施本公约的情况。委员会应当邀请有关缔约国参加这项审查工作。如果缔约国做出回复，提交相关报告，则适用本条第一款的规定。

三、联合国秘书长应当向所有缔约国提供上述报告。

四、缔约国应当向国内公众广泛提供本国报告，并便利获取有关这些报告的提议和一般建议。

五、委员会应当在其认为适当时，把缔约国的报告转交联合国专门机构、基金和方案以及其他主管机构，以便处理报告中就技术咨询或协助提出的请求或表示的需要，同时附上委员会可能对这些请求或需要提出的意见和建议。

各核心人权条约中都规定了相关人权条约相关机构如何处理缔约国提交报告的"指引"。例如，《禁止酷刑和其他残忍、不人道或有辱人格的待遇或处罚公约》第十九条、《儿童权利公约》第四十四条、《保护所有移徙工人及其家庭成员权利国际公约》第七十三条，以及《消除对妇女一切形式歧视公约》第十八条等。

本条第二款所谓报告"逾期"，延迟提交的状况很常见。如果严重逾期，委员会可以通知有关缔约国，并在三个月后对其情况进行审查。这种安排可以有效督促缔约国及时提交报告。

本条第四款给民间团体，特别是残疾人组织提供了一个很好的切入点，以无障碍的模式获得缔约国报告和委员会的建议，以及给政府的一般性建议。

第三十七条　缔约国与委员会的合作

Article 37：Cooperation Between States Parties and the Committee

一、各缔约国应当与委员会合作，协助委员会成员履行其任务。

二、在与缔约国的关系方面，委员会应当适当考虑提高各国实施本公约的能力的途径和手段，包括为此开展国际合作。

第三十八条 委员会与其他机构的关系
Article 38: Relationship of the Committee with Other Bodies

为了促进本公约的有效实施和鼓励在本公约所涉领域开展国际合作:

(一) 各专门机构和其他联合国机构应当有权派代表列席审议本公约中属于其职权范围的规定的实施情况。委员会可以在其认为适当时,邀请专门机构和其他主管机构就公约在各自职权范围所涉领域的实施情况提供专家咨询意见。委员会可以邀请专门机构和其他联合国机构提交报告,说明公约在其活动范围所涉领域的实施情况;

(二) 委员会在履行任务时,应当酌情咨询各国际人权条约设立的其他相关机构的意见,以便确保各自的报告编写导则、提议和一般建议的一致性,避免在履行职能时出现重复和重叠。

规定在不同人权机构间进行协调是一个标准条款,如《儿童权利公约》第四十五条。设立此条款的一个重要的方面是,与联合国机构协调,可以确保公约按照同样的标准在所有地方得以实施。残疾人权利委员会被视为最有资格对本公约进行阐释的机构,因此,也是其他机构和个人寻求厘清公约条款含义进行咨询的机构。

除其他事项外,第 (二) 项确保核心人权机构做出的一般性意见或建议相互一致,并尽可能避免交叉。

第三十九条　委员会报告
Article 39: Report of the Committee

委员会应当每两年一次向大会和经济及社会理事会提出关于其活动的报告，并可以在审查缔约国提交的报告和资料的基础上，提出提议和一般建议。这些提议和一般建议应当连同缔约国可能做出的任何评论，一并列入委员会报告。

残疾人权利委员会系由联合国组成并提供经费，因此，要对联合国的最高机构——联合国大会负责。与《消除对妇女一切形式歧视公约》第二十一条对消除对妇女一切形式歧视委员会的规定等情况类似，残疾人权利委员会需要定期就其工作情况向联合国大会报告。

第四十条　缔约国会议
Article 40: Conference of States Parties

一、缔约国应当定期举行缔约国会议，以审议与实施本公约有关的任何事项。

二、联合国秘书长至迟应当在本公约生效后六个月内召开缔约国会议。其后，秘书长应当每两年一次，或根据缔约国会议的决定，召开会议。

其他核心人权条约没有规定举行缔约国会议。

本公约要求缔约国定期召开会议，审议与公约实施有关的任何事项。本公约的这项规定有望被经常用到。

最终条款
Final Clauses

所有联合国公约都包括有关签署和条约生效的最终条款。《残疾人权利公约》有两个创新之处：

一是，公约第四十四条规定了对区域一体化组织，如欧盟的适用问题。

二是，依照有关无障碍交流原则，公约第四十九条要求以无障碍模式提供公约文本。

第四十一条 保存人
Article 41: Depositary

联合国秘书长为本公约的保存人。

第四十二条 签 署
Article 42: Signature

本公约自二〇〇七年三月三十日起在纽约联合国总部开放给所有国家和区域一体化组织签署。

第四十三条 同意接受约束
Article 43: Consent to be Bound

本公约应当经签署国批准和经签署区域一体化组织正式确认，并应当开放给任何没有签署公约的国家或区域一体化组织加入。

第四十四条 区域一体化组织
Article 44: Regional Integration Organizations

一、"区域一体化组织"是指由某一区域的主权国家组成的组织,其成员国已将本公约所涉事项方面的权限移交该组织。这些组织应当在其正式确认书或加入书中声明其有关本公约所涉事项的权限范围。此后,这些组织应当将其权限范围的任何重大变更通知保存人。

二、本公约提及"缔约国"之处,在上述组织的权限范围内,应当适用于这些组织。

三、为本公约第四十五条第一款和第四十七条第二款和第三款的目的,区域一体化组织交存的任何文书均不在计算之列。

四、区域经济一体化组织可以在缔约国会议上,对其权限范围内的事项行使表决权,其票数相当于已成为本公约缔约国的组织成员国的数目。如果区域一体化组织的任何成员国行使表决权,则该组织不得行使表决权,反之亦然。

根据《禁止酷刑和其他残忍、不人道或有辱人格的待遇或处罚公约》第二十五条,只有"国家"才能成为公约的缔约方。不过,一些地区组织或许有法律能力发展成为潜在的多边条约缔约方,譬如非洲联盟和美洲国家组织。欧盟已经签署了《残疾人权利公约》。

从法律上来说,欧盟不是一个国家,它被视作一个超国家政治体。作为一个区域法律实体,欧盟与自身拥有国家能力的成员国,将法律规定的权能进行了分解。在欧盟区域范围内,欧盟有权进行规管的一个领域是反歧视。欧盟有许多被称为指令(directives)的规定,需要其成员国在反歧视方面进行立法。值得注意的是,有关指令明确禁止歧视残疾。这就是说,加入《残疾人权利公约》并成为其缔约成员,对欧盟的利益至关重要。"地区一体化"这个术语也可以适用于与其他地区国家之间的合作。

第四十五条 生 效
Article 45: Entry into Force

一、本公约应当在第二十份批准书或加入书交存后的第三十天生效。

二、对于在第二十份批准书或加入书交存后批准、正式确认或加入的国家或区域一体化组织，本公约应当在该国或组织交存各自的批准书、正式确认书或加入书后的第三十天生效。

在《残疾人权利公约》开放签署一年后，厄瓜多尔于2008年4月3日交存了第二十份批准书。2008年5月3日，《残疾人权利公约》正式生效。相比而言，比《残疾人权利公约》生效略快的只有《儿童权利公约》。

第四十六条 保 留
Article 46: Reservations

一、保留不得与本公约的目的和宗旨不符。

二、保留可随时撤回。

正如公约第一条和第十二条所述，缔约国可以对国际条约进行保留。在针对公约第十二条的解释中曾经指出：

条约保留既是可能的，又是普遍的，《维也纳条约法公约》对此已有规定。正如其题目表明，这个国际协定为如何制订、解释和修正国际条约提供了规则。《维也纳条约法公约》第二条将"保留"定义为："称'保留'者，谓一国于签署、批准、接受、赞同或加入条约时所做之片面声明，不论措辞或名称如何，其目的在摒除或更改条约中若干规定对该国适用时之法律效果。"

《公民及政治权利国际公约》所设立的人权事务委员会，曾经围绕保留提出一个完整的一般性意见，聚焦分析并认为条约的"目的和宗旨"可能不受保留影响①。根据《维也纳条约法公约》第十九条所确立的规则，本公约第四十六条也采取了这一立场。

值得注意的是，国际法同样允许"解释性声明"，缔约国可以针对条约的特定条款做出具体解释。与保留不同，声明是为了澄清国家立场，并不修改或者排除一个条约的法律效果。保留和声明，二者之间的界限有时的确比较模糊。不过，作为公约签署和保留的保存人，联合国秘书长出于对法律清晰和连贯性的考虑，会努力确保声明不会变为保留。

第四十七条 修 正
Article 47: Amendments

一、任何缔约国均可以对本公约提出修正案，提交联合国秘书长。秘书长应当将任何提议修正案通告缔约国，请缔约国通知是否赞成召开缔约国会议以审议提案并就提案做出决定。在上述通告发出之日后的四个月内，如果有至少三分之一的缔约国赞成召开缔约国会议，秘书长应当在联合国主持下召开会议。经出席并参加表决的缔约国三分之二多数通过的任何修正案应当由秘书长提交联合国大会核可，然后提交所有缔约国接受。

二、依照本条第一款的规定通过和核可的修正案，应当在交存的接受书数目达到修正案通过之日缔约国数目的三分之二后的第三十天生效。此后，修正案应当在任何缔约国交存其接受书后的第三十天对该国生效。修正案只对接受该项修正案的缔约国具有约束力。

三、经缔约国会议协商一致决定，依照本条第一款的规定通过和核可但仅涉及第三十四条、第三十八条、第三十九条和第四十条的修正案，应当在交存的接受书数目达到修正案通过之日缔约国数目的三分之二后的第三十天对所有缔约国生效。

---

① 人权事务委员会，第24号一般性意见：《关于批准或加入〈公约〉或其任择议定书时提出的保留或者有关〈公约〉第四十一条下声明的问题》。

第四十八条 退 约
Article 48: Denunciation

缔约国可以书面通知联合国秘书长退出本公约。退约应当在秘书长收到通知之日起一年后生效。

第四十九条 无障碍模式
Article 49: Accessible Format

应当以无障碍模式提供本公约文本。

第五十条 作准文本
Article 50: Authentic Texts

本公约的阿拉伯文、中文、英文、法文、俄文和西班牙文文本同等作准。

下列签署人经各自政府正式授权在本公约上签字，以昭信守。

这是一个标准条款，反映了条约解释的一般性规则，但没能幸免在翻译成各国语言时频繁发生错误或者误解。在与国家政府和民间团体就向残疾人权利委员会提交的报告进行讨论时，需要对此予以强调。

第三部分

关于《残疾人权利公约》任择议定书

一、概　述

  许多人权条约都安排了一个任择议定书。如果缔约国签署并批准了议定书，条约机构就有权接受和审议本国管辖下的个人自行、联名，或以其名义提出的，声称因为该缔约国违反公约规定而受到伤害的来文。

  对于来文，有下列情形之一的，委员会应视为不可受理：

——匿名；

——尚未用尽一切可用的国内补救办法。如果国内救济被不合理地拖延或不大可能带来有效的救济，本规则不予适用；

——滥用提交来文的权利或不符合公约的规定；

——同一事项业经委员会审查；

——明显没有根据或缺乏充分证据；

——所述事实发生在本议定书对有关缔约国生效之前。

  任何来文都必须提示涉及的缔约国注意，以便缔约国在六个月内提交书面解释，澄清相关事实并概述其已经采取的可能补救。

  如有必要，委员会可能会在收到来文后采取临时措施。

  在审阅来文后，委员会将向缔约国和来文者提出意见和建议。

  此外，根据任择议定书，如委员会收到"可靠资料"，"显示某一缔约国严重或系统地侵犯公约规定的权利，委员会应当邀请该缔约国合作审查这些资料及为此就有关资料提出意见"。委员会可以指派一名或多名委员会成员进行调查，从速向委员会报告。这包括前往该国领土访问。

委员会可将调查结果连同所有评论和建议一并送交有关缔约国。

人权事务委员会曾就《公民及政治权利国际公约》的任择议定书提出过一个全面性一般性意见[①]。

二、《残疾人权利公约》任择议定书

本议定书缔约国议定如下：

第一条

一、本议定书缔约国（"缔约国"）承认残疾人权利委员会（"委员会"）有权接受和审议本国管辖下的个人自行或联名提出或以其名义提出的，声称因为该缔约国违反公约规定而受到伤害的来文。

二、委员会不得接受涉及非本议定书缔约方的公约缔约国的来文。

第二条

来文有下列情形之一的，委员会应当视为不可受理：

（一）匿名；

（二）滥用提交来文的权利或不符合公约的规定；

（三）同一事项业经委员会审查或已由或正由另一项国际调查或解决程序审查；

（四）尚未用尽一切可用的国内补救办法。如果补救办法的应用被不合理地拖延或不大可能带来有效的救济，本规则不予适用；

（五）明显没有根据或缺乏充分证据；或

（六）所述事实发生在本议定书对有关缔约国生效之前，除非这些事实存续至生效之日后。

第三条

在符合本议定书第二条的规定的情况下，委员会应当以保密方式提请有关缔约国注意向委员会提交的任何来文。接受国应当在六个月内向委员会提交书面解释或陈述，澄清有关事项及该国可能已采取的任何补救措施。

---

① 参见人权事务委员会，第33号一般性意见。

第四条

一、委员会收到来文后,在对实质问题做出裁断前,可以随时向有关缔约国发出请求,请该国从速考虑采取必要的临时措施,以避免对声称权利被侵犯的受害人造成可能不可弥补的损害。

二、委员会根据本条第一款行使酌处权,并不意味对来文的可受理性或实质问题做出裁断。

第五条

委员会审查根据本议定书提交的来文,应当举行非公开会议。委员会在审查来文后,应当将委员会的任何提议和建议送交有关缔约国和请愿人。

第六条

一、如果委员会收到可靠资料,显示某一缔约国严重或系统地侵犯公约规定的权利,委员会应当邀请该缔约国合作审查这些资料及为此就有关资料提出意见。

二、在考虑了有关缔约国可能提出的任何意见以及委员会掌握的任何其他可靠资料后,委员会可以指派一名或多名委员会成员进行调查,从速向委员会报告。必要时,在征得缔约国同意后,调查可以包括前往该国领土访问。

三、对调查结果进行审查后,委员会应当将调查结果连同任何评论和建议一并送交有关缔约国。

四、有关缔约国应当在收到委员会送交的调查结果、评论和建议后六个月内,向委员会提交本国意见。

五、调查应当以保密方式进行,并应当在程序的各个阶段寻求缔约国的合作。

第七条

一、委员会可以邀请有关缔约国在其根据公约第三十五条提交的报告中详细说明就根据本议定书第六条进行的调查所采取的任何回应措施。

二、委员会可以在必要时,在第六条第四款所述六个月期间结束后,邀请有关缔约国告知该国就调查所采取的回应措施。

第八条

缔约国可以在签署或批准本议定书或加入本议定书时声明不承认第六条和第七条规定的委员会权限。

第九条

联合国秘书长为本议定书的保存人。

第十条

本议定书自二〇〇七年三月三十日起在纽约联合国总部开放给已签署公约的国家和区域一体化组织签署。

第十一条

本议定书应当经批准或加入公约的本议定书签署国批准,经正式确认或加入公约的本议定书签署区域一体化组织正式确认。本议定书开放给业已批准、正式确认或加入公约但没有签署议定书的任何国家或区域一体化组织加入。

第十二条

一、"区域一体化组织"是指由某一区域的主权国家组成的组织,其成员国已将公约和本议定书所涉事项方面的权限移交该组织。这些组织应当在其正式确认书或加入书中声明其有关公约和本议定书所涉事项的权限范围。此后,这些组织应当将其权限范围的任何重大变更通知保存人。

二、本议定书提及"缔约国"之处,在上述组织的权限范围内,应当适用于这些组织。

三、为本议定书第十三条第一款和第十五条第二款的目的,区域一体化组织交存的任何文书均不在计算之列。

四、区域一体化组织可以在缔约国会议上,对其权限范围内的事项行使表决权,其票数相当于已成为本议定书缔约国的组织成员国的数目。如果区域一体化组织的任何成员国行使表决权,则该组织不得行使表决权,反之亦然。

第十三条

一、在公约已经生效的情况下,本议定书应当在第十份批准书或加入书交存后的第三十天生效。

二、对于在第十份批准书或加入书交存后批准、正式确认或加入本议定书的国家或区域一体化组织,本议定书应当在该国或组织交存各自的批准书、正式确认书或加入书后的第三十天生效。

第十四条

一、保留不得与本议定书的目的和宗旨不符。

二、保留可随时撤回。

第十五条

一、任何缔约国均可以对本议定书提出修正案,提交联合国秘书长。秘书长应当将任何提议修正案通告缔约国,请缔约国通知是否赞成召开缔约国会议以审议提案并就提案做出决定。在上述通告发出之日后的四个月内,如果有至少三分之一的缔约国赞成召开缔约国会议,秘书长应当在联合国主持下召开会议。经出席并参加表决的缔约国三分之二多数通过的任何修正案应当由秘书长提交联合国大会核可,然后提交所有缔约国接受。

二、依照本条第一款的规定通过和核可的修正案,应当在交存的接受书数目达到修正案通过之日缔约国数目的三分之二后的第三十天生效。此后,修正案应当在任何缔约国交存其接受书后的第三十天对该国生效。修正案只对接受该项修正案的缔约国具有约束力。

第十六条

缔约国可以书面通知联合国秘书长退出本议定书。退约应当在秘书长收到通知之日起一年后生效。

第十七条

应当以无障碍模式提供本议定书文本。

第十八条

本议定书的阿拉伯文、中文、英文、法文、俄文和西班牙文文本同等作准。

下列签署人经各自政府正式授权在本议定书上签字,以昭信守。

第四部分

附　录

一、公约及议定书批准情况统计

1. 公约批准情况

统计截止时间：2017 年 4 月 24 日

说明：公约缔约国目前为 153 个，签署国 30 个，其中包括美国，尚有 13 个国家对此未采取行动。

2. 议定书批准情况

统计截止时间：2017 年 4 月 24 日

说明：对于公约任择议定书，有 91 个国家批准，28 个国家签署，未采取行动的国家有 79 个。

二、核心人权条约

英文文本链接：

消除一切形式种族歧视国际公约

http://www2.ohchr.org/english/law/cerd.htm

公民及政治权利国际公约

http://www2.ohchr.org/english/law/ccpr.htm

经济、社会、文化权利国际公约

http://www2.ohchr.org/english/law/cescr.htm

消除对妇女一切形式歧视公约

http://www2.ohchr.org/english/law/cedaw.htm

禁止酷刑和其他残忍、不人道或有辱人格的待遇或处罚公约

http://www2.ohchr.org/english/law/cat.htm

儿童权利公约

http://www2.ohchr.org/english/law/crc.htm

保护所有移徙工人及其家庭成员权利国际公约

http://www2.ohchr.org/english/law/cmw.htm

保护所有人不遭受强迫失踪国际公约

http://www2.ohchr.org/english/law/disappearance-convention.htm

公约的各种文本参见：

阿拉伯文

http://www2.ohchr.org/arabic/law/

中文

http://www2.ohchr.org/english/about/publications/docs/CoreTreaties_ch.pdf

http://www.un.org/chinese/documents/instruments/docs_ch.asp?type=conven

英文

http://www2.ohchr.org/english/law/index.htm

法文

http://www2.ohchr.org/french/law/

俄文

http://www2.ohchr.org/english/about/publications/docs/CoreTreaties_ru.pdf

http://www.un.org/russian/documen/convents/hr.htm

西班牙文

http://www2.ohchr.org/spanish/law/

三、其他有关决议

联合国大会第六十四届会议

议程项目61

2009年12月18日大会决议

[根据第三委员会的报告（A/64/432）通过]

64/131. 为残疾人实现千年发展目标

大会，

回顾《关于残疾人的世界行动纲领》①《残疾人机会均等标准规则》②和《残疾人权利公约》③ 均确认残疾人既是推动发展的力量，也是各方面发展的受益者，

又回顾其以往关于包括千年发展目标在内国际商定发展目标的决议均确认各国政府负有在全球一级维护人的尊严、平等和公平原则的集体责任，并强调会员国有责任为所有人，特别是为残疾人，谋求更大的正义和平等，

严重关切残疾人常常受到多重或严重的歧视，而且在落实、监测和评价千年发展目标过程中有可能被基本忽略，

注意到既是人权条约又是发展工具的《残疾人权利公约》的生效，为加强千年发展目标的相关政策和落实工作提供了机会，从而有助于在二十一世纪实现"人人共享的社会"，

又注意到残疾人估计占世界总人口的10%，其中80%生活在发展中国家，并确认必须开展和促进国际合作以支持国家努力，尤其是发展中国家的努力，

关切国家一级残疾和残疾人境况数据及信息的缺乏导致残疾人在官方统计数字中遭忽略，从而阻碍在顾及残疾人的情况下制订和实施发展规划，

确认即将于2010年举行的审查千年发展目标落实情况高级别全体会议

---

① A/37/351/Add.1 和 Corr.1，附件，第八节，建议一（四）。
② 第48/96号决议，附件。
③ 第61/106号决议，附件一。

是一次重要的机会，可借以加强努力，谋求为所有人，特别是为残疾人实现千年发展目标，

1. **注意到**秘书长关于通过执行《关于残疾人的世界行动纲领》和《残疾人权利公约》为残疾人实现千年发展目标的报告①，

2. **敦促**会员国，并邀请各国际组织、包括区域一体化组织在内各区域组织、金融机构、私营部门和民间社会，特别是代表残疾人的组织，酌情促进为残疾人实现千年发展目标，特别是明确将残疾问题和残疾人纳入为促进全面实现千年发展目标而制定的国家计划和工具之中；

3. **敦促**联合国系统做出协调一致的努力，将残疾问题纳入其工作，并在这方面鼓励《残疾人权利公约》机构间支助小组继续致力确保包容和便利残疾人参与各项发展方案，包括千年发展目标政策、进程和机制；

4. **鼓励**会员国确保包容和便利残疾人参与其国际合作，包括国际发展方案；

5. **吁请**各国政府和联合国各机构和机关将残疾问题和残疾人纳入关于千年发展目标落实进展的审查之中，并加紧努力在其审查工作中探讨残疾人能够在何种程度上从为实现这些目标而做的努力中获益；

6. **吁请**各国政府使残疾人能够作为发展的推动者和受益人参与努力，特别是参与所有旨在实现千年发展目标的努力，为此确保包容和便利残疾人参与各种方案与政策，即消除极端贫穷和饥饿，普及初等教育，促进性别平等，赋予妇女权能，降低儿童死亡率，改善产妇保健，防治艾滋病毒/艾滋病、疟疾和其他疾病，确保环境可持续能力，以及建立全球发展伙伴关系；

7. **强调**残疾人参与各级政策制订工作和发展很重要，亟须以此让决策者了解残疾人的境况及残疾人可能面临的障碍，此外了解如何排除障碍，便于他们充分、平等地享受自身权利，为包括残疾人在内的所有人实现千年发展目标，并提高他们的社会经济地位；

8. **鼓励**为落实千年发展目标而开展国际合作，包括建立全球发展伙伴关系，这对于为所有人尤其是残疾人实现千年发展目标极其重要；

---

① A/64/180。

9. **鼓励**各国政府开展并加速交流有关残疾人境况和残疾问题，尤其是涉及包容和便利参与问题的信息、准则与标准、最佳做法、立法措施及政府政策；

10. **吁请**各国政府建立一个残疾人境况数据和信息知识库，便于用来确保发展政策的规划、监督、评价和实施工作能够敏感顾及残疾问题，尤其是在为残疾人实现千年发展目标方面，并在这方面：

（a）请秘书长广泛散发并推动采用《编制残疾统计的准则和原则》①及《人口和住房普查的原则和建议》②，并在现有资源范围内为技术援助提供便利，包括为会员国的能力建设提供援助，特别是向发展中国家提供援助；

（b）鼓励会员国尽可能利用统计数字，在审查它们在为所有人实现千年发展目标方面所取得进展的时候，结合考虑残疾问题；

11. **请**秘书长于大会第六十五届会议期间，在大会 2008 年 12 月 18 日第 63/150 号决议第 13 段（b）所要求的报告内提交关于本决议执行情况的资料。

2009 年 12 月 18 日
第 65 次全体会议

联合国大会第六十五届会议
议程项目 27（b）1
2010 年 12 月 21 日大会决议
[根据第三委员会的报告（A/65/448）通过]
65/186. 2015 年之前及其后为残疾人实现千年发展目标

大会，

回顾《关于残疾人的世界行动纲领》③《残疾人机会均等标准规则》④ 和

---

① 联合国出版物，出售品编号：C. 01. XVII. 15。
② 联合国出版物，出售品编号：C. 07. XVII. 8。
③ A/37/351/Add. 1 和 Corr. 1，附件，第八节，建议一（四）。
④ 第 48/96 号决议，附件。

《残疾人权利公约》①，其中确认残疾人既是推动发展的力量，也是各方面发展的受益者，

又回顾其以往关于包括千年发展目标在内的国际商定发展目标的各项决议，其中大会确认各国政府负有在全球一级维护人的尊严、平等和公平原则的集体责任，并强调指出会员国有责任为所有人，尤其是为残疾人，谋求更大的正义和平等，

重申其以往决议，尤其是关于为残疾人实现千年发展目标的 2009 年 12 月 18 日第 64/131 号决议和关于通过执行《关于残疾人的世界行动纲领》和《残疾人权利公约》为残疾人实现千年发展目标的 2008 年 12 月 18 日第 63/150 号决议，

受鼓舞地注意到大会关于千年发展目标的高级别全体会议成果文件②，其中呼吁做出更大的切实努力，为包括残疾人在内的所有人实现千年发展目标，

严重关切残疾人常常受到多重或严重的歧视，而且在落实、监测和评价千年发展目标过程中仍是基本上没有他们的身影，

申明《残疾人权利公约》既是一项人权条约，也是一个发展工具，该公约的一项作用是提供一个机会，以加强千年发展目标执行政策，从而推动在二十一世纪实现"人人共享的社会"，

又申明《世界行动纲领》和《标准规则》增强了实现千年发展目标方面的政策，

注意到残疾人估计占世界总人口的 10%，其中 80% 生活在发展中国家，并认识到必须开展和促进国际合作以支持国家努力，尤其是发展中国家的努力，

关切国家一级缺乏关于残疾问题和残疾人境况的数据和信息，导致残疾人在官方统计数字中遭忽略，有碍在制订和实施发展规划时把残疾人考虑在内，

1. **赞赏地注意到**秘书长题为"信守承诺：2015 年及其后实现有关残疾人的千年发展目标"的报告③及其中所载建议；又表示注意到报告载有《关于残疾人的世界行动纲领》增订方案；

---

① 第 61/106 号决议，附件一。
② 见第 65/1 号决议。
③ A/65/173。

2. **注意到**《残疾人权利公约》强调必须开展国际合作以改善各个国家尤其是发展中国家的残疾人的生活条件；

3. **又注意到**《残疾人权利公约》全面涵盖了残疾人公民、政治、经济、社会和文化等方面权利；

4. **欣见**大会高级别全体会议题为"履行诺言：团结一致实现千年发展目标"的成果文件，特别是其中确认，各项政策和行动还必须注重残疾人，以使他们得益于千年发展目标落实进展；

5. **敦促**会员国，并酌情邀请国际组织和区域组织、区域一体化组织、金融机构、私营部门和民间社会，特别是代表残疾人的组织，推动为残疾人实现千年发展目标，特别是将残疾问题和残疾人明确纳入旨在促进全面实现千年发展目标的国家计划和工具之中并使之成为主流；

6. **敦促**联合国系统做出协调一致的努力，将残疾问题纳入工作，并在这方面鼓励残疾人权利公约问题机构间支助小组继续努力确保各项发展方案，包括千年发展目标政策、进程和机制，把残疾人纳入其中并可为他们所用；

7. **鼓励**会员国确保国际合作，包括通过国际发展方案开展的合作，把残疾人纳入其中并便于他们参与；

8. **吁请**各国政府和联合国各机关和机构将残疾问题和残疾人纳入关于千年发展目标落实进展的审查工作中，并更加努力地在评估中评估残疾人能够在多大程度上得益于为实现这些目标而做出的努力；

9. **吁请**各国政府使残疾人能够作为推动者和受益人参与发展，特别是参与所有旨在实现千年发展目标的努力，为此确保关于以下方面的方案和政策把残疾人纳入其中并可为他们所用：消除赤贫和饥饿，普及初等教育，促进两性平等和增强妇女权能，降低儿童死亡率，改善孕产妇保健，防治艾滋病毒/艾滋病、疟疾和其他疾病，确保环境可持续性，以及建立全球发展伙伴关系；

10. **强调**残疾人充分参与和被纳入各级决策和发展进程的重要性，包括为此而提供无障碍格式的信息，这对决策者至关重要，有助于他们了解残疾人的境况及残疾人可能面临的障碍，了解如何排除障碍，使残疾人能够充分、平等地享受自身权利，对为包括残疾人在内的所有人实现千年发展目标并提高残疾人的社会经济地位也是至关重要；

11. **鼓励**为落实千年发展目标而开展国际合作，包括建立全球发展伙伴关系，这对于为所有人尤其是残疾人实现千年发展目标极其重要；

12. **鼓励**各国政府开展并加速交流有关残疾人境况和残疾问题，尤其是涉及包容和无障碍方面的信息、指导方针、标准、最佳做法、立法措施及政府政策；

13. **吁请**各国政府遵循现有关于残疾人统计数据的准则①，加强收集和汇编按性别和年龄分列的国家残疾人数据和资料，可供政府用于使发展政策的规划、监测、评价和实施工作能够敏感顾及残疾问题，尤其是在为残疾人实现千年发展目标方面，并邀请各国政府向联合国系统内适当机制包括向统计委员会提供现有的相关数据和统计数据；

14. **请**联合国系统在现有资源范围内促进技术援助，包括为能力建设及为国家和区域残疾人数据和统计数据的收集和汇编提供援助，尤其是向发展中国家提供援助，在这方面请秘书长根据现有关于残疾统计数据的准则，在今后关于为残疾人实现千年发展目标的定期报告中酌情分析、发布和散发残疾情况数据和统计数据；

15. 请秘书长：

（a）向大会第六十六届会议提交关于本决议执行情况的信息，以期在现有资源范围内在大会第六十七届会议期间召集一次高级别会议，讨论如何加强努力，确保残疾人能够参与并被纳入各方面发展工作；

（b）提供关于国际、区域、次区域和国家各级把残疾人纳入各方面发展工作的最佳做法的信息；

（c）在大会第六十七届会议期间提供信息，说明在现有千年发展目标框架内推进实施有关残疾人的方案和政策的进展情况及其影响；

（d）继续在现有资源范围内改善残疾人的无障碍环境和充分被纳入，包括为此而：

（一）使建筑环境无障碍，尤其是联合国总部房地；

---

① 诸如《编制残疾统计数据的准则和原则》［ST/ESA/STAT/SER.Y/10（联合国出版物，出售品编号：E.01.XVII.15）］及《人口和住房普查的原则和建议》［ST/ESA/STAT/SER.M/67/Rev.2（联合国出版物，出售品编号：E.07.VII.8）］及它们的增订。

(二)使信息和服务无障碍,包括通过利用手语口译、字幕、盲文和便于使用的文本等替代格式来改善联合国正式文件和会议的无障碍环境;

(三)在联合国系统、各机构、基金和方案以及区域办事处内雇用残疾人;

(e)促进科学和技术知识研究和取用方面的国际合作,并酌情促进取用和分享无障碍和帮助起居的技术,特别是通过技术转让这一途径。

2010年12月21日

第71次全体会议

四、《残疾人权利公约》相关大事记

1950年,联合国秘书处经济和社会理事会及其下属机构社会委员会,在其第六次会议上讨论了两份报告:《身体缺陷的社会性康复》和《盲人的社会性康复》。

1950年2月26日—3月3日,在日内瓦举行的一次正式会议讨论了残疾人康复领域专门机构的协调问题。联合国秘书处、国际劳工局、世界卫生组织、联合国教科文组织、国际难民组织和联合国儿童基金会等组织参加了会议。

1969年12月11日,联合国大会通过《社会进步和发展宣言》,确定了联合国宪章提出的基本自由和原则,强调了保护残疾人身体和身心、残疾人员权利和福利的必要性。

1971年12月20日,联合国大会通过了《智力迟钝者权利宣言》,以国家和国际的行动为保护残疾人权利提供一个了基本框架,为以后制订一系列多方面的规则铺平了道路,为残疾人融入社会做出了努力。

1975年12月9日,联合国大会通过的《残疾人权利宣言》,敦促对残疾人权利进行国家和国际范围的保护,提醒人们认识到残疾人拥有与其他人同样的政治、社会权利,包括使之能够自力更生的必要措施。

1976年12月16日,联合国大会宣布1981年为"国际残疾人年"(联合国大会第31/123号决议),号召全人类共同为残疾人充分融入社会做出努力。

1981 年，国际残疾人年，11 月 30 日—12 月 6 日，残疾人国际第一次大会在新加坡举行。

1982 年 12 月 3 日，《关于残疾人的世界行动纲领》通过，该纲领把残疾人政策重新规定为三个明确的范围：残疾预防、康复和机会平等。

1982 年，联合国大会第 37/52 号决议宣布 1983—1992 年为"联合国残疾人十年"。此举带动了大量旨在改善残疾人境况、提高残疾人社会地位的活动。

1987 年 8 月，瑞典首都斯德哥尔摩举行了一次全球性的专家会议。此次会议对"联合国残疾人十年"的工作进展情况进行了中期审查，并建议"联合国残疾人十年"计划结束后，承认残疾人权利的重要性。

1989 年，联合国大会就残疾人的教育和就业问题，通过了《塔林残疾领域人力资源开发行动方针》（联合国大会第 38/28 号决议）。该方针为所有政府部门和国家各级政策制定提供了促进残疾人参与、培训和就业的框架，以便实现残疾人机会均等。

1991 年，联合国大会通过了《保护精神病患者和改善精神保健的原则草案》（A/44/755）。这个决议的二十五条原则确定了精神病人的基本自由和基本权利。

1992 年 10 月 14 日，联合国大会宣布，"联合国残疾人十年（1983—1992 年）"结束，并将每年 12 月 3 日设立为国际残疾人日（A/RES/47/3）。

1993 年 12 月 20 日，联合国大会通过《残疾人机会均等标准规则》。

1994 年，来自社会发展委员会的瑞典人本特·林克韦斯特，被联合国秘书长任命为残疾问题特别报告员。

2001 年 12 月，墨西哥在大会上提议成立特设委员会，以审议各项关于保护残疾人权利和尊严的综合性全面国际公约的提案[①]。

2002 年 8 月，特设委员会第一届会议举行，其间，制定了民间团体的与会程序。

2003 年 6 月，联合国秘书长安南，任命谢赫·赫萨·哈利法·本·艾哈

---

① 参见：http://www.un.org/chinese/disabilities/default.asp?navid=21&pid=718.

迈德·阿勒萨尼（卡塔尔）为 2003—2005 年联合国社会发展委员会的残障特别报告员。

2003 年 8 月，特设委员会第二次会议期间，大会成立了工作组，并编制了一份文本草案。工作组的人员构成如下：区域组织指定的 27 名政府代表，非政府组织指定的 12 名代表，国家人权机构指定的 1 名代表。

2003 年 12 月 22 日，联合国大会第五十八届会议根据第三委员会的报告 A/58/497（Part II）），通过了关于"执行《关于残疾人的世界行动纲领》：在二十一世纪缔造一个人人共享的社会"决议（A/RES/58/132）。根据第三委员会的报告（A/58/508/Add.2），通过了关于"拟订保护和促进残疾人权利和尊严的全面综合国际公约特设委员会"决议（A/RES/58/246）。

2004 年 5 月—6 月，特设委员会第三次会议举行。委员会对工作组草案进行一读，并就今后开会应闭门举行，还是邀请民间社会和国家人权机构参加进行讨论。

2004 年 1 月，工作组举行会议，制定了公约文本的工作草案，并考虑了各国和其他机构提交的多个文本草案。

2004 年 8 月/9 月，特设委员会第四次会议举行。委员会完成草案文本的一读，并开始二读。确认民间社会组织和国家人权机构可以参加委员会各届会议，但其干预权受限。

2004 年 12 月 3 日，国际残疾人日，主题设为"没有我们的参与，不能做出与我们有关的决定"。

2005 年 1 月/2 月，特设委员会第五次会议就草案的具体条款进行非正式磋商。尽管只有国家有干预权，但民间社会组织、国家人权机构和政府间组织也获准参加磋商。

2005 年 8 月，特设委员会第六次会议完成文本草案的二读。主席编写了订正文本，其中陈述了将提交委员会第七届会议的第三、第四和第五次会议的讨论情况。

2005 年 12 月 3 日，国际残疾人日，主题设为："残疾人的权利：参与发展"。

2006 年 1 月，特设委员会第七次会议完成主席文本的一读。

2006 年 5 月—8 月，墨西哥牵头就公约的国际监测问题进行非正式磋商。

2006年8月，特设委员会第八次会议完成了关于公约草案及一份单独的任择议定书的协商，并根据由各国代表组成的起草委员会进行的技术审查通过了一份临时文本。

2006年9月—11月，列支敦士登召集起草小组进行技术审查以确保全文术语一致，并协调以联合国六种官方语文编写的各译本。

2006年12月3日，国际残疾人日，主题设为："信息无障碍"。

2006年12月13日，特设委员会第八次会议续会通过了公约及其任择议定书的最后草案，联合国大会在起草委员会提出的各项技术修正的基础上，协商一致，通过《残疾人权利公约》。

2007年3月30日，《残疾人权利公约》及其任择议定书在纽约联合国总部开放签字。

2007年12月3日，国际残疾人日，主题设为："为残疾人提供体面的工作"。

2008年11月，《残疾人权利公约》第一次缔约国大会（COSP）在纽约召开。

2008年12月3日，国际残疾人日，主题设为："残疾人权利公约：尊严公义你我有份"。

2009年1月，联合国人权委员会第十届会议通过联合国人权事务高级专员办事处"关于促进对《残疾人权利公约》的认识和了解的专题研究报告"（A/HRC/10/48）。

2009年2月，残疾人权利委员会组建，并在日内瓦举行首次会议。

2009年9月，《残疾人权利公约》第二次缔约国大会在纽约召开。

2009年11月6日，联合国大会第64届会议决议（议程61号）通过《为残疾人实现千年发展目标》。

2009年12月，联合国人权理事会第十三届会议通过联合国人权事务高级专员办事处"关于实施和监测《残疾人权利公约》国家机制的结构和作用的专题研究"报告（A/HRC/13/29）。

2009年12月3日，国际残疾人日，主题设为："让千年发展目标具有包容性：增强世界各地残疾人及其社区的力量"。

2010年8月，中国按照《公约》第三十五条提交《残疾人权利国际公约》的实施情况缔约国的初次报告（CRPD/C/CHN/1）。

2010年9月，《残疾人权利公约》第三次缔约国大会在纽约召开。

2010年12月3日，国际残疾人日，主题设为："履行诺言：将残疾问题纳入千年发展目标"。

2010年12月21日，联合国大会第65届会议根据第三委员会的报告（A/65/448）通过关于"2015年之前及其后为残疾人实现千年发展目标"决议（A/RES/65/186）。

2010年12月，联合国人权理事会第十六届会议通过联合国人权事务高级专员办事处"关于国际合作在支持本国落实残疾人权利方面努力中的作用的专题研究报告"（A/HRC/16/38）。

2011年12月3日，国际残疾人日，主题设为："共建更美好世界，造福全民，造福参与发展的残疾人"。

2011年12月9日，联合国大会第66届会议通过"关于为残疾人实现千年发展目标和其他国际商定发展目标的大会高级别会议"决议（A/RES/66/124）。

2011年12月，联合国人权理事会第十九届会议通过联合国人权事务高级专员办事处"关于残疾人参与政治和公共生活"专题研究报告（A/HRC/19/36）。

2012年3月22日，联合国人权理事会第二十二届会议通过《残疾人权利：参与政治和公共生活》决议（A/HRC/19/L.9）

2012年3月，人权理事会第二十届会议通过联合国人权事务高级专员办事处"关于暴力侵害妇女和女孩及残疾问题专题研究报告"（A/HRC/20/5）。

2012年12月3日，国际残疾人日，主题设为："消除障碍，建设包容所有人的社会"。

2013年3月14日，联合国人权理事会第二十二届会议通过关于残疾人工作和就业的决议（A/HRC/22/L.4）。

2013年9月23日，联合国大会第68届会议通过"关于为残疾人实现千年发展目标和其他国际商定发展目标的大会高级别会议成果文件：前进道路，2015年之前及之后兼顾残疾问题的发展议程"决议（A/68/3）。

2013年12月3日，国际残疾人日，主题设为："打破障碍，敞开大门：建设包容所有人的社会"。

2014年3月28日，联合国人权理事会第二十五届会议通过关于残疾人的受教育权的决议（A/HRC/RES/25/20）。

2014年3月31日—4月11日，残疾人权利委员会第十一届会议通过第1号一般性意见（2014），即第十二条：在法律面前获得平等承认（CRPD/C/GC/1），通过第2号一般性意见（2014），即第九条：无障碍（CRPD/C/GC/2）。

2014年6月，联合国人权理事会第二十六届会议通过联合国人权事务高级专员高级专员办事处关于"为支持各国国内立法、政策和方案努力增进和保护残疾人权利而开展的活动的报告"（A/HRC/26/24）。

2014年6月27日，联合国人权理事会第二十六届会议通过第26/20号决议，决定任命一名残疾人权利问题特别报告员，任期三年。特别报告员向人权理事会报告，并与《残疾人权利公约》缔约国会议和社会发展委员会合作。卡塔丽娜·德班达斯·阿吉拉尔女士（哥斯达黎加）被任命为首名残疾人权利问题特别报告员，同年12月1日就任。

2014年12月3日，国际残疾人日，主题设为："可持续发展：让技术为我所用"。

2015年3月，联合国人权理事会第二十八届会议通过联合国人权事务高级专员办事处"关于残疾人独立生活和融入社区的权利专题研究"报告（A/HRC/28/37）。

2015年8月17日—9月4日，残疾人权利委员会第十四届会议通过残疾人权利委员会关于将残疾人问题融入世界人道主义首脑会议的声明，通过关于《残疾人权利公约》第14条准则——残疾人的人身自由和安全权。

2015年12月3日，国际残疾人日，主题设为："包容至上：赋予所有残疾人无障碍设施和权能"。

2016年6月14—16日，《残疾人权利公约》第九次缔约国大会在纽约召开。

2016年8月16日，残疾人权利委员会第十一届会议通过第3号一般性意见（2016）：关于残疾妇女和女童（CRPD/C/GC/3），第4号一般性意见（2016）：关于包容性教育权（CRPD/C/GC/4）。

2016年7月7日，中国政府纪念联合国《残疾人权利公约》通过10周年大会在人民大会堂隆重举行。这是中国政府为联合国人权公约举办的首次纪念大会,也是公约通过10周年之际,165个缔约国中首个在国家层面举办的纪念活动。国务委员王勇出席大会并做主旨演讲,联合国秘书长潘基文出席会议并致辞。

2016年12月3日,国际残疾人日,《残疾人权利公约》通过10周年,主题设为:"为我们期望的未来实现17项目标"①。

---

① 2016年是联合国会员国执行《2030年可持续发展议程》的开局之年。《2030年议程》提出了17个相互依存的可持续发展目标,做出了不让任何人掉队的承诺。——译者注

后 记

公约实施的一个必不可少的环节,是对公约的传播。结合本国实际,做好公约宣传,推动公众提高认识,对于履行公约具有重要的意义。《残疾人权利公约》与其他人权公约规定性的区别之处表明,要实现公约中规定的权利,需要从根本上转变态度。改变对残疾人的态度,是实现公约目标的必要条件。公约指出:"残疾产生于有缺陷的人与社会中存在的态度和环境的障碍之间的关系,这些障碍妨碍了残疾人士全面有效地参与社会活动。"为此,从1982年起,联合国将每年12月3日确立为"国际残疾人日"。"国际残疾人日"的主题建立在残疾人充分、平等地享受人权并参与社会的目标之上,旨在促进人们对残疾问题的理解,鼓励人们维护残疾人的尊严,保障其权利和幸福,并促进和增强残疾人融入政治生活、社会生活、经济生活和文化生活等各个方面的获得感。

本书作者参与了公约的起草,在书中对起草过程中的有关论争和谈判精当陈述,具有较高的权威性。本书以国际人权条约体系为背景,对《残疾人权利公约》条款进行梳理和解读,是了解该公约乃至国际人权体系的特别读物。书中对每一条款与《世界人权宣言》和其他核心人权条约文本的联系做了比较、分析和说明,较好地突出了该公约的特色及其在核心人权条约体系中的地位:公约虽然没有产生任何新的权利,但它确实从获致性和涵盖性的角度突出了各种人权。本书文献引用较多,理论分析尚欠深入,但其提供了较为全面的基础参考,体现了国际人权的研究方法和视角,有独到的学术价值。

笔者曾经对美洲人权机制做过一些研究。在专著出版后的后续跟踪研究中,受区域机制下残疾人权利保护实践的启示,也希望能够促进本公约在中文语境下的传播。经与作者联系并承蒙慨允,笔者于2012年在中国驻瑞士大使馆担任新闻官任职期满之际,即着手开始了本书的翻译。由于回国后工作繁忙,译事过半却时断时续。后有赖初为同事,后转任华中师范大学,继赴荷兰乌特勒支大学继续深造的张弦博士友情加盟,积极推进,并终使译事得以合作完成。其间还有一个插曲,笔者对译稿进行复校的过程中,中国社科院法学所有位专家也希望翻译此书。经与作者联系，才确认译事尚在我等手中。这也可谓"英雄所见略同"，反映了国内学界对于公约宣传普及的重视，也说明了本书在业界一定的地位和意义。

该书英文版在版式设计方面很有特色，比如，排版对公约文本以"蓝底白字"加以呈现，对各条约机构一般性意见等内容，均以段落黑框方式加以突出，等等。为免增加排版错乱的可能性，中文版文字格式做了变通处理。注释文献篇名、作者尽量不译，或以括号形式保留原文，以免越俎代庖，致使读者无法按图索骥。在涉及本公约及其他相关文书文本时，统一使用传统中文序号排序方式（未用阿拉伯数字）："第 xx 条""第 xx 款""第（xx）项"等，即使引用的诸如其他人权机构的一般性意见等一些文献已有中文"作准本"，如若原文条文采用的序号是其他格式，也相应尽量调整以求统一。

鉴于《残疾人权利公约》在国际人权法体系中的地位及其"整体性战略"的首创性特色，本书特别增加了中文书名"平权的法理"，以从法学角度突出其方法论意义。另外，本书英文版叙述的有些事件在付梓前后"即将"发生，但这些情况目前均已成"过去"。为此，译文在时态上略加调整，把诸如（某年某月）"将召开会议"等表述，译为"召开了会议"。严格来说，这似乎有点违背翻译规矩，显得"达"而不"信"①，但对于本书的题材而言似无关宏旨，略可增强即时感。也正基于此，为反映这一主题的发展脉络，笔者经商作者特别扩充了附录，整理增补了"《残疾人权利公约》相关大事记"（截至 2016 年年底）、公约及议定书批准情况图表等。

在此，需要特别感谢作者授权翻译，感谢荷兰乌特勒支大学彭芩萱博士在查补附录方面提供帮助，感谢中国残疾人联合会国际部孔雷先生对"国际残疾人组织核心成员组"译名措辞提出的中肯建议。另外，在多年从事法学、人权理论研究和传播实务的工作过程中，本人曾在多位领导麾下和同事们"不忘初心"，共同抒"人权情怀"，在此感谢他们的指导、关爱和帮助。最后，感谢华夏出版社文化编辑部主任贾洪宝先生、本书执行责编尹航女士，他们编审敬业，精益求精，为本书投入了辛劳，体现了出版的时代工匠精神。

---

① 所谓"创造性"翻译，往往是在深层叙述结构上各显其能，见仁见智，言人人殊。因为表层叙述结构在那明摆着，没什么折腾发挥的余地。高为："译著版本闲话"，《中华读书报》2010 年 6 月 30 日。

最后需要说明，尽管本人认真审慎，多次校核，并与张弦博士反复商榷改正。可错讹之憾往往发生在成书之后，如是则文责尽当由译者自担。继2010年8月，按照公约第三十五条向联合国残疾人权利委员会提交实施《残疾人权利国际公约》情况初次国家报告（CRPD/C/CHN/1）之后，2018年中国将提交第二次国家履约报告。8年间，在党中央治国理政新理念新思想新战略指引下，我国人权事业进步更加稳健，更加实在，尤为可圈可点。在此重要契机，唯望本书的出版能够进一步推动公约内容普及，提高公众对残疾人权利的关注，关爱残疾人良好社会风尚更加化育蔚然。

谷盛开

2017年7月

图书在版编目（CIP）数据

平权的法理：《残疾人权利公约》解读／（奥）玛丽安娜·舒尔泽（Marianne Schulze）著；谷盛开，张弦译. －－北京：华夏出版社，2018.3

书名原文：Understanding the UN Convention on the Rights of Persons with Disabilities

ISBN 978－7－5080－9429－8

Ⅰ.①平… Ⅱ.①玛…②谷…③张… Ⅲ.①残疾人–权利–国际条约–研究 Ⅳ.①D997.1

中国版本图书馆 CIP 数据核字（2018）第 022321 号

Copyright © Marianne Schulze.

版权所有，翻印必究

北京市版权局著作权合同登记号：图字 01-2018-3198 号

平权的法理——《残疾人权利公约》解读

著　者	〔奥〕玛丽安娜·舒尔泽
译　者	谷盛开　张　弦
责任编辑	贾洪宝　尹　航
封面设计	李媛格
出版发行	华夏出版社
经　销	新 华 书 店
印　装	三河市万龙印装有限公司
版　次	2018 年 5 月北京第 1 版　2018 年 5 月北京第 1 次印刷
开　本	720×1030　1/16 开本
印　张	14.75
字　数	350 千字
定　价	58.00 元

华夏出版社　社址：北京市东直门外香河园北里 4 号　邮编：100028
网址：www.hxph.com.cn　电话：010-64663331（转）
投稿合作：010-64672903；hxkwyd@aliyun.com

若发现本版图书有印装质量问题，请与我社营销中心联系调换。